中职升学复习用书

精讲精析

（计算机专业JX）

◆ 《中职升学复习用书》丛书编写组　编

吉林大学出版社

·长春·

图书在版编目(CIP)数据

中职升学复习用书. 精讲精析 计算机专业 JX /《
中职升学复习用书》丛书编写组编.--长春：吉林大学
出版社，2023.8
ISBN 978-7-5768-2005-8

Ⅰ.①中… Ⅱ.①中… Ⅲ.①电子计算机－中等专业
学校－升学参考资料 Ⅳ.①G718.3

中国国家版本馆 CIP 数据核字(2023)第 155322 号

书　　名	中职升学复习用书：精讲精析(计算机专业 JX)
	ZHONGZHI SHENGXUE FUXI YONGSHU:JINGJIANG-JINGXI(JISUANJI ZHUANYE JX)
作　　者	《中职升学复习用书》丛书编写组
策划编辑	沈广启
责任编辑	陈　曦
责任校对	刘守秀
装帧设计	毛　娟
出版发行	吉林大学出版社
社　　址	长春市人民大街 4059 号
邮政编码	130021
发行电话	0431-89580028/29/21
网　　址	http://www.jlup.com.cn
电子邮箱	jldxcbs@sina.com
印　　刷	江阴市天源印刷有限公司
开　　本	890mm×1240mm　1/16
印　　张	20
字　　数	440 千字
版　　次	2023 年 8 月　第 1 版
印　　次	2023 年 8 月　第 1 次
书　　号	ISBN 978-7-5768-2005-8
定　　价	98.00 元

前　言

本书依据《江西省中等职业学校学生升学考试大纲》计算机应用基础模块部分和《江西省"三校生"对口升学考试考试说明》编写,适合中职升学第一轮复习使用。

本书共分 7 个章节,包括计算机基础知识、Windows 7 操作系统、因特网(Internet)应用、文字处理软件(Word)应用、电子表格处理软件(Excel)应用、多媒体软件应用和演示文稿软件(PowerPoint)应用。每一章节设置知识框架、知识要点和典型例题(近 3 年真题)三个模块。"知识要点""典型例题"重点考查学生基础知识、基本技能以及计算机综合应用能力。"课时作业"紧扣教材及考试范围,立足于基础知识,着重考查学生获取信息、分析信息和处理信息的能力,同时考查学生的计算机应用能力。突出教材重点、难点,具有较强的实用性和针对性,既可以供考生备考使用,也可以作为中等职业学校的计算机基础教学参考书。

本书由《中职升学复习用书》丛书编写组编写,具体分工如下:第一章计算机基础知识由李成英老师编写;第二章 Windows 7 操作系统由朱沛欣老师编写;第三章因特网(Internet)应用由孙小和老师编写;第四章文字处理软件(Word)应用由谢石元老师编写;第五章电子表格处理软件(Excel)应用由胡明孙老师编写;第六章多媒体软件应用由朱沛欣老师编写;第七章演示文稿软件(PowerPoint)应用由程小波老师编写。

由于时间仓促,编者水平有限,书中难免存在不足之处,恳请广大读者批评指正,以便我们进一步完善本书。

《中职升学复习用书》丛书编写组

目录|Contents

第一章　计算机基础知识

▶考纲要求

(1)了解计算机技术的发展过程及趋势;了解计算机在现代社会生产生活中的应用;了解计算机的特点。

(2)掌握计算机硬件与软件系统的组成及主要硬件/软件在系统中的作用;了解微型计算机的主要部件及其作用;了解计算机的主要技术指标及其对系统性能的影响。

(3)了解常用的输入/输出设备作用及使用方法;了解键盘键位分布及主要键符功能,会正确使用键盘录入字符;了解显示器的主要性能指标及其影响。

(4)了解计算机系统中软件的类型,能区别系统软件和应用软件;了解并遵守知识产权等相关法律法规和信息活动中的道德要求。

(5)了解二进制的基本概念;掌握二进制与十进制的互相转换;了解 ASCII 码的基本概念及编码规则;了解汉字编码的分类。

第一节　了解计算机

▶知识框架

了解计算机
- 了解计算机技术
- 计算机技术的发展阶段与发展趋势
- 计算机的工作特点
- 计算机的分类
- 计算机发展史上的名人
- 冯·诺依曼体系结构

▶知识要点

一、了解计算机技术

1. 计算机的定义

简单定义:计算机是一种不需要人的直接干预而能够对各种数字化信息进行算术和逻辑运算的快速工具。

定义包含了计算机特点的三个方面:①自动化;②逻辑运算;③数字化。

结论：计算机是一种能够存储信息、检索信息、加工信息和传递信息且适用于多个领域的信息处理设备。

2. 信息

信息是看不见、摸不着的东西，只有通过媒体介质才能呈现出来被人类所接收和认识的消息。计算机的应用就是对信息的收集、处理、存储、传递。

(1)其表现形式有：电磁波(如电台、电话、无线广播)、声波(如雷达、B 超)、文字(如甲骨文、西夏文字、古籍等)、图像(涉及遥感图像处理技术、断层成像技术、计算机视觉技术、景物分析技术)、颜色(如交通信号灯、色彩设计)、符号(如网络语言、表情、贺兰山古代岩画)、手势、肢体语言、信息网络(如公用电话网、广播电视网、计算机网、GPS 全球定位系统)、其他(如烽火、孔明灯、叫声等)。

(2)信息的特点：有无排他性、有无损耗、是否可以输送。

(3)信息系统的四大要素：用户、信息设备、信息来源、信息网络。

3. 数据与信息的关联

信息有多种来源，不同来源的信息在计算机中都用数字(二进制数)形式表示。信息是数据表达的含义。计算机可以处理的信息有：字符、数字和各种数学符号、图形、图像、音频、视频、动画等。可以识别的记号或符号都称为数据，它们的各种组合可用来表达客观世界中的各种信息。由此可见数据是信息的载体，是信息的具体表现形式。

4. 现代信息技术

人类开发和利用信息资源手段的总和形成了信息技术。信息技术既包括信息的产生、收集、表示、检测、处理和存储等技术，也包括信息的传递、变换、显示、识别、提取、控制、加工和利用等技术。现代信息技术是以微电子技术为基础，将计算机技术、通信技术以及传感技术相结合的一门新技术。

5. 信息处理设备

计算机能够存储信息、检索信息、加工信息和传递信息，已由一种计算工具演变成多个领域的信息处理设备。生活中所使用的信息设备及产生的影响，如表1-1所示。

表 1-1　生活中使用的信息设备及产生的影响

使用的信息设备	信息传播的形式	信息的特点	信息设备、信息来源、信息网络如何构成一个系统
无线电广播、微信语音电话、有线电视	电磁波	可以输送	公用电话网与互联网、广播电视网等相连构成网络
雷达、B 超、金属地质探测仪	声波	有无排他性	微波、计算机、半导体、大规模集成电路等领域的综合化运用
遥感图像处理技术、断层成像技术、计算机视觉技术	图像	有无损耗	将卫星图像/航拍图像、人脸识别信息等存储到计算机，通过计算机程序进行处理

二、计算机技术的发展阶段与发展趋势

1. 计算机的发展阶段

世界上第一台电子计算机诞生于 1946 年 2 月,它是美国军方为了计算炮弹的弹道轨迹而委托美国宾夕法尼亚大学研制的,取名为 ENIAC(Electronic Numerical Integrator and Calculator 的缩写,即电子数值积分和计算机,读作"埃尼阿克")。它使用了 18 000 多个电子管、1 500 个继电器 70 000 只电阻,每小时耗电 140 kW,占地 167 m^2,重达 30 t,计算机速度为每秒 5 000 次加法运算。虽然它的功能远远不如现代的一台普通计算机,但它作为计算机大家族的鼻祖,它的诞生使信息处理技术进入了一个崭新的时代,标志着人类文明的一次飞跃和电子计算机时代的开始。

按计算机所采用的电子器件的不同,可将其发展历程划分为 4 个阶段,如表 1-2 所示。

表 1-2　计算机的 4 个发展阶段

发展阶段	电子器件	软件	应用领域	代表机型	主要特点
第一代 (1946—1958 年)	电子管	机器语言、汇编语言	军事与科研	UNIVAC-I	体积大,耗电多,可靠性差,价格昂贵,维修复杂
第二代 (1959—1964 年)	晶体管	高级语言、操作系统	数据处理和事务处理	IBM 7000 系列	体积小,质量轻,耗电少,可靠性高
第三代 (1965—1970 年)	中、小规模集成电路	多种高级语言、完善的操作系统	科学计算、数据处理及过程控制	IBM 360 系列	小型化,耗电少,可靠性高
第四代 (1971 年至今)	大规模、超大规模集成电路	数据库管理系统、网络操作系统等	人工智能、数据通信及社会的各领域	IBM 4300 系列、3080 系列、3090 系列、9000 系列	微型化,耗电极少,可靠性高

2. 计算机的发展趋势(如表 1-3 所示)

科学家们正在使计算机朝着巨型化、微型化、网络化、智能化和多功能化方向发展。

表 1-3　计算机的发展趋势

发展趋势	实例运用简述
巨型化	2009 年我国第一台千万亿次超级计算机"天河一号"研制成功,使我国成为继美国之后世界上第二个能够研制千万亿次超级计算机的国家,这标志着我国生产、应用、维护高性能计算机的能力已达到世界先进水平
微型化	利用微电子技术和超大规模集成电路技术,把计算机微型化成为计算机发展的重要方向。微型机的广泛应用标志着一个国家科学普及的程度。近几年便携式计算机应用日益广泛

发展趋势	实例运用简述
智能化	智能模拟也是计算机发展的一个方向,它将计算机科学与控制论、仿生学、心理学等学科相结合,使计算机模拟人的感觉和思维。如定理证明、联想启发、自然语言理解、图像和物体识别、控制和决策等。目前智能化研究的主要应用领域是专家系统和机器人
网络化	据中国互联网信息中心发布的第 48 期《中国互联网发展统计报告》显示,截至 2021 年 6 月,我国网民数达到 10.11 亿,互联网普及率为 71.6%。如此高的网络普及率不仅让中国民众充分分享了网络科技发展的成果,也为我国数字经济快速发展奠定了基石
多功能化	多功能化就是计算机所能处理的问题和领域越来越多,例如第一代计算机仅仅用于数学计算,而现在的计算机则能处理很多东西,如视频、图像、声音等

3. 计算机技术的应用领域(如表 1-4 所示)

表 1-4 计算机技术的应用领域

应用领域	主要描述	实际作用
科学计算(数值处理)	用计算机解决科学研究和工程技术中的数学问题,是计算机最早的应用领域 特点:计算量和数据变化范围大,计算工作复杂	导弹实验,卫星发射,灾情预测,天气预报,石油勘探,数学计算如四色定理、生物计算等
数据处理(信息管理)	对信息的收集、分类、整理、加工、存储等一系列活动的总称。数据处理在计算机应用中占很大比重。特点:大量的数据处理	数据统计、办公自动化、企业管理、邮政业务、机票订购、情报检索、图书管理、医疗诊断、档案资料管理、交通调度等
辅助设计与制造	CAD 计算机辅助设计,主要是计算机辅助绘图	建筑工程设计、服装设计、机械设计、飞机设计、船舶设计、大规模集成电路设计等
	CAM 计算机辅助制造,利用计算机控制机械加工	控制、指挥、操作生产设备及加工、装配、包装产品与制造品等
	CIMS 计算机集成制造系统,CAD+CAM+数据库技术集成	使设计、制造、管理完全自动化
	CAE 计算机辅助工程	如计算机仿真软件
教育信息化	CAI 计算机辅助教学	多媒体教室、网上教学、远程教学、空中课堂、CAI 课件阅读语言、器乐练习软件等
	CAT 计算机测试(标准化考试模拟软件)	飞行模拟器、汽车驾驶模拟器、核反应堆控制模拟等
	CMI 计算机管理教学	计算机支持的教学管理任务的各种应用
	CBE 计算机辅助教育(包含 CAI 和 CMD)	计算机在教育领域的各种应用的统称
电子商务	网页设计、网站建设以及商务管理、供应链营销、金融电子支付交易等经济活动通过计算机网络实现	云计算、物联网、大数据、支付宝、微信支付等
过程控制	是指用计算机对生产或其他过程中所采集到的数据去控制相应的过程。特点:是生产自动化的重要技术和手段	在军事、航空、冶金、化工、机械、石油等部门广泛运用

应用领域	主要描述	实际作用
人工智能	一般是指计算机模拟人脑进行演绎推理和采取决策的思维过程。特点:涉及计算机科学、信息论、仿生学、神经学、心理学等诸多学科	机器人、专家系统、模式识别、智能检索、机器翻译、定理证明等
通信网络	是通过网络将各个孤立的设备进行连接,通过信息交换实现人与人、人与计算机、计算机与计算机之间的通信	固定电话、互联网、移动通信等

三、计算机的特点

计算机能够按照事先存储的程序,接收输入数据、处理数据、存储数据并产生输出,它的整个工作过程具有以下几个特点。

(1)运算速度快。

(2)计算精度高。计算机内部采用二进制运算,数值计算非常精确,一般有效数字可以达到十几位。

(3)具有记忆和逻辑判断功能。计算机的存储设备可以把原始数据、中间结果、计算结果、程序执行过程等信息存储起来供再次使用。存储能力取决于所配置的存储设备的容量。

(4)具有自动执行功能。由于数据和程序存储在计算机中,一旦向计算机发出运行指令,计算机就能在程序的控制下,自动按事先规定的步骤执行,直到完成指定的任务为止。

四、计算机的分类

计算机的分类是指根据计算机的用途、价格、体积和性能等标准将其分成不同的类型。常见的计算机的类型包括个人计算机、掌上电脑、服务器,以及大型机和超级计算机等。

(1)**按处理数据形态分**:电子模拟计算机、电子数字计算机与混合计算机。

(2)**按功能和用途分**:通用计算机与专用计算机。

(3)**按性能规模分**:巨型、大型、小型、微型、服务器和工作站。

①巨型机:又称超级计算机,它是所有计算机中性能最高、功能最强、速度最快、存储量巨大、结构复杂、价格昂贵的一类计算机。用于国家科学计算、国防、气象、军事、能源、航天、生物、探矿等。

②大型机:它是计算机中通用性最强,功能、速度、存储量仅次于巨型机的一类计算机。一般用于国家科研机构、重点理工科类院校、大型企业、金融系统等。

③小型机:每秒运算几千万次左右。一般用于科学计算、数据处理、普通高校等。

④微型机:也称个人计算机(PC),是应用领域最广泛、发展最快、人们最感兴趣的一类计算机。目前广泛应用于办公自动化、信息检索、家庭娱乐和教育等。

⑤服务器:是可以被网络用户共享、为网络用户提供服务的一类高性能计算机。常用的有电子邮件服务器、域名服务器、文件服务器等。

⑥工作站:以个人计算机和分布式网络计算机为基础,主要面向专业领域很强的图形交换能力。相比微型机有更大的存储容量和更快的运算速度,而且配备大屏幕显示器、较强的

网络通信能力。因此,工作站主要用于图像处理和计算机辅助设计领域。

五、计算机发展史上的名人

1. 阿塔纳索夫

1973 年 10 月 19 日美国明尼苏达州地方法院经过 135 次开庭审理,当众宣判:"John W. Mauchly 和 J.Presper Eckert(莫齐利和埃克特)"没有发明第一台计算机,他们只是利用了阿塔纳索夫发明的构思,因为阿塔纳索夫早在 1941 年就将其对计算机的初步构想告诉给莫齐利。虽然世界上公认的第一台计算机是诞生于 1946 年美国的埃尼阿克,但严格意义上说阿塔纳索夫-贝瑞计算机(ABC)才是世界上第一台计算机。

2. 图灵(人工智能之父)

图灵机模型为现代计算机的逻辑工作方式奠定了基础。

1936 年 5 月《论数字计算在决断难题中的应用》描述了一种可以辅助数学研究的机器。

计算机科学与人工智能之父:1950 年发表了《计算机和智能》,1950 年 10 月发表了《机器能思考吗?》论文,1950 年发表《曼彻斯特电子计算机程序员手册》——著名的图灵测试。

1966 年 ACM(美国计算机协会)设立了图灵奖,以表彰在计算机科学的突出贡献的人,相当于计算机界的诺贝尔奖。

3. 高登·摩尔

高登·摩尔(Gordon Earle Moore,1929 年 1 月 3 日出生于美国加利福尼亚州旧金山)是英特尔公司的创立人之一和摩尔定律的提出者(1965 年 4 月 19 日刊登于《电子学》杂志中)。

高登·摩尔对集成电路上晶体管数量的增长做了预测,这就是著名的摩尔定律。1965 年,仙童半导体公司创始人之一的摩尔,有一天离开硅晶体车间坐了下来,顺手拿了把尺子和纸,画了一张草图,纵坐标代表不断发展的集成电路,横坐标是时间。他在月份上逐个描点,得到一幅增长的曲线图。这条曲线显示出每 24 个月,集成电路由于内部晶体管容量的几何级数的增长,而使性能几乎翻倍提高,同时集成电路的价格也恰好减少一半。后来高登·摩尔把 24 个月调整为 18 个月。

4. 约翰·冯诺依曼(现代计算机之父)

数学家、现代计算机之父,博弈论之父。在核武器、生化武器等领域都有建树,是个科学全才。对第一颗原子弹及第一台计算机的研制均有巨大贡献。

博弈论(对策论)数理经济学的奠基人之一。

1945 年 3 月主导开发了 EDVAC(离散变量自动电子计算机),发表了《存储程序通用电子计算机方案》。

1946 年 ENIAC 采用了冯·诺依曼体系结构。

现代数值分析——计算数学的缔造者。对几何学、拓扑学、数值分析等也均有涉及。

5. 特德·霍夫(微处理器之父)

1971 年 1 月,第一个可以运转的微处理器诞生了,定名为"4004 型"。其中,第一个"4"是指以 4 位为单位的设计思想,后一个"4"是指由英特尔制造的第 4 种专用芯片,而它的发明人就是特德·霍夫。霍夫认为自己占了天时和地利之便:"如果我们没有在 1971 年发明 4004 微处理器,那么别人也会在一两年里发明它。"

在普遍认为大型机才大有可为的时代,霍夫另辟蹊径,投入到微处理器的研制中。霍夫说服了刚从仙童公司跳槽的斯坦·麦卓尔与他合作,共同设计了一种比 4004 型更强大的微处理器,称为"8008 型",这是第一个真正意义的微处理器。

1973 年 8 月,"8080 型"微处理器问世,它首次使用了 MOS(金属氧化物半导体)工艺,成为有史以来最成功的微处理器之一,这也是第一个通用微处理器,是 20 世纪最后 25 年里一项具有划时代意义的发明。

著名的《经济学家》杂志将霍夫称作"第二次世界大战以来最有影响的 7 位科学家之一"。1978 年,他被提升为英特尔研究员(至今一共只有两个人获得过类似的称号),这意味着他在研究方面具有很大的自主权。

在评价微处理器和计算机时,霍夫说:"我对微处理器在个人计算机中的应用感到非常惊讶,我也没有想到人们会仅仅为了业余的爱好而买微机。随着影像游戏机的发展,个人计算机成为人们又一种娱乐工具,任何一位发明家如果能够创造出什么来提供给人们娱乐,他就能获得成功。"

六、冯·诺依曼体系结构

现代计算机的基本组成的工作方式,直到现在,计算机的设计与制造仍沿用"冯·诺依曼"体系结构。

1. 原理

存储程序控制。

2. 内容

(1)采用二进制形式表示数据和指令。

(2)将程序(数据和指令序列)预先存放在主存储器中(程序存储)。

(3)由运算器(ALU)、控制器(CU)、存储器、输入设备、输出设备五大基本部件组成计算机硬件体系结构。

运算器:进行算术逻辑运算。

控制器:控制程序、数据、运算处理结果。

存储器:存放数据以及程序。

输入设备:将指令转换成机器可识别的机器语言。

输出设备:将指令转换成人所能识别的内容。

(4)核心:存储程序和程序控制。

▶**典型例题**

【例 1】 (2018 年真题)按计算机所采用的_____的不同,可将其发展历程划分为 4 个阶段。　　　　　　　　　　　　　　　　　　　　　　　　　　(　　)

　　A. 存储容量　　　　B. 地址长度　　　　C. 运算速度　　　　D. 电子器件

【答案】 D

【解析】 按计算机所采用的电子器件的不同,可将其发展历程划分为 4 个阶段。

【例 2】 (2019 年真题)第四代计算机采用的电子器件主要是中、小型规模集成电路。

（A　B)(对的选 A,错的选 B)

【答案】 B

【解析】 这句话是错误的。按计算机所采用的电子器件的不同,可将其发展历程划分为 4 个阶段,其中第三代计算机采用的是中、小型规模集成电路,而第四代计算机采用的是大规模或超大规模集成电路。

【例 3】 (2020 年真题)世界上第一台计算机 ENIAC 是晶体管计算机。

（A　B)(对的选 A,错的选 B)

【答案】 B

【解析】 这句话是错误的。第一台计算机 ENIAC 属于第一代计算机,它采用的电子器件是电子管,是电子管计算机。

【例 4】 中远期天气预报能为我们的生活提供良好的帮助,它属于计算机的_____
应用领域。　　　　　　　　　　　　　　　　　　　　　　　　　　　　　　　(　　)

A. 科学计算　　　　B. 信息处理　　　　C. 过程控制　　　　D. 人工智能

【答案】 A

【解析】 计算机的应用领域有科学计算、信息处理、辅助设计与制造、教育信息化、电子商务、人工智能、过程控制等。科学计算是指利用计算机来完成科学研究和工程技术中提出的数学问题的计算。如:卫星的发射、卫星轨道的计算、中远期天气预报等。

第二节　认识微型计算机

▶知识框架

认识微型计算机 ——
- 计算机系统的组成
- 微型计算机的组成
- 认识计算机的各部件
- 认识外存储器
- 存储器读写速度比较
- 计算机的主要性能指标
- 数据的存储单位

一、计算机系统的组成

由硬件系统和软件系统两大部分组成。

裸机:没有安装软件的计算机,不能做任何有意义的工作。

联系:计算机硬件和软件相辅相成,缺一不可。没有软件的计算机就像是一具僵硬的躯壳,无法为我们做任何事情;同样,如果没有硬件的支持,软件将无处安身。如图 1-1 所示。

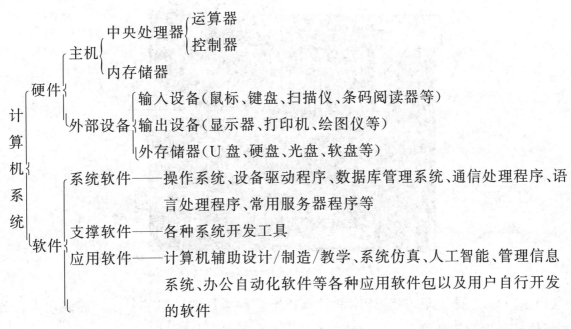

图 1-1 计算机系统的组成

二、微型计算机的组成

微型计算机一般指台式机。其他俗称有 PC、电脑、台式机等名称。一套微型计算机由主机、显示器、键盘、鼠标等部件构成。

微型计算机各部件的组成及作用如表 1-5 所示。

表 1-5 微型计算机各部件的组成及作用

序号	名称	作用
(1)	主机箱	主机的外壳,用于固定主机的各个部件,并对其起保护作用
(2)	电源按钮	按该按钮可以启动计算机
(3)	复位按钮	按该按钮可以重新启动计算机
(4)	光驱	打开该处托盘放入光盘盘片
(5)	音频接口	这个部位的粉红色输入接口插孔接话筒,草绿色输出接口插孔接音箱或耳机,浅蓝色是外部音源输入
(6)	音箱	通过声音输出计算机处理的结果
(7)	显示器	通过文字或图形方式输出计算机产生的结果
(8)	打印机	在纸上输出计算机处理的结果
(9)	鼠标	用以进行光标定位和某些特定输入
(10)	键盘	向计算机输入信息,用于人机对话

三、认识计算机的各部件

1. 主板

主板又称为主机板（main board）、系统板（system board）、母板（mother board）。一般为矩形电路板，上面一般安装有 BIOS 芯片、I/O 控制芯片、键盘和面板控制开关接口、指示灯插接件、扩充插槽、主板及扩展卡的直流电源供电插件等元件，是计算机最基本、最重要的部件之一。如图 1-2 所示。

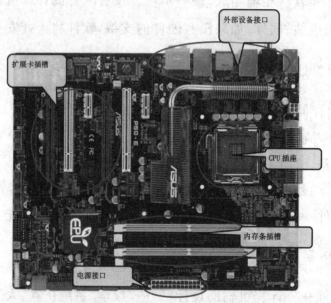

图 1-2 微型计算机的主板结构

（1）主板总线：是主板连接 CPU 和计算机上各种器件的一组信号线。总线用来在各部件之间传递数据和信息。

主板总线按功能分为三类：CB（control bus，即控制类总线）是用来发送 CPU 命令信号到存储器或 I/O；AB（address bus，即地址总线）是指由 CPU 向存储器传送地址的；DB（data bus，即数据总线）是 CPU、存储器和 I/O 之间的数据传送通道。

（2）主板与外部设备的接口，如图 1-3 所示。

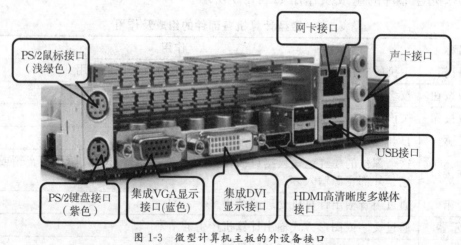

图 1-3 微型计算机主板的外设接口

（3）各接口说明。

①PS/2 键鼠接口。

需要注意的是这个接口不支持热插拔,开机状态下插拔很容易损坏硬件。优点是对键鼠支持比较好,更方便键盘全键无冲(同时按下多个键,每个键都能被电脑准确认别,没有冲突);在使用中也不能进行热拔插,否则会损坏相关芯片或电路。

PS/2接口有两组,分别为紫色的键盘接口(如图1-3左侧下方的那个)和浅绿色的鼠标接口(如图1-3左侧上方的那个),两组接口不能插反,否则将找不到相应硬件。

②视频输出接口。

目前主板上常见的视频输出接口有VGA、DVI和HDMI。相对来说,DVI传输的是数字信号,抗干扰性和传输稳定性较好;VGA接口传输的是模拟信号;HDMI接口则更多地用于连接高清平板电视,并且可以同时传输高清视频和音频信号。目前主流的液晶显示器已经基本普及了DVI接口,特别在高分辨率下我们应该尽可能使用DVI接口。如果组建HTPC(家庭影院电脑),连接高清平板电视最好使用HDMI接口。

显卡接口(蓝色):蓝色的15针VGA(D-Sub)接口是一种模拟信号输出接口(如图1-3的蓝色接口),用来双向传输视频信号到显示器。该接口用来连接显示器上的15针视频线,需插稳并拧好两端的固定螺丝,以让插针与接口保持良好接触。

③光纤音频接口。

S/PDIF接口(SONY/PHILIPS数字音频接口)分为同轴和光纤两种接线方式,虽然两者形状和载体不一样,但是传输的信号是一样的(均为音频信号)。

④e-SATA接口。

e-SATA接口是主板上SATA接口的移动扩展。它的理论最高速度比USB 2.0快10倍,实际传输速度大约能提升3~5倍。不过e-SATA接口不像USB接口那样具有独立的供电能力,因此在使用时需要再为设备单独供电。

e-SATA接口主要用于外接硬盘(如移动硬盘),从它的名字就可以看出它也属于SATA串行接口规范的一种,e-SATA是高效直接的外接硬盘方式,一般在一些旧的笔记本电脑或者是外接硬盘盒上能看见它。

⑤网卡接口。

网卡接口也叫以太网接口,目前个人电脑上用的网络接口基本上都是RJ-45接口,传输速度最高为千兆。

⑥USB接口。

大多数人都认识USB接口。不仅闪存、移动硬盘使用它,无线网卡、电视棒、摄像头等设备也大多使用USB接口。

主板上的USB接口普遍为USB 2.0标准,理论最大传输速度为480 Mbps。而最新的USB 3.0标准则将这一速度提升了10倍,达到4.8 Gbps。当然,要享受这样的高速,外接设备同样也需要支持USB 3.0,如果使用的仍然是USB 2.0标准,那么传输速度并不会得到很大的提升。

USB接口中文名为"通用串行总线",最常见的设备就是USB键盘、USB鼠标以及U盘。这个接口目前有多种规格,当前的100系列主板上有好多都配备了三个版本的USB接口,通常情况下可以通过颜色来区分,黑色一般为USB 2.0,蓝色为USB 3.0,红色或者蓝绿色为USB 3.1。具体区分可以看USB接口的针脚数:USB 2.0有4个针脚,USB 3.0和3.1则有9个针脚。

常见长方形的USB接口,被称作USB Type-A型接口,是目前最常见的接口了;然后是Type-B型,主要见于显示器的hub(集线器)上面,有些打印机扫描仪等输出输入设备也采用这样的接口;最近比较火热的Type-C接口,最大的特色是正反都可以插,传输速度也非常不错,支持到了USB 3.1的传输协议,许多智能手机也采用了这款接口。目前非常普及的安卓手机的接口也是USB接口的一种,叫作Micro USB。

USB接口的优点:可以热插拔;携带方便;标准统一;可以连接多个设备(同一台计算机供电充足的情况下最多可以连接127个设备)。

2. CPU

中央处理器又称为处理器,是整个微型机系统的核心,可以直接访问内存储器。一般包括运算器和控制器,目前世界上生产微处理器芯片的公司主要有Intel和AMD两家。

CPU的主要性能参数:

(1)主频:主频也称为时钟频率,单位是MHz,用来表示CPU的运算速度。

运算速度是衡量计算机性能的一项重要指标。平均运算速度是指每秒钟所能执行的指令条数,一般用每秒百万条指令表示。

执行不同的运算所需时间可能不同,因而对运算速度的描述常用不同的方法。常用的有CPU时钟频率(主频)、每秒平均执行指令数(IPS)等。另外微型计算机一般采用主频来描述运算速度。如:Pentium/133 MHz、Pentium I/800 MHz、Pentium 4 1.5G等。主频越高,运算速度就越快。

(2)外频:是CPU的基准频率,单位是MHz。决定着整块主板的运行速度。

(3)倍频:是CPU主频与外频之间的相对比例关系。CPU主频=外频×倍频系数。

(4)CPU字长:位是计算机处理的二进制数的基本单位,1个"0"或"1"代表1位。字长是CPU在单位时间内一次能处理的二进制数的位数。如:32位CPU能在单位时间内处理字长为32位的二进制数据。字长越长,单次运算处理的数值范围越大,精度也越高。通常微型机的字长可分为8位、16位、32位、64位等。

(5)缓存:可分为L1 Cache(一级缓存)、L2 Cache(二级缓存)、L3 Cache(三级缓存);缓存的结构和大小对CPU速度的影响非常大。

(6)封装形式:安装半导体集成电路芯片所用的外壳通常采用socket插座,CPU使用PGA(栅格阵列)形式封装;而采用Slot x槽安装的CPU采用SEC(单边接插盒)形式封装。

(7)多核心:多核心是指单芯片多处理器。四核CPU是目前个人计算机中的主流配置。

多核心技术是指在一个单一的计算组件中,加入两个或两个以上的独立实体,中央处理单元分别独立运行程序指令,利用并行计算的能力,可以加快程序的运行速度,同时运行多个程序,可以提供一边听歌、一边上网、一边打游戏的多任务能力。

CPU品牌生产商:英特尔(Intel)、超微半导体公司(AMD)、IDT、龙芯。

3. 内存

内存又称内存储器或主存储器,是计算机中的主要部件,它是相对于外存而言的。日常使用的程序,如操作系统、打字软件、游戏软件等,一般都安装在硬盘即外存上,但是当使用它们时必须调入内存中运行。内存的质量好坏与容量大小会影响计算机的运行速度。

内存品牌生产商有金士顿(Kingston)、现代(HYUNDAI)、威刚(ADATA)、海盗船(Corsair)、三星(SAMSUNG)、英睿达等。

内存一般采用半导体存储单元,包括只读存储器(ROM)、随机存储器(RAM)、高速缓存(cache)。

(1)ROM(read-only memory,只读存储器)中的信息只能读出,一般不能写入,机器断电数据也不会丢失。一般在出厂时数据就被写入并永久保存固化在主板上的一块可读写的ROM芯片程序,其中存储系统的重要信息和设置系统参数的设置程序(BIOS Setup程序)。用户可以通过BIOS设置程序对CMOS参数进行设置。

(2)RAM(random access memory,随机存储器)中的信息可以读取也可以写入,机器断电后,数据就会丢失。RAM可以分为静态(dynamic RAM)和动态(static RAM)两大类。目前市场上的内存主要有DDR3和DDR4。

(3)高速缓冲存储器cache。

随着CPU工作频率的不断提高,CPU对RAM的存取速度也提出了更高要求。因为如果RAM的存取速度太慢的话,那么CPU将不得不处于等待状态,这将极大地影响系统的工作效率。这时就需要使用具有更高存取速度的存储芯片。但是,由于在现有技术条件下高速存储芯片的价格太高,因此如果大量使用高速存芯片,则可能带来系统成本过高的问题。为了解决这一问题,在现代计算机设计中采用了高速缓冲存储器技术。所谓高速缓冲存储器cache,就是一种位于CPU与内存之间的存储器。它的存取速度比普通内存快得多,但容量有限。Cache主要用于存放当前内存中使用最多的程序块和数据块,并以接近CPU工作速度的方式向CPU提供数据。由于在大多数情况下,一段时间内程序的执行总是集中于程序代码的某一较小范围,因此,如果将这段代码一次性装入高速缓存,则可以在一段时间内满足CPU的需要,从而使得CPU对内存的访问变为对高速缓存的访问,可以提高CPU的访问速度和整个系统的性能。

内存条就是将RAM芯片集成块集中在一起的一小块电路板,插在主板上的内存插槽上。

内存容量的基本单位是字节(Byte),简称B;1个字节由8位二进制数组成。bit(位)是最小的单位。

其他单位:由小到大分别是:B(字节),KB(千字节),MB(兆字节),GB(吉字节或千兆字节),TB(太字节或万兆字节),PB(拍字节或十万兆字节),EB(艾字节或百万兆字节),ZB(泽字节或千万兆字节),YB(尧字节或亿万兆字节),BB(十亿万兆字节),NB(百亿万兆字节),DB(千万亿兆字节)。

公式换算:

$$1 \ B = 8 \ b$$

$$1 \ KB = 1 \ 024 \ B = 2^{10} B$$

$$1 \ MB = 1 \ 024 \ KB = 2^{20} B$$

$$1 \ GB = 1 \ 024 \ MB = 2^{30} B$$

$$1 \ TB = 1 \ 024 \ GB = 2^{40} B$$

分析:1 KB 相当于一则短篇故事的内容;1 MB 相当于一则短篇小说的文字内容;1 GB 相当于贝多芬第五乐章交响曲的乐谱内容;1 TB 相当于一家大型医院中所有的 X 光图片信息内容;5 EB 相当于至今全世界人类所讲过的话语;1 ZB 相当于全世界海滩上的沙子数量总和。

4. BIOS 与 CMOS

BIOS(basics input & output system,基本输入输出系统)是固化在微机主板的一块可读写的 ROM 芯片程序,其中存储系统的重要信息和设置系统参数的设置程序(BIOS setup 程序);而 CMOS(complementary metal oxide semiconductor,互补金属氧化物半导体),就是微机主板上一块可读写的 RAM 芯片,用来保存系统在 BIOS 中设定硬件配置和操作人员对某些参数的设定。

四、认识外存储器

1. 硬盘

硬盘与硬盘驱动器封装在一起,一般安装在主机箱内,硬盘是计算机最重要的外部存储设备,用于存储数据、程序及数据的交换与暂存。

硬盘的主要性能参数:容量、读写速度、接口类型、数据缓存、转速。

容量单位是 TB。主流的硬盘容量在 2 TB 以上。

接口类型有四种:IDE、SATA、SCSI、光纤通道。IDE 和 SATA 接口硬盘用于家用产品中,部分应用于服务器,SCSI 主要应用于服务器,价格高。光纤通道只用于高端服务器上,价格昂贵。

数据缓存是指在硬盘内部的高速存储器,它能将硬盘工作时的一些数据暂时保存起来,以供读取和在读取,目前硬盘的高速缓存一般为 128～256 MB。

转速指硬盘内电机主轴的旋转速度,是标志硬盘档次的重要参数之一,也是决定硬盘内部传输速率的关键因素之一。普通硬盘转速一般有 5 400 r/min,7 200 r/min;SCSI 硬盘转速基本都采用 10 000～15 000 r/min。

2. 移动硬盘

移动硬盘多采用 USB、IEEE 1394 等接口,便于插拔,具有便携性。

3. 固态硬盘

固态硬盘是用固态电子存储芯片阵列而制成的硬盘。优点:抗震性好、读取速度快、工作温度范围大、应用范围广(军事、工业自动化控制、视频监控、医疗、航空等领域)。缺点:成本高。

4. U 盘

U 盘又叫 USB 盘或闪盘。它是一种可移动的存储设备,采用闪存芯片作为存储介质,使用 USB 接口。U 盘可以做成系统启动盘,多用于存储数据。

5. 光盘与光盘驱动器

光盘存储器是利用红色激光、蓝色激光灯光学方式进行读写信息的存储设备。主要由光盘和光盘驱动器组成。

(1)主要分类有:只读型光盘、可重写型光盘、蓝光光盘、DVD 光盘。

只读型光盘包括:CD-ROM、DVD、一次写入型的 CD-R、DVD-R。

可重写型光盘(CD-RW)类似于磁盘,可以反复读写。

蓝光光盘(BD)是目前一种先进的大容量光盘格式。双层蓝光光盘存储容量可达50 GB。

优点:写入速度快,适用于高清电影发行。

缺点:蓝光盘数据层接近光盘表面,容易刮伤,需放在塑料盒内保护。

(2)CD 光盘的特点:存储容量大,价格低,目前广泛使用的 CD 光盘直径为 4.72 in (120 mm),光盘的存储容量达 650~700 MB;不怕磁性干扰;存取速度高。

(3)DVD 光盘:与 CD 光盘大小相同,但其存储密度高,一面光盘可以分单层或双层存储信息,一张光盘有两面,最多可以有 4 层存储空间,所以存储容量大。120 mm 的单面单层 DVD 盘片容量为 4.7 GB。DVD 光盘的类型有:DVD-ROM、DVD-R、DVD-RAM、DVD-Video、DVD-Audio。

6. 软盘

软盘:(FD)在个人计算机中作为一种可移动式储存硬件,它是那些需要被物理移动的小文件的理想选择。软盘有 8 in、5.25 in、3.5 in 之分。

软式磁盘驱动器则称 FDD,软盘片是覆盖磁性涂料的塑料片,用来储存数据文件。

软盘的容量有:5.25 in 双面低密度软盘的容量为 360 KB,高密度则为 1.2 MB;3.5 in 双面低密度软盘的容量为 720 KB,高密则为 1.44 MB(右下方有个保护口)。

五、存储器读写速度比较

cache(高速缓存)>RAM(内存)>ROM(内存)

内存储器>外存储器

六、计算机的主要性能指标

1. 字长

在计算机中作为一个整体被 CPU 存取、传送、处理的一组二进制数字串叫作一个字,每个字中的二进制位数,称为字长。字长有 8 位、16 位、32 位、64 位等,字长越长,CPU 一次处理的信息位就越多,精度就越高,目前主流 CPU 字长已达 64 位。

2. 主频

主频即时钟频率,决定 CPU 在单位时间内的运算次数,主频越高,运算速度越快。

3. 存储容量

存储容量是指计算机能够存储数据的总字节数。平时经常提到的内存大小就是指计算机内存储器的存储容量。目前的个人计算机中通常配置的内存容量已达 4 GB 以上,硬盘等外存储器的存储容量更是达到几百 GB 至几 TB。相对来讲,内存容量越大,安装有多任务多用户操作系统的计算机运行越流畅。

4. 存取周期

存储器进行一次"读"或"写"操作所需的时间,称为存储器的访问时间,连续启动两次独立的"读"或"写"操作所需的最短时间,称为存取周期。

5. 运算速度

运算速度是指 CPU 每秒处理指令的多少,单位是 MIPS,即百万条指令每秒。

七、数据的存储单位

1. 位(b)

在计算机内采用二进制形式来表示数据;计算机数据的最小单位是二进制的 1 个数位,简称"位",又称 bit(比特)。

一个二进制位可表示两种状态。"0"或"1",两个二进制位可表示四种状态(00,01,10,11)。位数越多,所表示的状态就越多。

2. 字节(Byte)

(1)为了表示出所有字符(字母、数字以及各种专用符号,大约有 256 个),需要用 7 位或 8 位二进制数。8 位二进制数表示为一个字节(Byte),通常用"B"来表示。

(2)1 个字节由 8 个二进制数位组成。1 个字节可代表 2^8=256 种状态。

(3)字节是计算机中用来表示存储空间大小最基本的容量单位。如:计算机内存的存储容量、磁盘的存储容量。

(4)信息处理数据的输入、处理、输出、存储等一次传送 256 种状态,这样的数据传输的速度仍然太小,所以除用字节为单位表示存储容量外,还用千字节(KB)、兆字节(MB)、吉字节(GB)、太字节(TB)等来计量存储单位。

3. 字(word)

(1)字由若干字节组成的(通常取字节的整数倍),字是计算机进行数据存储和数据处理的基本运算单位。

(2)字是指计算机一次存取、加工、运算和传送的数据整体,一个字通常由一个或若干个字节组成。数据长度称为"字长","字长"是计算机一次所能处理的实际位数,用来存放一条指令或一个数据,与 CPU 有关,它决定了计算机处理数据的速率,字长越长,其精确度和速度越高,不同档次的计算机字长不同,目前有 32 位和 64 位的计算机。

1 个汉字占 2 个字节;1 个字节占 8 位二进制位;2 个字节就是 16 位字长;1 个英文字符

占 1 个字节；一个字节的一半称为半个字节，即包含 4 个位。

4. 位、字节与字长的关系(如图 1-4 所示)

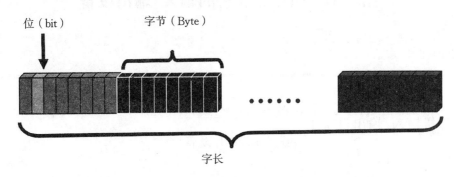

图 1-4　位、字节与字长的关系

▶**典型例题**

【**例 1**】　(2019 年真题)计算机的硬件和软件是相辅相成的，没有软件的计算机称为裸机。

(A　B)(对的选 A,错的选 B)

【**答案**】　A

【**解析**】　这句话是对的。没有软件的计算机称为裸机，不能做任何有意义的工作。

【**例 2**】　(2020 年真题)1 KB=_____Bytes。

【**答案**】　1 024

【**解析**】　内存容量的基本单位是字节(B)，它们间的进率为 1 024，即 1 KB=1 024 B=2^{10}B　1 MB=1 024 KB=2^{20}B　1 GB=1 024 MB=2^{30}B　1 TB=1 024 GB=2^{40}B。

第三节　微型计算机的输入/输出设备

▶知识框架

微型计算机输入/输出设备 { 认识常用输入设备
认识常用输出设备

▶知识要点

微型计算机的输入设备和输出设备是人与计算机系统之间进行信息交换的主要装置。输入设备可以将外部信息(如文字、数字、声音、图像、程序等)转变为数据输入到计算机中进行加工、处理;而输出设备是把计算机处理的中间结果或最终结果,用人所能识别的形式(如字符、图形、图像语音等)表示出来,它包括显示设备、打印设备、语音输出设备、图像输出设备等。

一、认识常用输入设备

1. 键盘

标准键盘设计是 101 键,目前的键盘又增加了能够执行一些常用操作功能的键符,如 Windows 启动键、Windows 快捷键、声音控制键、互联网浏览键等以满足用户的操作要求。在外形设计上还有更人性化的人体工程学键盘,有些键盘还带有身份识别和手写输入功能。

键盘的接口有 PS/2、USB 和无线 3 种,键盘的 PS/2 接口为紫色。键盘选购时要注意操作手感、舒适度、接口类型等。

(1)常见的键盘可分为 4 个区:字符键区、功能键区、光标控制键区、数字键区,如图 1-5 所示。各键区的键符功能键表,如表 1-6 所示。

图 1-5　键盘分区示意图

表 1-6　主要键符的功能与作用

键区	键符名称	功能与操作	特点
字符键区	Shift	上档键。按住该键不放可输入上档的各种符号或大小写转换的字母	字符键区主要由 26 个英文字母键组成,主要用于输入符号、字母、数字等信息
	Caps Lock	大写字母转换键。按该键,Caps Lock 指示灯亮时可输入大写字母;再按该键,指示灯灭时可输入小写字母	
	Tab	制表键。按该键光标可移动一个制表位置(一般移动 8 个字符位置,但在不同的软件中移动的位置可能不同)	
	Enter	回车键。按该键表示结束前面的输入并转换到下一行开始输入,或者执行前面输入的命令	
	空格键	该键为一空白长条形,按一次该键能输入一个空格符	
	Backspace	退格键。按一次该键可删除光标前边的一个字符	
	Delete	删除键。按一次该键可删除光标后边的一个字符	
	Ctrl	控制键。该键单独使用没有意义,主要用于与其他键组合在一起操作,实现某种控制作用	
	Alt	转换键。该键单独使用没有意义,主要用于组合键	
	Insert	插入键。改变插入与改写状态	
功能键区	F1~F12	功能键。其功能通常由不同的软件来定义	提供使用软件设置的操作功能
	Pause	暂停键。按一次该键可暂停正在执行的命令和程序,再按任意键即可继续执行	
	Print Screen	屏幕打印键。使用该键可将屏幕内容输出到剪贴板	
	Scroll Lock	屏幕滚动锁定键。按下此键,则屏幕显示停止滚动,直到再按此键为止	
	Esc	中止或取消键。一般用于取消一个操作或中止(退出)一个程序	
数字键区	小键盘	键位上的上、下档功能由数字锁定键(Num Lock)来控制;当按下 Num Lock 键时,Num Lock 指示灯亮,则上档键数字起作用;再按该键使 Num Lock 指示灯灭时,则下档的光标控制键等起作用	快捷、方便地输入数字和运算符
光标控制键区	上下左右箭头	光标移动键。使光标上移、下移、右移、左移	该区的主要功能是控制光标在屏幕上的位置
	其他光标控制键	Home 键使光标回到本行起始位置;End 键使光标移到本行结束位置;Page Up 键往前翻一屏内容;Page Down 键向后翻一屏内容。这 4 个键的功能跟使用的具体软件有关	

(2)键盘的使用。

正确的打字姿势:

身体保持端正,双脚放平。椅子的高度以小臂可平放在桌上为准,身体与键盘的距离大约为 20~30 cm;双臂自然下垂;手指弯曲并轻放在基准键上(如图 1-6 所示),左右大拇指放在空格键上;打字文稿放在键盘的左边,或用专用夹夹在显示器旁;要求"盲打",即打字的时候不看键盘。

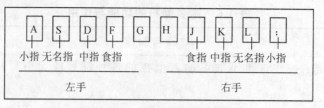

图 1-6　基准键与手指的对应

键位指法：

键盘操作的基本指法，不击键时，手指放在基准键上，其中 F、J 键是中心键，其键面上有一条小小的横杠；击键时手指从基准键位置伸出，左右手的手指位置如图 1-7 所示。

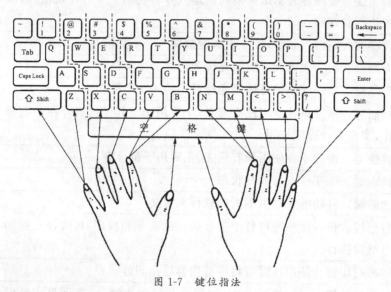

图 1-7　键位指法

数字小键盘的基本指法：

数字小键盘区有 4 列 17 个键位，输入数据时左手翻阅资料，右手击键。分工如图 1-8 所示。

小键盘基准键位及手指分工

　　小键盘的基准键位是[4][5][6]键。小键盘区的数字5上面有个凸起的小横杠或者小圆点，盲打时可以通过它找到基准键位。

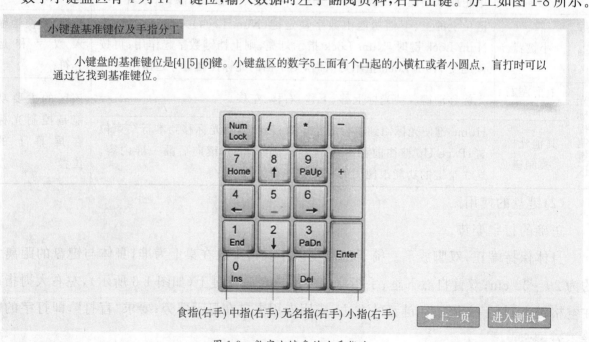

食指(右手) 中指(右手) 无名指(右手) 小指(右手)

◀ 上一页　　进入测试 ▶

图 1-8　数字小键盘的右手指法

2. 鼠标

鼠标是计算机的一种输入设备，主要功能是进行光标定位或用来完成某种特定的输入。

鼠标的主要技术指标是分辨率,单位是 dpi,它是指每移动 1 in(1 in≈2.54 cm)能检测出的点数,分辨率越高,质量也就越高。

鼠标的接口有 PS/2,USB 和无线 3 种,鼠标的 PS/2 接口为浅绿色。

鼠标通常有 2 个或 3 个按键(目前已经有 4 个或 5 个按键的鼠标)。常用的鼠标是 2 个按键中间带一个滚轮,右手握鼠标时,左边的按键为拾取键,用来定位和执行操作;右边的按键为快捷菜单选择键,中间滚轮用来滚动屏幕显示信息。其常用操作方法有 5 种,如表 1-7 所示。

表 1-7　鼠标的 5 种常用操作方法及其功能

操作名称	操作方法及其功能
指向	将鼠标指针移动到屏幕的某一位置
单击	按鼠标左键一次,可以选取某个文件或执行某个程序
双击	连续按鼠标左键两次(连击),可以打开某个文件或执行某个程序
拖曳	选取某个对象后,按住鼠标左键不放,并移动鼠标,至目的地后再放开鼠标按键,可以移动该对象
右击	按鼠标右键一次,一般弹出快捷菜单,可以在快捷菜单上选取操作命令

鼠标的分类:

根据连接方式的不同鼠标也可分为有线鼠标和无线鼠标。

根据鼠标外形的不同可分为两键鼠标、三键鼠标、滚动鼠标和感应鼠标。

根据鼠标的工作原理可分为机械式鼠标、光电式鼠标、光机式鼠标、无线鼠标和 3D 鼠标。

3. 扫描仪

扫描仪通常用于将图片、照片、胶片、各类图纸以及各类文稿资料扫描成图像文件输入到计算机中,进而实现对这些图像形式的信息的处理。按扫描原理划分,扫描仪可以分为平板式扫描仪、手持式扫描仪和滚筒式扫描仪。滚筒式扫描仪应用在大幅面扫描领域,而平板式扫描仪扫描速度快、精度高,是办公和家庭的常用工具。

扫描仪的主要指标是分辨率,单位为 dpi。一般平板式扫描仪的分辨率为 1 200～9 600 dpi。

4. 触摸屏

触摸屏一种多媒体输入定位设备,用户可以直接用手在屏幕上触及屏幕上的菜单、按钮、图标等,向计算机输入信息,其有效地提高了人机对话效率。

5. 条码阅读仪

条码阅读仪分类:一维条码、二维条码。

功能:条码的使用可以使信息的检索更加快捷和安全。二维条码可以存储更复杂的信息,如图片、网络链接、证件识别、物料管理、货物运输、获取公共服务、电子地图查询定位等。

6. 手写和语音输入设备

手写输入设备:由书写板和输入笔组成。

语音输入设备:通过麦克风及语音识别系统在计算机中将语音转换为相应的信号。

7. 数码相机和数码摄像机

将拍摄到的景物转换成数学化的图像和视频,并将其输入到计算机中进行处理。

二、认识常用输出设备

输出设备的作用是把计算机处理的中间结果或最终结果用人所能识别的形式(如字符、

图形、图像、语音等)表示出来,它包括显示设备、打印设备、语音输出设备、图像输出设备等。

1. 显示器

显示器又叫监视器或屏幕,是用户与计算机之间对话的主要信息窗口,是微型计算机不可缺少的输出设备。其接口类型有 VGA(最明显的标志是 15 根针,也称 D-Sub 接口)、DVI(即数字视频接口,传送的是数字信号)、HDMI(高清晰度多媒体接口,普遍应用于家庭多媒体设备)。

(1)分类:CRT(阴极射线管)、LCD(液晶显示器)、PDP(等离子体显示器)和 LED 显示器。

(2)作用:在屏幕上显示从键盘输入的命令或数据,程序运行时能自动将机内的数据转换成直观的字符、图形输出,以便用户及时观察必要的信息和结果。

(3)主要性能参数:

分辨率:分辨率越高,显示越清晰。显示器显示的字符和图形由像素点组成。显示器的分辨率=1 024(水平显示的像素个数)×768(水平扫描线数)。

屏幕尺寸:单位为英寸(in)。用屏幕区域对角线的长度表示。

点间距:屏幕上两个颜色相同的荧光点之间的最短距离。点间距越小,显示出的图像越细腻。

刷新频率:包括垂直刷新频率(帧频或场频)与水平刷新频率(行频),单位为 Hz。刷新频率高低对人的眼睛有很大影响。

2. 打印机

根据打印机的原理,常见的打印机大致可分为喷墨打印机、激光打印机和针式打印机。与其他类型的打印机相比,激光打印机有着几个较为显著的优点:打印速度快、打印品质好、工作噪声小等。针式打印机由于结构简单,因此体积可以做得比较小,在打印效果要求不高的场所,如超市、出租车、银行等还在广泛使用。喷墨打印机在彩色打印、特殊介质打印方面还在大量应用。

打印机主要接口类型:常见的并行接口、专业的 SCSI 接口和 USB 接口。另外,独立的网络打印机已经不需要专门的接口,直接通过网线、蓝牙或者无线网连接在网络中就可以工作。

3. 3D 打印机

工程师通过使用 3D 辅助设计软件,设计出一个三维模型或原型,再把模型"切"成无数叠加的片,一片一片地打印后叠加到一起,组成一个立体物体,如一所房子、人工心脏瓣膜等。3D 打印机可以使用有机或者无机材料进行打印(如橡胶、塑料)。3D 打印已经开始广泛应用在设计领域,尤其是工业设计、数码产品开模等领域。

4. 音箱或耳机

音箱或耳机是多媒体计算机不可缺少的设备。现在使用的音箱一般为有源音箱,可以分为 2.0、2.1、5.1 等。2.0 音箱包括两个声道的两个音箱;2.1 音箱增加了一个"低音炮";5.1 音箱增加了两个环绕音箱和一个前置音箱,更加专业。音箱的功能发挥还需要声卡的支持。耳机从使用形式上可以分为耳塞式、挂耳式、头戴式等。很多耳机已经和麦克风集成在一起,更加方便使用。

5. 绘图仪

绘图仪是比较常用的一种图形输出设备,它可以在纸上或其他材料上画出图形。绘图仪上一般装有一支或几支不同颜色的绘图笔,这些绘图笔可以在相对于纸的水平和垂直方向上移动,并根据需要抬起或者降低,从而在纸上画出图形。绘图仪在绘图时可接收主机发来的命令,根据命令进行动作。

6. 投影仪

(1)分类:DLP(数字光学处理)、LCD(液晶)。

(2)特点:DLP 对比度高,LCD 色彩表现效果好。

(3)性能参数:对比度、亮度、色平衡、分辨率。

(4)接口:VGA、DVI、标准视频(RCA)、S 视频(S-Video)、BNC 端口、RS232C 串口、音频接口等。

▶ **典型例题**

【例1】 (2018 年真题)下列不属于显示器主要性能指标的是 （ ）

　　A. 主频　　　　　B. 分辨率　　　　　C. 点间距　　　　　D. 屏幕尺寸

【答案】 A

【解析】 显示器的主要性能指标有分辨率、点间距、屏幕尺寸、刷新频率。主频是 CPU 的主要性能指标。

【例2】 (2019 年真题)投影仪与计算机连接的接口类型是 （ ）

　　A. SP/2　　　　　B. SCSI　　　　　C. VGA　　　　　D. IDE

【答案】 C

【解析】 投影仪与计算机连接的接口类型有 VGA、DVI、标准视频(RCA)、S 视频(S-Video)、BNC 端口、RS232C 串口、音频接口等。

【例3】 (2020 年真题)下列关于显示器的说法,正确的是 （ ）

　　A. 刷新频率的高低对人眼有影响

　　B. 点间距离越小,显示出来的图像越清晰

　　C. 屏幕尺寸一般用屏幕区域的宽度表示

　　D. 显示器的分辨率一般表示为水平显示的像素个数×水平扫描线

【答案】 ABD

【解析】 电脑显示器屏幕尺寸大小既不是指宽度,也不是指高度,而是指显示屏对角线的长度。

【例4】 (2020 年真题)音箱是一种输出设备。 （A　B)(对的选 A,错的选 B)

【答案】 A

【解析】 音箱是多媒体计算机不可缺少的输出设备。

第四节 计算机软件及其使用

计算机软件及其使用
- 软件系统
- 软件的版权
- 软件的许可证
- 不同类型软件分发的规定

▶知识要点

一、软件系统

计算机软件是相对于计算机硬件而言的,是程序、程序运行时所需要的数据以及关于程序功能和使用等说明文档的集合。软件系统通常分为系统软件、支撑软件和应用软件三类。

1. 系统软件

系统软件主要指用于计算机系统内部的管理、控制和维护计算机的各种资源的软件。它是使用和管理计算机的基本软件,是支持应用软件运行的平台,主要包括操作系统、诊断程序语言处理程序、数据库管理系统和常用服务程序等。

(1)操作系统。

操作系统(OS)是最重要的系统软件,它能对计算机的硬件、软件资源和数据资源进行有效的管理,对计算机的工作流程进行合理的组织,为用户提供功能更强、使用更方便的操作平台。目前个人计算机常用的操作系统有:微软公司的 Windows 系列(如 Windows XP、Windows 7、Windows 10 等)、基于 Linux 平台的操作系统(如 Red Hat Linux、Ubuntu、红旗 Linux 等)、苹果公司的 macOS 系列。

(2)语言处理程序。

语言处理系统由各种程序设计语言的语言处理程序(即翻译程序)组成。语言处理程序分为汇编程序、解释程序和编译程序三类。

2. 支撑软件

支撑软件是介于系统软件和应用软件之间的用于软件开发与维护的软件,又称为软件开发环境。它是各种系统开发工具,用于协助用户开发软件的工具性软件,包括帮助程序人员开发产品的工具以及帮助管理人员控制开发进程的工具。

3. 应用软件

应用软件是为了解决各种实际问题而专门设计的计算机程序,主要有图像处理软件(如

Photoshop、美图秀秀)、文字处理软件(如 Word、WPS)、表格处理软件(如 Excel)等。

4. 程序设计语言

程序设计语言(即计算机语言)是人与计算机之间进行信息交流的工具,主要分为机器语言、汇编语言和高级语言,其中机器语言和汇编语言又合称为低级语言。

机器语言是直接用机器指令作为语句与计算机交流信息的语言,一条机器指令就是一条机器语言语句,它与计算机的硬件密切相关,计算机能直接识别运行的语言。机器语言具有执行速度快、占用存储空间少等优点,但编写的程序可读性及可移植性差。目前,已很少使用该语言编写程序。

汇编语言是用助记符代替机器指令作为编程用的符号语言。助记符与机器指令一一对应,提高了程序的可读性,但机器不能直接识别和执行,需要汇编程序把它翻译成对应的机器语言程序。汇编语言也是一种面向机器的语言,其通用性和可移植性较差,但比机器语言易读、易改。

高级语言是一种与具体的计算机指令系统无关,独立于计算机且表达方式接近于被描述问题的语言。常见的高级语言有 BASIC、Fortran、Pascal 及面向对象程序设计语言 Java、Visual C++ 与 Python。高级语言具有易学、易用和可移植性好等特点,因此,得到了较为广泛的应用。由于高级语言不能直接被机器所识别,所以用高级语言编写的程序需要经过翻译程序转换成机器语言程序。

5. 软件的版本

各类软件在开发过程中为适应不断发展的需求,生产厂商在早期软件的基础上不断进行更新;一般来说,软件的版本越新,功能越完善,越适应新的计算机硬件环境。软件版本一般向下兼容。

二、软件的版权

维护版权是通过法律的形式保护创造性工作的原始作者权利的一种方法。对于购买的软件只能按照软件中规定的特定方式使用。软件开发者拥有软件版权,除以下规定的情况及使用方式以外,任何人不得以任何形式侵犯开发者的版权:

(1)允许购买者为了安装软件从光盘复制到计算机的硬盘上。

(2)允许购买者为防止软件被删除或损坏而制作的用于备份的副本。

(3)允许购买者出于教学目的而复制或分发软件的部分内容。

三、软件的许可证

软件的许可证是指规定计算机软件(程序)使用者权利的法律合同,又称许可协议。按商业软件、共享软件、免费软件、公共领域软件等不同类型的软件,对它们的分发规定了不同的协议。通常法律合同需要签字才能生效,而计算机软件一般会在打开软件包装时就会有同时生效的协议(称为简易包装协议)。另外,软件安装协议显示在屏幕上,用户阅读后,通过单击"确认""接受"或"我同意"等按钮,来表明已经接受协议中的内容。因此,作为软件使用者,应该充分理解许可协议的内容。

四、不同类型软件分发的规定

（1）商业软件只能在许可协议规定范围内使用，如在家里或办公室安装使用该软件。

（2）共享软件是以"购买前的试用"为目的而分发的有版权的软件，在试用期后继续使用该软件，就必须支付注册费。

（3）免费软件的许可协议允许使用、复制或传播，但不允许对软件进行修改或是出售。许多工具程序、设备驱动程序和一些游戏软件都属于免费软件。

（4）公共领域软件没有版权，可以被自由地复制、分发甚至再销售，唯一的限制是不可以再去为它申请版权。

（5）开放资源软件中有许多没有编译的程序指令（源代码），当开放资源软件销售或免费分发时，就必须提供源代码给需要修改或改进这些软件的编程人员。

（6）不同类型软件分发的规定对比，如表1-8所示。

表1-8　不同类型软件分发的规定对比表

分发的软件类型	版权	是否可复制与出售	使用范围
商业软件	有	否	有限区域
共享软件	有	不可，但可以试用	试用后仅限注册用户
免费软件	有	可以复制，但不可出售	不可修改但可传播
公共领域软件	无	可以复制、分发和出售	可复制分发销售但不允许申请版权
开放资源软件	无	可以销售和免费分发	任何人都可以访问、使用和修改

▶典型例题

【例1】 （2020年真题）下列不属于系统软件的是　　　　　　　　　（　　）

A. Windows　　　　B. DOS　　　　　C. Visual Basic　　　D. AutoCAD

【答案】 D

【解析】 Windows、DOS属于操作系统，Visual Basic属于面向对象的程序设计语言，AutoCAD是一个专业的制图软件，是应用软件。

【例2】 （2019年真题）计算机能直接识别运行的语言是_____。

【答案】 机器语言

【解析】 程序设计语言（即计算机语言）是人与计算机之间进行信息交流的工具，主要分为机器语言、汇编语言和高级语言，其中机器语言和汇编语言又合称为低级语言。机器语言是直接用机器指令作为语句与计算机交流信息的语言，是计算机能够直接识别运行的。

第五节　数制与编码

▶**知识框架**

数制与编码 ｛ 数制的表示
　　　　　 常用数制之间的转换
　　　　　 编码

▶**知识要点**

一、数制的表示

用一组固定数字和一套统一规则来表示数目的方法称为数制。例如:60 秒为 1 分钟,24 小时为 1 天,7 天为 1 周等。常见的数制主要有十进制、二进制、八进制和十六进制。

1. 数制的表示方法主要有两种

(1)将数用圆括号括起来,并将该进制的基数写在右下角。例如:$(1101)_2$ 表示二进制数 1101,$(123)_{16}$ 表示十六进制数 123 等。

(2)在数字后加上一个英文字母表示该数所用的数制,其中二进制用 B、八进制用 O(有时为防止与 0 混淆,也用 Q)、十进制用 D(或省略)、十六进制用 H 表示。

在日常生活中,人们习惯使用十进制计数。考虑到运算、实现、可靠和经济等因素,在计算机内部数据和信息的表示均采用二进制。二进制数和十进制数的转换工作是机器通过标准程序依据数据编码实现的。

2. 常用数制的特点(如表 1-9 所示)

表 1-9　常用数制的特点

常用数制	十进制	二进制	八进制	十六进制
规则	逢十进一	逢二进一	逢八进一	逢十六进一
数字符号	0~9	0,1	0~7	0~9,A,B,C,D,E,F
基数 R	$R=10$	$R=2$	$R=8$	$R=16$
表示	D	B	O(或 Q)	H
举例	567.24D	101101B	237O	86H

二、常用数制之间的转换

无论使用哪一种进位计数制,数值的表示都包含两个基本要素:基数和各位的"位权"。

基数是一个进位计数制允许选用的基本数字符号的个数,一般而言,R 进制数的基数为 R,可供选用的计数符号有 R 个,分别为 $0~R-1$,每个数位计满 R 就向其高位进 1,即"逢 R 进一"。

"位权"又简称"权",是指一个进位计数制中,各位数字符号所表示的数值等于该数字符号值乘以一个与该数字符号所处位置有关的常数。位权的大小是以基数为底,数字符号所处位置的序号为指数的整数次幂。各数字符号所处位置的序号计法为:以小数点为基准,整数部分自右向左依次为 $0,1,\cdots$ 递增,小数部分自左向右依次为 $-1,-2,\cdots$ 递减。

任何一种数制表示的数都可以写成按位权展开的多项式之和,位权(简称"权")是指数字在某个位置上所代表的值,每个数字符号的位置决定了它的位权。例如,十进制数 1 234.56 的按权展开为

$$1\ 234.56D = 1\ 000 + 200 + 30 + 4 + 05 + 0.06$$
$$= 1 \times 10^3 + 2 \times 10^2 + 3 \times 10^1 + 4 \times 10^0 + 5 \times 10^{-1} + 6 \times 10^{-2}$$

1. 非十进制数转换为十进制数

将二、八、十六等非十进制数转为十进制数,可以采用"按权展开多项式求和"法。

例如:二进制数转十进制数:

$$(11011001)_2 = 1 \times 2^7 + 1 \times 2^6 + 0 \times 2^5 + 1 \times 2^4 + 1 \times 2^3 + 0 \times 2^2 + 0 \times 2^1 + 1 \times 2^0 = 128 + 64 + 16 + 8 + 1 = (217)_{10}$$

八进制数转换为十进制数:

$$(37.3)_8 = 3 \times 8^1 + 7 \times 8^0 + 3 \times 8^{-1} = 24 + 7 + 0.375 = (31.375)_{10}$$

十六进制数转换为十进制数:

$$(A7.9)_{16} = 10 \times 16^1 + 7 \times 16^0 + 9 \times 16^{-1} = 160 + 7 + 0.563 = (167.563)_{10}$$

2. 十进制数转换为非十进制

将十进制数转换为二进制数(八进制数或十六进制数)的方法:整数部分为"除 2(8 或 16)取余,倒序排列";小数部分为"乘 2(8 或 16)取整,顺序排列"。

要将十进制整数转换为二进制数,只需将要转换的十进制整数反复除以 2 直到商为 0,然后将每次相除后的余数倒序排列,即"除 2 取余,倒序排列"。

整数部分:除 2 取余,倒序排列。

例如:$(75)_{10} = (1001011)_2$ 计算过程如下:

```
2 | 75      …… 1
  2 | 37     …… 1
    2 | 18    …… 0
      2 | 9   …… 1
        2 | 4  …… 0
          2 | 2 …… 0
            2 | 1 …… 1
              0
```

小数部分:乘 2 取整,顺序排列。

要将十进制小数转换为二进制数可以将要转换的十进制小数反复乘以 2,直到乘积的小数部分为 0 或小数位达到精度要求为止,然后将乘积的整数部分顺序排列,即"乘 2 取整顺序排"。

例如:$0.3125D = 0.0101B$

$$0.3125 \times 2 = 0.625 \quad 整数为 …… 0$$
$$0.625 \times 2 = 1.25 \quad 整数为 …… 1$$
$$0.25 \times 2 = 0.5 \quad 整数为 …… 0$$
$$0.5 \times 2 = 1.0 \quad 整数为 …… 1$$

3. 二进制数与八、十六进制数的转换

每 1 位八进制数用 3 位二进制数表示。要将二进制数转换为八进制数,可以将要转换的二进制数以小数点为界分别向左、向右每 3 位分成一组,然后根据表 1-10 用对应的八进制数来书写。若不足 3 位,整数部分左边补 0,小数部分右边补 0 来凑足 3 位。

每 1 位十六进制数用 4 位二进制数表示。要将二进制数转换为十六进制数,可以将要转换的二进制数以小数点为界分别向左、向右每 4 位分成一组,然后根据表 1-10 用对应的十六进制数来书写。若不足 4 位,整数部分左边补 0,小数部分右边补 0 来凑足 4 位。

4. 常用进制数间的关系(如表 1-10 所示)

表 1-10　不同类型软件分发的规定对比表

十进制	0	1	2	3	4	5	6	7	8	9	10	11	12	13	14	15
二进制	0000	0001	0010	0011	0100	0101	0110	0111	1000	1001	1010	1011	1100	1101	1110	1111
八进制	0	1	2	3	4	5	6	7	10	11	12	13	14	15	16	17
十六进制	0	1	2	3	4	5	6	7	8	9	A	B	C	D	E	F

三、编码

1. 编码的概念

计算机中将信息用规定的代码表示出来的方法称为编码。

2. ASCII 码的概念

字符是计算机中处理最多的一种信息形式,但字符在计算机内必须转换成二进制代码才能被识别,因此为每个输入到计算机内的字符规定一个代码,以便计算机处理和存储。

ASCII 码是目前使用最普遍的一种字符编码标准。ASCII 码是美国标准信息交换码(American Standard Code for Information Interchange)的简称。ASCII 码共有 128 种字符,包括数字、大小写英文字母、标点及其他常用符号、控制字符等。

标准 ASCII 码使用 7 个二进制位对字符进行编码:共有 $2^7=128$ 个编码值。

数字字符 0～9 的 ASCII 码值对应的十进制编码值是 48～57。

大写英文字符 A～Z 的 ASCII 码值对应的十进制编码值是 65～90。

小写英文字符 a～z 的 ASCII 码值对应的十进制编码值是 97～122。

不可印刷的控制字符编码值是 0～31,共有 34 个字符,如空格字符 SP 的编码值十进制数值是 32;Del 删除控制字符编码值是 127。控制符:用于计算机通信中的通信控制或对计算机设备的功能控制。

其余的 94 个是可印刷字符,如标点符号等。

计算机内部用一个字节(8 位二进制位)存放一个 7 位 ASCII 码,最高 b_7 值为 0。

3. 汉字的编码

ASCII 码只对英文字母、数字和标点符号做了编码。为了让计算机能处理汉字,同样需要对汉字进行编码。

汉字编码包括输入码(外码)、国标码、机内码和字形码。

(1)汉字输入码。目前汉字输入码已经有几百种,常用的输入码有拼音码、五笔字型码、自然码、表形码、区位码等。一种好的编码应有编码规则简单、易学易记、重码率低、输入速度快等优点。搜狗拼音输入法、五笔字型输入法是目前使用较广泛的两种输入法。为了提高输入速度,输入编码正在往智能化方向发展,如基于模糊识别的语音识别输入、手写输入或扫描输入。

(2)国标码(国标区位码)。计算机处理汉字所用的编码标准是我国于 1980 年颁布的国家标准《中华人民共和国国家标准信息交换用汉字编码字符集.基本集》(GB 2312—1980),简称国标码。国标码的主要用途是作为汉字信息交换码使用,使不同系统之间的汉字信息进行相互交换。

汉字国标码包含最常用的 6 763 个汉字和 682 个非汉字图形符号,其中汉字分成两级:第一级汉字 3 755 个(按拼音字母顺序排列),放在 16~55 区;第二级汉字 3 008 个(按部首顺序排列),放在 56~87 区;其他非汉字图形放在 1~9 区。

(3)机内码。机内码是提供给计算机系统内部进行存储、加工处理、传输所使用的代码,又称汉字内码。

(4)字形码。字形码是汉字的输出码,输出汉字时都采用图形方式,无论汉字的笔画多少,每个汉字都可以写在同样大小的方块中。

▶典型例题

【例1】 (2020 年真题)十六进制数$(48)_{16}$对应的二进制数为 ( )
A. $(1001000)_2$　　　B. $(1000100)_2$　　　C. $(1000010)_2$　　　D. $(1010000)_2$

【答案】 A

【解析】 1 位十六进制数看作 4 位二进制数,4→0100,8→1000,所以$(48)_{16}=$$(1001000)_2$。

【例2】 (2020 年真题)大写字母"A"的 ASCII 码值大于小写字母"a"的 ASCII 码值。

(A　B)(对的选 A,错的选 B)

【答案】 B

【解析】 这句话是错误的。ASCII 码中标准 ASC11 码使用 7 个二进制位对字符进行编码:共有$2^7=128$个编码值。数字字符 0~9 的 ASCII 码值对应的十进制数值是 48~57;大写英文字符 A~Z 的 ASCII 码值对应的十进制数值是 65~90;小写英文字符 a~z 的 ASCII 码值对应的十进制数值是 97~122。所以大写字母"A"的 ASCII 码值小于小写字母"a"的 ASCII 码值。

【例3】 (2019 年真题)下列选项数值最大的是 ( )
A. $(1101)_2$　　　B. $(56)_{10}$　　　C. $(64)_8$　　　D. $(3B)_{16}$

【答案】 D

【解析】 将所有其他进制数统一转成十进制数。

$(1101)_2=1\times2^0+0\times2^1+1\times2^2+1\times2^3=1+4+8=(13)_{10}$,$(64)_8=4\times8^0+6\times8^1=$$4+48=(52)_{10}$,$(3B)_{16}=11\times16^0+3\times16^1=11+48=(59)_{10}$。

第一章　计算机基础知识课时作业

一、是非选择题(本大题共 15 小题,每小题 1 分,共 15 分。对每小题做出选择,对的选 A,错的选 B)

1. 计算机辅助设计的英文简称是 CAD。 （A　B）

2. 计算机发展的各个阶段是以采用的电子器件作为标志的。 （A　B）

3. RAM 中的信息既能读又能写,断电后其中的信息不会丢失。 （A　B）

4. 鼠标的基本操作只有两种:单击鼠标左键和单击鼠标右键。 （A　B）

5. 固态硬盘是外存储器。 （A　B）

6. 应用软件是专门为某一应用目的而编制的软件。 （A　B）

7. 一台硬件完好的计算机如果没有安装操作系统将无法工作。 （A　B）

8. 任何存储器都有记忆能力,其中的信息不会丢失。 （A　B）

9. BIOS 是固化在微机主板上的一块可读写 ROM 芯片程序。 （A　B）

10. MB 是硬盘容量的单位。 （A　B）

11. 计算机的运算速度可用每秒执行指令的数目来表示。 （A　B）

12. 操作系统是一种应用软件。 （A　B）

13. 键盘上的组合键 Shift+Pause 表示中止程序。 （A　B）

14. 内存是连接 CPU 和其他设备的通道,起到缓冲和数据交换的作用。 （A　B）

15. 耳机和麦克风都属于输入设备。 （A　B）

二、单项选择题(本大题共 20 小题,每小题 2 分,共 40 分)

16. 世界上第一台电子数字计算机取名为 （　　）

　　A. UNIVAC　　　　　B. EDSAC　　　　　C. ENIAC　　　　　D. EDVAC

17. 具有多媒体功能的微型计算机系统中,常用的 CD-ROM 是 （　　）

　　A. 只读型光盘　　　　　　　　　　B. 半导体只读型光盘

　　C. 只读型硬盘　　　　　　　　　　D. 只读型大容量软盘

18. 在微型计算机系统中,I/O 接口位于_____之间。 （　　）

　　A. 主机和总线　　　　　　　　　　B. 主机和 I/O 设备

　　C. 总线和 I/O 设备　　　　　　　　D. CPU 和内存设备

19. 操作系统是 （　　）

　　A. 应用软件　　　B. 系统软件　　　C. 硬件　　　D. 程序

20. 微型计算机的核心部件是 （　　）

　　A. CPU　　　B. 外存储器　　　C. 键盘　　　D. 显示器

21. 计算机中,用_____个二进制数组成一个字节。 （　　）

　　A. 8　　　　　　　B. 6　　　　　　　C. 4　　　　　　　D. 2

22. 十六进制数 2F 转换成等值的二进制数是 （ ）

    A. 101101   B. 101111   C. 101110   D. 101010

23. 所谓"裸机"是指 （ ）

    A. 单片机   B. 单板机

    C. 不装备任何软件的计算机   D. 只装备操作系统的计算机

24. 下列各数中,正确的八进制数是 （ ）

    A. 8707   B. 1101   C. 4109   D. 10BF

25. 下列存储器中,存取速度最快的是 （ ）

    A. 软盘   B. 硬盘   C. 光盘   D. 内存

26. 系统软件中最重要的是 （ ）

    A. 操作系统   B. 通信处理程序   C. 设备驱动程序   D. 数据库管理系统

27. 在微型计算机中使用的鼠标器是直接连接在_____上的。 （ ）

    A. 并行接口   B. 串行或 USB 接口

    C. 显示器接口   D. 打印机接口

28. _____是存储器中的一种类型,CPU 对它们只能读取不能写入内容。 （ ）

    A. 键盘   B. 随机存储器   C. ROM   D. RAM

29. 负责指挥与控制整台电子计算机系统的是 （ ）

    A. 输入设备   B. 输出设备   C. 存储器   D. 中央处理器

30. 计算机的内存储器与外存储器相比,内存储器的主要特点之一是 （ ）

    A. 价格更便宜   B. 内存容量大

    C. 存取速度快   D. 价格虽贵但容量大

31. _____是数字锁定键,主要用于数字小键盘的数字输入。 （ ）

    A. Caps Lock   B. Num Lock   C. Shift   D. Backspace

32. 根据数制的基本概念,下列各进制的整数中,值最小的一个是 （ ）

    A. 十进制数 10   B. 八进制数 10   C. 十六进制数 10   D. 二进制数 10

33. 计算机向用户传递计算处理结果的设备称为 （ ）

    A. 输入设备   B. 存储器   C. 输出设备   D. 微处理器

34. 硬盘的读写速度比软盘快得多,容量与软盘相比 （ ）

    A. 大得多   B. 小得多   C. 差不多   D. 小一些

35. PC 绝大多数键盘是_____键的标准键盘。 （ ）

    A. 101   B. 102   C. 88   D. 100

三、不定项选择题(本大题共 10 小题,每小题 3 分,共 30 分)

36. 硬盘接口类型包含 （ ）

    A. USB   B. IDE   C. SATA   D. 光纤通道

37. 计算机的存储系统一般是指 （ ）

    A. ROM   B. 硬盘   C. 内存   D. 外存

38. 下列设备中属于输入设备的是 （　　）

　　A. 显示器　　　　　　B. 键盘　　　　　　C. 打印机　　　　　　D. 鼠标

39. 计算机的主机,主要是由_____组成。 （　　）

　　A. 输入设备　　　　　B. 主存储器　　　　C. 运算器　　　　　　D. 控制器

40. 从计算机发展趋势看,今后计算机将朝着_____的方向发展。 （　　）

　　A. 巨型化　　　　　　B. 小型化　　　　　C. 智能化　　　　　　D. 多功能化

41. 关于CPU,下列说法中正确的有 （　　）

　　A. CPU是中央处理器的简称　　　　　　B. CPU可以代替存储器

　　C. 微机的CPU通常也叫作微处理器　　　D. CPU是微机的核心部件

42. 计算机的主要特点是 （　　）

　　A. 运行速度快　　　　B. 擅长思考　　　　C. 计算精度高　　　　D. 分辨率高

43. 下列软件中属于系统软件的是 （　　）

　　A. MS-DOS　　　　　B. Windows　　　　C. 成绩表.doc　　　　D. iOS

44. 信息处理主要包括 （　　）

　　A. 信息收集　　　　　B. 信息储存　　　　C. 信息加工　　　　　D. 信息传输

45. 下列选项中是计算机主要应用领域的有 （　　）

　　A. 科学计算　　　　　　　　　　　　　　B. 数据处理

　　C. 过程控制　　　　　　　　　　　　　　D. 计算机辅助制造与设计

四、填空题(本大题共15空,每空2分,共30分)

46. 一台微型计算机必须具备的输入设备是键盘和_____。

47. 微型计算机总线一般由数据总线、地址总线和_____总线组成。

48. 通常人们所说的计算机系统是由硬件和_____两部分组成。

49. 微型机硬件系统是由主机、输入设备、_____、外存储器等组成。

50. CPU不能直接访问的存储器是_____。

51. 计算机中存储数据的最小单位是_____。

52. _____是信息的载体,如文字、声音、图像等。

53. 光盘存储器是利用红色激光、_____等光学方式进行读写信息的存储设备。

54. 十六进制的符号D表示成十进制数是_____。

55. 显示器可分为PDP、LCD和_____。

56. 通过声音输出计算机处理结果的计算机部件是_____。

57. 中央处理器的主要性能指标有主频、字长、缓存、倍频系数、_____等。

58. 与二进制数101101等值的八进制数是_____。

59. 计算机能直接识别的设计语言是_____。

60. 退格键的作用是将光标_____的一个字符删除。

五、简答题(本大题共 5 小题,共 35 分)

61. 计算机的应用主要有哪几个方面?(4 分)

62. 简述计算机的特点。(4 分)

63. 简述一个完整的计算机系统的组成。(9 分)

64. 将十进制数 634.634 转换成二进制数(精确到小数后 5 位)。(9 分)

65. 简述鼠标的常用操作方法及其功能。(9 分)

第二章 Windows 7 操作系统

(1)了解操作系统的基本概念、特点、功能及图形界面对象。

(2)掌握桌面、开始菜单和任务栏的设置;理解窗口与对话框的组成;掌握窗口、对话框等的基本操作。

(3)理解文件及文件夹的概念;掌握文件及文件夹的基本操作;能使用资源管理器对文件等资源进行管理;理解常见文件类型及其关联程序。

(4)理解控制面板的主要功能;掌握控制面板的基本操作;掌握系统主要自带程序的使用。

(5)了解计算机病毒的基础知识和防范方法;掌握维护系统的基本知识;掌握常用工具软件的使用方法。

(6)掌握一种中文输入法。

第一节 Windows 7 入门

▶ 知识框架

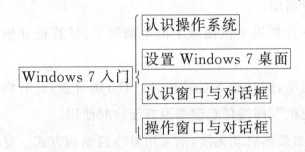

▶ 知识要点

一、认识操作系统

1. 操作系统(知识结构见图2-1)

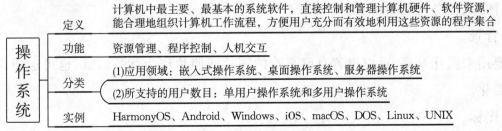

图 2-1 操作系统知识结构

2. Windows 7 操作系统(知识结构见图2-2)

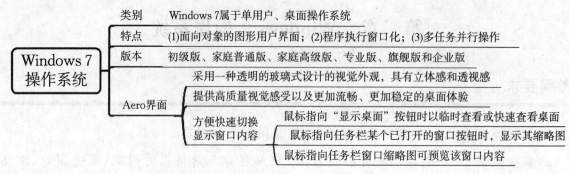

Windows 7 操作系统	类别	Windows 7属于单用户、桌面操作系统
	特点	(1)面向对象的图形用户界面; (2)程序执行窗口化; (3)多任务并行操作
	版本	初级版、家庭普通版、家庭高级版、专业版、旗舰版和企业版
	Aero界面	采用一种透明的玻璃式设计的视觉外观,具有立体感和透视感
		提供高质量视觉感受以及更加流畅、更加稳定的桌面体验
		方便快速切换显示窗口内容: 鼠标指向"显示桌面"按钮时以临时查看或快速查看桌面
		鼠标指向任务栏某个已打开的窗口按钮时,显示其缩略图
		鼠标指向任务栏窗口缩略图可预览该窗口内容

图 2-2　Windows 7 操作系统知识结构

注:Aero 即 authentic(真实)、energetic(动感)、reflective(反射性)、open(开阔)四个单词的缩写。

3. 启动计算机系统

(1)启动过程。

①先检查计算机主机与电源、显示器、键盘、鼠标等设备是否正确连接。

②检查电源是否有电,先开显示器等外部设备电源。

③按下计算机主机电源开关,系统开始自检,然后启动 Windows 7 系统,进入桌面。

注:如果上次计算机不是正常关机,或者在启动过程中不断地点按 F8,屏幕上将会出现 Windows 7 的"高级启动选项":安全模式、网络安全模式、带命令提示符的安全模式、最近一次的正确配置(高级)……此时可查看用于解决启动问题的系统恢复工具列表,运行诊断程序,或者还原系统。

(2)三种启动方式:冷启动、热启动、复位启动。

①冷启动就是在计算机未加电时,按下计算机主机面板上的电源开关,计算机开始自检,并启动计算机系统。

②热启动就是计算机已加电的情况下启动,同时按下 Ctrl＋Alt＋Del 组合键,此时将重新启动计算机,通常在计算机运行中出现"死机",即按任意键都没有反应时使用。

③复位启动就是在已经加电的情况下,如果热启动无效,则采用复位启动的方式。复位启动按 Reset 开关即可。

4. 认识桌面

启动计算机并登录到 Windows 7 之后看到的整个屏幕区域叫桌面,桌面是用户的工作平台,打开的程序或文件夹显示在桌面上,桌面上也可以放置文件或文件夹。通常桌面上包含背景、图标、任务栏和小工具。

(1)背景。

主要用来美化屏幕,可以设置自己喜欢的图片或照片作为背景墙纸,也可通过设置主题来全面美化。

(2)图标。

图标是代表文件、文件夹、程序和其他项目的小图片,双击桌面图标会启动或打开它所代表的项目,不必知道该项目的具体位置。删除图标只是删除指向对象的快捷方式,程序本身并没有删除。

原版 Windows 7 系统安装完后,桌面上的系统图标只有"回收站"一个,用户可以添加的系统图标还有:计算机、用户的文件、网络、控制面板。安装某个应用程序后,一般都会自动在桌面创建一个对应的应用程序图标,方便用户快速启动该应用程序。用户还可以通过"创建快捷方式"或"发送到"→"桌面快捷方式"为文件或文件夹创建桌面快捷方式图标。

(3)任务栏(见图 2-3)。

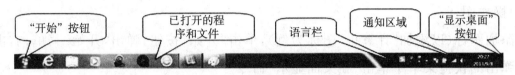

图 2-3　任务栏组成

①语言栏是一个浮动工具条,用于显示和更换当前所使用的语言或输入法。右击语言栏,在弹出的快捷菜单中选择"设置"命令,打开"文本服务和输入语言"对话框,在"常规"选项卡列出 Windows 7 操作系统中已经安装的各种输入法。

②通知区域:显示系统日期、音量、网络状态等信息。某些程序在运行过程中会自动将图标添加到通知区域。信息的种类与计算机的硬件和安装的软件有关。

③已打开的程序和文件(任务列表区)。

已打开的程序和文件以按钮形式出现在任务栏中,单击任务栏中的按钮可在不同窗口之间切换,最小化的窗口在任务栏中显示为按钮。右击任务栏上按钮可列出跳转列表(默认显示 10 个最近或经常打开的项目),单击可以打开这些项目。

④"显示桌面"按钮(Win+D 键):当鼠标指向"显示桌面"按钮时可临时查看或快速查看桌面。

(4)小工具:如日历、天气等。

5. 关闭计算机系统

(1)注意事项。

①关闭计算机系统前应确认文件已保存,同时还应关闭已启动的软件。

②先关主机电源,再关外部设置电源。

(2)关机操作步骤。

单击"开始"按钮,弹出"开始"菜单,单击"关机"按钮,即可关闭计算机。

(3)关机选项。

关机:关闭所有打开的程序,关闭 Windows,然后关闭计算机。

切换用户:不关闭程序,切换用户。

注销:关闭当前用户所有打开的程序,返回用户登录界面。

重新启动:关闭所有打开的程序,关闭 Windows,然后重新启动 Windows。

睡眠:将会话保存在内存中并将计算机置于低功耗状态。

如果临时不用计算机,可在不关机的情况下进入省电睡眠状态,按 Enter 键即可恢复到工作状态;如果长时间休眠,则需要按电源开关恢复到工作状态。

二、设置 Windows 7 桌面

1. 设置桌面(知识结构见图 2-4)

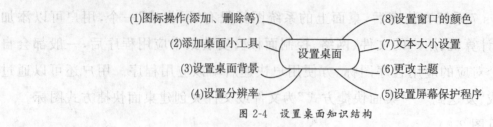

(1)图标操作(添加、删除等)　(8)设置窗口的颜色
(2)添加桌面小工具　　　　　设置桌面　　(7)文本大小设置
(3)设置桌面背景　　　　　　　　　　　(6)更改主题
(4)设置分辨率　　　　　　　　　(5)设置屏幕保护程序

图 2-4　设置桌面知识结构

(1)操作图标。

①添加图标(以添加"计算机"图标为例):单击"开始"按钮,弹出"开始"菜单;右击"计算机",在弹出的快捷菜单中单击"在桌面显示"命令。

②删除图标:选中图标,按 Del 键即可删除该图标。删除图标并不会删除图标所指向的文件或文件夹。

③重命名图标:右击要重命名的图标,在弹出的快捷菜单中选择"重命名"命令,然后在文件名方框中输入新的名称,按 Enter 键。按 F2 键可快速重命名。图片的重命名方法与文件或文件夹的重命名方法完全相同。

④查看图标的显示方式:右击桌面空白处,在弹出的快捷菜单中指向"查看",然后再单击"大图标""中等图标"或"小图标"。

⑤更改图标的排序方式:右击桌面空白处,在弹出的快捷菜单中指向"排序方式",然后再单击"名称""大小""项目类型"或"修改日期"。

⑥设置应用程序图标属性:右击图标,在弹出的快捷菜单中选择"属性"命令,在弹出对话框的"快捷方式"选项卡中,可以设置程序的运行方式(常规窗口、最小化或最大化),还可以更改图标。

(2)添加桌面小工具(以添加"日历"小工具为例)。

在桌面空白处右击,弹出快捷菜单,单击"小工具"命令;在"小工具"窗口双击"日历"工具。若要删除小工具,可在"小工具"窗口右击该小工具,在弹出的快捷菜单中选择"卸载"命令。

(3)设置桌面背景(如图 2-5、2-6 所示)。

方法一:①在开始菜单中单击"控制面板"命令,打开"控制面板"窗口,单击"外观和个性化"→"更改桌面背景"命令,打开"桌面背景"窗口;②单击"图片位置"下拉按钮,选择背景图片位置,然后在图片列表中选择所需要的背景图片;③设置背景图片的显示方式(填充、适应、拉伸、平铺、居中);④单击"保存修改"按钮。

方法二:①在桌面的空白处右击,在弹出的快捷菜单中选择"个性化"命令,打开"个性化"窗口,单击窗口底部"桌面背景"按钮,打开"桌面背景"窗口;②单击"图片位置"下拉按钮,选择背景图片位置,然后在图片列表中选择所需要的背景图片;③设置背景图片的显示方式(填充、适应、拉伸、平铺、居中);④单击"保存修改"按钮。

图 2-5　设置桌面背景(1)

图 2-6　设置桌面背景(2)

（4）设置分辨率。

方法一：①在桌面空白处右击，在弹出的快捷菜单中选择"屏幕分辨率"命令，打开"屏幕分辨率"窗口；②单击"分辨率"下拉按钮，拖动滑块选择合适的屏幕分辨率，单击"确定"按钮。

方法二：①在桌面空白处右击，在弹出的快捷菜单中单击"个性化"命令，打开"个性化"窗口，在"个性化"窗口左侧区域下方，单击"显示"命令，打开"显示"窗口，在"显示"窗口左侧区域，单击"调整分辨率"，打开"屏幕分辨率"窗口；②单击"分辨率"下拉按钮，拖动滑块选择合适的屏幕分辨率，单击"确定"按钮。如图 2-7 所示。

（5）设置屏幕保护程序。

①在桌面的空白处右击，在弹出的快捷菜单中选择"个性化"命令，打开"个性化"窗口，单击窗口底部"屏幕保护程序"按钮，打开"屏幕保护程序设置"对话框。

②单击"屏幕保护程序"下拉按钮，选择一种屏幕保护程序。

③单击"设置"按钮，在打开的对话框中对该屏幕保护程序的属性进行设置；然后设置启动屏幕保护程序的"等待"时间，单击"确定"按钮。如图 2-8 所示。

图 2-7　设置分辨率

图 2-8　设置屏幕保护程序

（6）更改主题。

在桌面空白处右击,在弹出的快捷菜单中单击"个性化"命令,打开"个性化"窗口,选择需要的主题。更改主题后,可观察到桌面背景、窗口颜色、屏幕保护程序、声音会相应发生变化。

（7）文本大小设置。

在"个性化"窗口左侧区域下方,单击"显示"命令,打开"显示"窗口,在右侧窗口选择"较小"或"中等"单选按钮。还可以在左侧单击"设置自定义文本大小"来更改屏幕上文本显示的大小。

（8）设置窗口的颜色。

在"个性化"窗口下方,单击"窗口颜色"命令,通过选择不同的色块,可更改窗口边框、开始菜单和任务栏的颜色。

2. 设置"开始"菜单

（1）在"开始"菜单中添加"腾讯 QQ"程序的操作步骤:①单击"开始"菜单→"所有程序",右击"腾讯 QQ"程序,弹出快捷菜单;②单击"附到「开始」菜单"命令。

（2）自定义"开始"菜单。

右击"开始"按钮,在弹出的快捷菜单中选择"属性"命令,弹出"任务栏和「开始」菜单属性"对话框;在"开始菜单"选项卡中,单击"自定义"按钮,弹出"自定义「开始」菜单"对话框,根据需要设置完成后,单击"确定"按钮。如图 2-9、2-10 所示。

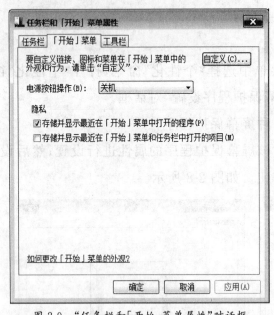 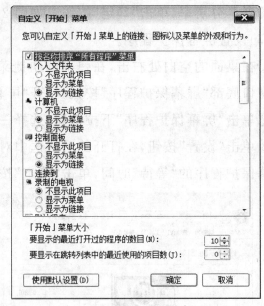

图 2-9 "任务栏和「开始」菜单属性"对话框　　图 2-10 "自定义「开始」菜单"对话框

3. 设置任务栏（如图 2-11 所示）

（1）任务栏默认位于屏幕的底部,可将其移动到屏幕的顶部、左侧或右侧。

将任务栏设置于屏幕的顶部的操作步骤:

右击"任务栏"空白处,在弹出的快捷菜单中选择"属性"命令,弹出"任务栏和「开始」菜单属性"对话框;在"任务栏"选项卡中,单击"屏幕上的任务栏位置"下拉按钮,选择"顶部",单击"确定"按钮。

（2）更改任务栏的大小:在取消"锁定任务栏"后,将鼠标移到任务栏的上边框线处,鼠标指针变为双向箭头$\updownarrow$,拖曳鼠标可改变任务栏的大小。

(3)自动隐藏任务栏:右击"任务栏"空白处,在弹出的快捷菜单中选择"属性"命令,弹出"任务栏和「开始」菜单属性"对话框;在"任务栏"选项卡中,勾选"自动隐藏任务栏"复选框,单击"确定"按钮。

(4)更改任务栏按钮显示方式:在"任务栏和「开始」菜单属性"对话框的"任务栏"选项卡中,单击"任务栏按钮"下拉按钮,选择"当任务栏被占满时合并""始终合并、隐藏标签"或"从不合并"等。

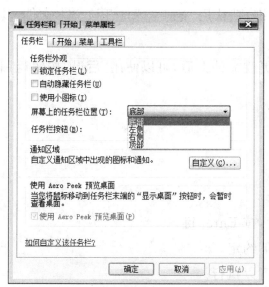 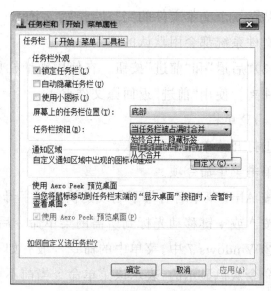

图 2-11 "任务栏和「开始」菜单属性"对话框"任务栏"选项卡

三、认识窗口与对话框

1. 认识窗口

打开程序、文件或文件夹都会对应一个窗口,不同的窗口,基本组成相同。在桌面上双击"计算机"图标,打开的窗口如图 2-12 所示。

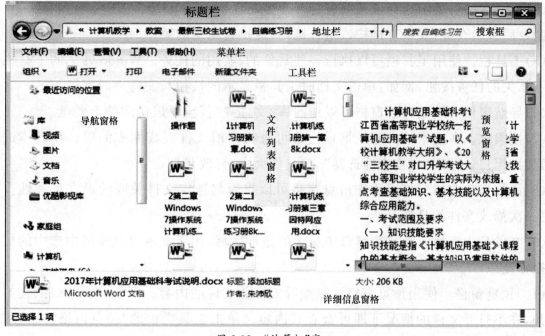

图 2-12 "计算机"窗口

2. 窗口组成元素

（1）标题栏。位于窗口的顶部，左侧为控制菜单按钮，单击可弹出窗口控制菜单，双击可关闭窗口；中间通常显示窗口的标题（有的窗口不显示标题信息）；右侧依次为最小化、还原/最大化和关闭按钮。双击标题栏按钮以外区域，可在窗口最大化和还原之间切换。

（2）地址栏。可显示当前文件的路径。用户单击路径中的按钮，可以切换文件目录；还可以在地址栏中直接输入路径进入需要的目录中。

在地址栏中输入或粘贴网页的网址后按 Enter 键，可用默认的浏览器访问该网页。输入或粘贴一个文本文件的完整路径后按 Enter 键，默认用"记事本"打开该文本文件，其他类型的文件系统都会用默认的应用程序打开。

（3）"后退"和"前进"按钮。在使用地址栏更改文件夹后，可以使用"后退"按钮返回到上一文件夹。使用"前进"返回原文件夹。

（4）菜单栏。

①打开菜单命令的方法。

单击菜单命令项。

按 Alt＋菜单名后带下划线的快捷键字母。

按 ↑ 或 ↓ 键移动光标到所需的菜单命令后，按 Enter 键。

②Windows 7 中，菜单中的命令一般有如下约定。

命令灰色显示的：表示该菜单命令当前不可以执行。

命令前有"√"：表示该菜单命令当前已经被选中有效，通过单击可以在选中与取消两种状态之间切换。

命令前有"●"：表示该菜单命令在一组单选项中当前已经被选中，一组单选项中有且只有一项能被选中。

命令后有"▶"：表示该指向命令将弹出子菜单。

命令后有"…"：表示选择该菜单将打开一个对话框。

命令后有组合键：表示直接按该组合键，就能执行相应的菜单命令。

（5）工具栏。使用工具栏可以执行一些常见的、实用的任务。Windows 7 的工具栏可以只显示相关的任务按钮，例如：单击文档时工具栏显示的按钮与文件夹时不同。

（6）导航窗格。使用导航窗格可以访问库、文件夹，甚至可以访问整个硬盘。

（7）搜索框。在搜索框中键入词或短语可查找当前文件夹或库中的项。在具体进行资源搜索时，用户还可添加"搜索筛选器"，如文件大小、修改日期。

（8）详细信息窗格。使用详细信息窗格可以查看与选定文件关联的最常见属性。如作者、上一次修改文件的日期。

（9）文件列表窗格。是整个窗口中最大的矩形区域，用于显示导航窗格中选中的操作对象和操作结果。

（10）预览窗格。使用预览窗格可以查看大多数文件的内容。例如，电子邮件、文本文件或图片，在不打开文件的情况下即可查看其内容。单击工具栏中的"预览窗格"按钮可打开预览窗格。

(11)滚动条。当文档、网页或图片超出窗口大小时,会出现滚动条,可用于查看当前处于视图之外的信息。滚动条分水平滚动条和垂直滚动条。

3. 对话框

对话框是特殊类型的窗口,当程序或 Windows 需要与用户进一步沟通才能继续时,会通过对话框提出问题,让用户选择选项或者提供信息。

对话框是用户与计算机之间通信的接口,对话框也有标题栏和关闭按钮,但是没有控制菜单图标,也没有"最小化""最大化/还原"按钮,对话框大小一般不能改变,但其位置可以移动。对话框的组成对象通常有:

(1)选项卡。有的对话框有选项卡,有的没有。对话框中内容较多时被分类放在不同选项卡中,相关的功能会放在一个主题的选项卡上。

(2)命令按钮。单击命令按钮,执行相应的程序。

(3)复选项框。一组复选框中可以选中多个选项。复选框是一个方形框,单击显示勾选,表示选中其后的选项,再单击可取消此选项。

(4)单选按钮。一组单选按钮中只能有一个选项被选中,如果按钮为实心,则表示该选项被选中。

(5)文本框。用于输入文本、数值等字符。

(6)数值框。是系统对某一个设置界定的数值范围,用户可以通过数值框右侧的调整按钮增减数值,也可以直接输入数值。

(7)下拉列表框。单击右侧的按钮,可以弹出下拉列表,在其中选择需要的选项。

四、操作窗口与对话框
1. 窗口的基本操作(知识结构见图 2-13)

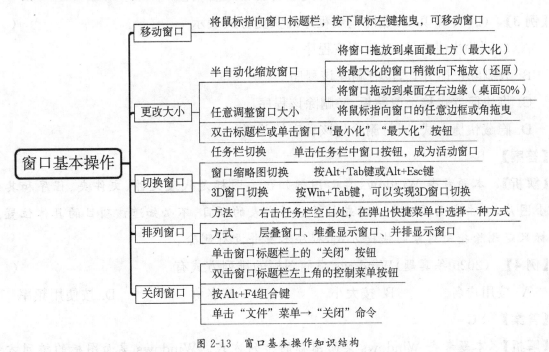

图 2-13　窗口基本操作知识结构

2. 对话框的基本操作

将鼠标指针指向标题栏,拖动鼠标可移动对话框。

【例1】（2019年真题）Windows系统中用于窗口切换的组合键是　　　　　　（　　）

    A. Alt＋Tab　　　　B. Alt ＋F4　　　　C. Alt＋Shift　　　　D. Alt＋Ctrl

【答案】 A

【解析】 本题考查窗口切换的快捷键。Alt 转换键与 Ctrl 控制键单独使用没有意义，主要用于组合键。按 Alt＋Tab 键或 Alt＋Esc 键可实现窗口缩略图切换，按 Win＋Tab 键，可以实现 3D 窗口切换。按 Alt＋F4 组合键关闭窗口。

【例2】（2019年真题）下列描述正确的是　　　　　　　　　　　　　　　（　　）

    A. 桌面指的是 Windows 启动后的主屏幕区域

    B. Windows 桌面的任务栏不能调整

    C. Windows 的"开始"菜单不能进行自定义

    D. 在"电源选项"中可设置监视器的关闭时间

【答案】 AD

【解析】 启动计算机并登录到 Windows 7 之后看到的整个屏幕区域叫桌面，是用户的工作平台，桌面上包含图标、桌面背景、任务栏和小工具。Windows 7 中任务栏默认在屏幕底部，可通过"任务栏和「开始」菜单属性"对话框，将"屏幕上的任务栏位置"设置为屏幕的左侧、右侧或顶部。通过"任务栏和「开始」菜单属性"对话框用户还可以自定义"开始"菜单。在"控制面板"的"电源选项"中不仅可以设置"关闭显示器"的时间，还可以设置"使计算机进入睡眠状态"的时间，也可以设置唤醒时是否需要输入密码。

【例3】（2020年真题）删除应用程序的快捷方式表示　　　　　　　　　（　　）

    A. 既删除快捷方式，又删除该程序

    B. 只删除快捷方式，没有删除该程序

    C. 将快捷方式移至剪贴板，又删除该程序

    D. 隐藏快捷方式，同时删除与该程序的关联

【答案】 B

【解析】 本题考查 Windows 桌面图标知识。图标是代表文件、文件夹、程序和其他项目的小图片，双击桌面图标会启动或打开它所代表的项目，不必知道该项目的具体位置。删除图标只是删除指向对象的快捷方式，程序本身并没有删除。

【例4】（2020年真题）Windows 桌面图标的排列方式有　　　　　　　　　（　　）

    A. 按用户名　　　B. 按大小　　　C. 按名称　　　D. 按使用频率

【答案】 BC

【解析】 本题考查 Windows 桌面图标的排列方式。Windows 桌面图标的排列方式有四种：名称、大小、项目类型和修改日期，文件或文件夹排列方式有四种：名称、大小、类型和修改日期，图片、音频和视频文件的排序方式与普通文档文件略有不同。

第二节 管理文件

▶知识框架

管理文件 —— 使用"资源管理器"
       —— 操作文件或文件夹

▶知识要点

一、使用"资源管理器"

1. 文件管理中的相关术语

计算机中的数据,如各类应用程序以及文档、图片、音频、视频等都是以文件形式存放在磁盘、光盘、闪盘、网盘等存储器上,存储器就好像日常生活中的文件柜,相关的文件可以整理在一起保存在文件夹中。

(1)文件:文件是被命名的一组相关信息的集合。程序、数据或文字资料等都以文件形式存放在计算机的存储器中,以文件名来区分文件。有关文件的命名规则如图 2-14 所示。

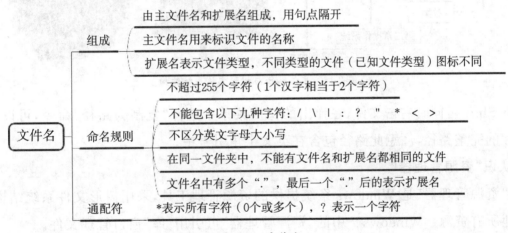

图 2-14 文件名

(2)文件夹:文件夹又称子目录,相当于存放文件的容器,里面可以存放子文件夹和文件。在一个文件夹中建立的文件夹称为子文件夹。

文件夹的命名规则与文件相似,只是文件夹通常没有扩展名。

(3)盘符。

硬盘在使用前要进行分区,分区是逻辑上独立的存储区,用不同的盘符表示,硬盘分区的盘符从"C:"开始,依次有 D,E,F,…。盘符不一定对应物理上独立的驱动器,如图 2-15 所示,显示"硬盘(4)"通常不是有四个物理硬盘,而是将一个硬盘划分为 4 个独立的逻辑驱动器。逻辑驱动器的最上一级目录叫根目录,打开"计算机",双击 C 盘就进入 C 盘的根目录,双击 D 盘就进入 D 盘的根目录,其他类推。

光驱的盘符为硬盘最后一个分区后面的字母。使用移动存储设备时,按顺序继续增加盘符,安全删除移动设备后相应盘符自动消失。

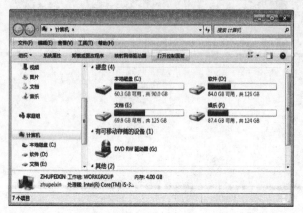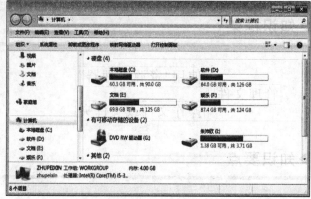

图 2-15　硬盘分区

(4)文件路径:指文件的存放位置,即通过盘符、文件夹名和文件名表示文件所在位置的方法。例如"F:\教案\第二章操作系统\2.2 管理文件.pptx"表示存储在 F 盘"教案"文件夹下"第二章操作系统"子文件夹下的"2.2 管理文件.pptx",如图 2-16 所示。这种表示文件的方法类似于倒立的树形,称为树形文件系统结构。

图 2-16　文件路径与树形文件系统结构

按下 Shift 键同时右击文件,在弹出的快捷菜单中选择"复制为路径"命令,可以快速复制该文件的完整路径,注意此路径包含在英文半角引号中。

2. 认识"资源管理器"

(1)"资源管理器"是 Windows 系统提供的资源管理工具,采用树形文件系统结构,可以查看本地所有资源。Windows 7 中的"资源管理器"可引用"库"窗口管理文件。

(2)打开"资源管理器"的方法。

①右击"开始"按钮,在弹出的快捷菜单中选择"打开 Windows 资源管理器"命令。

②单击"开始"→"所有程序"→"附件"→"Windows 资源管理器"。如图 2-17 所示。

③按 Win+E 组合键。

④双击桌面"计算机"图标,在"计算机"窗口"导航窗格"中,单击"库"。

(3)"资源管理器"窗口。

①库中有文档、图片、音乐、视频四个默认对象。

②收藏夹中有下载、桌面、最近访问的位置三项信息。

③设置家庭组可以共享文件和打印机。

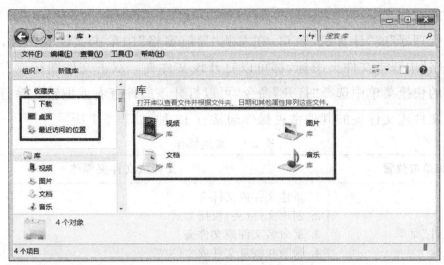

图 2-17 "资源管理器"窗口

3. 认识库

(1)库:利用 Windows 7 的库可以方便地组织和访问文件,而不用管文件的实际存储位置。库可以收集不同位置的文件,并将其显示为一个集合,而无须从其存储位置移动这些文件。

"库"是一个特殊文件夹,可以向其中添加硬盘上任意文件夹,打开库时也会看到文件或文件夹,但"库"中存储的是这些文件或文件夹的"快捷方式",这些文件夹及其中的文件实际还是保存在原来的位置,并没有被移动到"库"中。

(2)库的使用:用户可以根据需要进行新建或删除库、添加或删除库所管理的文件夹,见图 2-18。

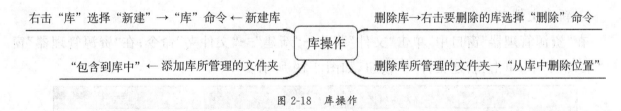

图 2-18 库操作

①新建库。Windows 7 的库中有 4 个默认对象:视频、图片、文档、音乐,用户可以根据需要新建库。

新建一个"下载"库的操作:在"资源管理器"窗口右击"库",在弹出的快捷菜单中选择"新建"→"库"命令,并将"新建库"命名为"下载"。

②添加库所管理的文件夹。

将 D 盘的"迅雷下载"文件夹包含到"下载"库中的操作:右击 D 盘的"迅雷下载"文件夹,选择"包含到库中"→"下载"。

③删除库所管理的文件夹。

将"下载"库中的"迅雷下载"文件夹删除的操作:单击"下载"库,右击"迅雷下载"文件夹,选择"从库中删除位置",可将"下载"库删除(注:"迅雷下载"文件夹仍然在原存储位置保留,不会被删除)。

④删除库:在"库"窗口右击要删除的库,在弹出的快捷菜单中选择"删除"命令。如果删除了库中的默认对象(视频、图片、文档、音乐),可在库中右击"恢复到库"命令进行还原。

二、操作文件或文件夹

在"资源管理器"或"计算机"窗口,在左侧"导航窗格"中单击文件夹图标,或者在右侧"文件列表窗格"中双击文件夹图标,都可以打开该文件夹。双击文件图标或右击要打开的文件,在弹出的快捷菜单中选择"打开"命令,可以打开该文件查看或编辑。除打开文件或文件夹操作外,文件或文件夹的其他常见操作通常有 12 种,如表 2-1 所示。

表 2-1　常见操作

操作菜单或位置	文件或文件夹操作
"文件"菜单	1. 新建文件或文件夹 2. 创建文件(夹)快捷方式 3. 重命名文件或文件夹 4. 删除和恢复文件或文件夹 5. 查看或设置文件(夹)属性
"编辑"菜单	1. 选择文件或文件夹 2. 复制和移动文件或文件夹
"查看"菜单	1. 更改文件显示方式 2. 设置文件排序方式
"工具"菜单	1. 显示隐藏的文件或文件夹 2. 显示或隐藏已知类型的文件扩展名
"开始"菜单、文件夹或库中搜索框	搜索文件(夹),可添加搜索筛选器(修改日期、大小)

1. "文件"菜单

(1)新建文件或文件夹。

①新建文件夹。

在"资源管理器"窗口中,单击"文件"菜单→"新建"→"文件夹"命令;在"资源管理器"窗口"工具栏"中,单击"新建文件夹"按钮,如图 2-19 所示。

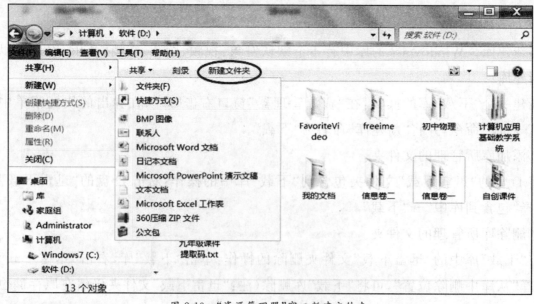

图 2-19　"资源管理器"窗口新建文件夹

②新建文件。

在"资源管理器"窗口中,单击"文件"菜单→"新建"→"文本文档"命令;在"资源管理器"

窗口右侧"文件列表窗格"空白处右击,从弹出的快捷菜单中选择"新建",从级联菜单中选择要新建的文件类型。

(2)创建文件(夹)快捷方式。

①在当前位置创建快捷方式:选中要创建快捷方式的文件或文件夹,单击"文件"菜单→"创建快捷方式"命令(或右击,在弹出的快捷菜单中选择"创建快捷方式"命令)。

②在桌面上创建快捷方式:

a. 选中要创建快捷方式的文件或文件夹,单击"文件"菜单→"发送到"→"桌面快捷方式"命令(或右击,在弹出的快捷菜单中选择"发送到"→"桌面快捷方式"命令)。

b. 在桌面空白位置右击,弹出快捷菜单,在弹出的快捷菜单中选择"新建"→"快捷方式"命令,根据弹出的"创建快捷方式"向导的提示选择想要建立快捷方式的项目,单击"下一步"按钮,输入该快捷方式的名称,单击"完成"按钮。

(3)重命名文件或文件夹。

文件重命名通常有四种方法,先选中要重命名的文件或文件夹,再执行下列步骤之一:

单击"文件"菜单→"重命名"命令。

右击,在弹出快捷菜单中选择"重命名"命令。

按 F2 键。

单击文件名,然后在文件名方框中输入新文件名,按 Enter 键。

(4)删除和恢复文件或文件夹。

①回收站。

回收站是硬盘上的一块特殊存储区域,用来暂时存储从硬盘上被删除的文件或文件夹,回收站是 Windows 7 操作系统唯一不能从桌面删除的图标。

回收站是 Windows 操作系统的一个系统文件夹(即每个硬盘分区根目录下的 Recycler 文件夹),这个文件夹是隐藏的。将文件删除到回收站,实质上就是把文件移到 Recycler 文件夹中,仍然占用磁盘的空间。只有在回收站里删除它或清空回收站才能使文件真正地删除,为电脑获得更多的磁盘空间。

从移动存储器中删除的文件或文件夹不进入回收站,直接删除无法恢复。

在未清空回收站之前,可以通过回收站恢复非永久删除的文件。

一旦清空回收站之后,被删除的文件不能再还原。

当删除的文件超过回收站大小时,不能进入回收站,而是直接删除。

通过回收站还原的文件只能回到删除前的位置。

回收站已满后,若再删除文件,最先进入回收站的文件将被挤出回收站,不能再还原。

②删除:选中文件或文件夹,按"Delete"键或单击"文件"菜单→"删除"命令,在弹出的"删除文件"或"删除文件夹"对话框中单击"是"按钮确认删除。

注意:硬盘上被删除的文件或文件夹并未真正删除而是移动到了"回收站";如果删除时使用 Shift+Delete 快捷键,就彻底删除无法恢复了。

③恢复:打开"回收站"窗口,选中想要恢复的文件或文件夹,单击工具栏上的"还原此项

目"按钮或单击"文件"菜单→"还原"命令即可恢复。

④清空回收站：在"回收站"窗口，单击工具栏上的"清空回收站"按钮或单击"文件"菜单→"清空回收站"命令，可释放更多的硬盘空间。

⑤属性设置。

右击桌面"回收站"图标，在弹出的快捷菜单中选择"属性"命令，打开"回收站属性"对话框，可以为硬盘不同的分区自定义回收站的大小。如图 2-20 所示。

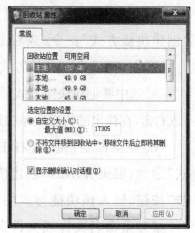

若选中"不将文件移到回收站中。移除文件后立即将其删除"单选按钮，表示删除时越过回收站，直接将文件或文件夹从硬盘中永久删除。

图 2-20 "回收站属性"对话框

（5）查看或设置文件（夹）属性。

①Windows 7 对文件或文件夹规定了 3 种属性：存档、只读和隐藏。

存档：是文档的默认属性，在 NTFS 系统中不显示。

只读：文件设置"只读"属性后，用户不能修改其文件。

隐藏：文件设置"隐藏"属性后，只要不设置显示所有文件，隐藏文件将不被显示。

②设置文件的属性。

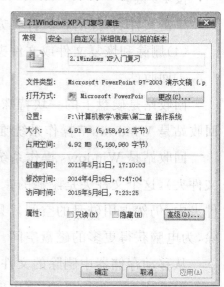

选择要改变属性的文件或文件夹，单击"文件"菜单→"属性"命令，打开"××属性"对话框，在"常规"选项卡中勾选"只读"或"隐藏"复选框，单击"确定"按钮。如图 2-21 所示。

右击要改变属性的文件或文件夹，在弹出的快捷菜单中选择"属性"命令，也可打开"××属性"对话框。

图 2-21 设置文件的属性对话框

2. "编辑"菜单

（1）选择文件或文件夹。

①单个文件（夹）：单击要选择的文件或文件夹。

②一组相邻文件（夹）：先单击第一个文件（夹），按住 Shift 键不松手，单击最后一个文件（夹）；也可以通过拖动的方式选择文件（夹）。

③一组不相邻文件（夹）：单击第一个文件（夹），按住 Ctrl 键不松手，再单击要选择的其他文件（夹）。

④全部选定：单击"编辑"菜单→"全选"命令；或按 Ctrl＋A 组合键。

⑤反向选择：单击"编辑"菜单→"反向选择"命令可选中原来没有选中的文件，原来选中的文件被取消。

⑥取消选择：按住 Ctrl 键不放，单击要取消的文件（夹）；若取消全部选中文件，可在任意空白位置处单击鼠标。

(2)复制或移动文件(夹)。

①移动与复制的区别。

移动是将当前位置的文件(夹)移到其他位置,执行操作后,原来位置的文件(夹)将不再保留;而执行复制和粘贴操作后,将在其他位置产生同名文件(夹),原来位置的文件(夹)依然保留。

②复制文件或文件夹。

利用剪贴板:选中要复制的对象,单击"编辑"菜单→"复制"命令(或按 Ctrl＋C 组合键),打开目标驱动器或文件,单击"编辑"菜单→"粘贴"命令(或按 Ctrl＋V 组合键)。

利用鼠标拖动:用鼠标在"资源管理器"窗口的左侧"导航窗格"中单击要复制的对象所在的文件夹,此时在右侧"文件列表窗格"将显示其所属的子文件或文件夹;在右侧"文件列表窗格"中选择要复制的文件或文件夹;按住 Ctrl 键,将选定的文件或文件夹拖动到目标位置。

注意:如在不同的驱动器之间进行复制,则不用按住 Ctrl 键。

③移动文件或文件夹。

利用剪贴板:选中要复制的对象,单击"编辑"菜单→"剪切"命令(或按 Ctrl＋X 组合键),打开目标驱动器或文件,单击"编辑"菜单→"粘贴"命令(或按 Ctrl＋V 组合键)。

利用鼠标拖动:用鼠标在"资源管理器"窗口的左侧"导航窗格"中单击要移动的对象所在的文件夹,此时在右侧"文件列表窗格"将显示其所属的子文件或文件夹;在右侧"文件列表窗格"中选择要复制的文件或文件夹;按住 Shift 键,将选定的文件或文件夹拖动到目标位置。

注意:如在同一驱动器之间进行移动,则不用按住 Shift 键。

④拖曳法复制或移动文件(夹)总结(如表 2-2 所示)。

表 2-2　拖曳法复制或移动文件(夹)总结

	复制	移动
同盘	Ctrl＋拖放	拖放
不同盘	拖放	Shift＋拖放

除了复制文件或文件夹,还可以复制其所在路径。选中文件或文件夹,按住 Shift 键右击,在弹出的快捷菜单中选择"复制为路径"命令即可。

剪贴板是一个可以暂时存放信息的程序,是 Windows 在内存中开辟的一块临时存储区,用于在应用程序和文档之间传递数据和信息。

剪贴板中可以存放的信息包括文字、图形、图像、声音文件等,剪贴板里只能保留最近一次存入的信息(Office 剪贴板最多可保留 24 项信息)。

向剪贴板输入信息:

选定对象,单击"编辑"菜单→"复制"或"剪切"命令(Ctrl＋C 或 Ctrl＋X)。

按 Print Screen 键或 Alt＋Print Screen 键可以将当前屏幕或活动窗口复制到剪贴板。

从剪贴板获取信息:

将光标定位于目标处,单击"编辑"菜单→"粘贴"命令(Ctrl＋V)。

在应用程序窗口用鼠标直接拖曳也可以实现交换数据。

3. "查看"菜单(如图 2-22 所示)

(1)更改文件显示方式。通过"查看"菜单或"视图类型"按钮可更改视图方式,有超大图标、大图标、中等图标、小图标、列表、详细信息、平铺、内容等八种。

(2)更改文件排序方式。单击"查看"菜单→"排序方式",选择文件的排序方式(名称、修改日期、类型、大小),文件的显示方式与排序方式如图 2-22 所示。

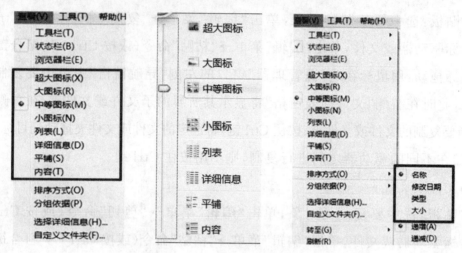

图 2-22 文件的显示方式与排序方式

4. "工具"菜单

(1)显示或隐藏已知类型的文件扩展名(如图 2-23 所示)。

Windows 7 默认隐藏已知类型的文件扩展名,要显示已知文件类型的扩展名,操作如下。

①双击桌面"计算机"图标,打开"计算机"窗口,单击"工具"菜单→"文件夹选项"命令,弹出"文件夹选项"对话框。

②在对话框中选择"查看"选项卡,在"高级设置"列表框中去掉"隐藏已知文件类型的扩展名"复选框前的"√",单击"确定"按钮。

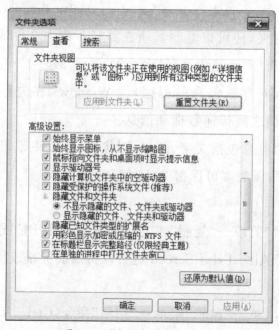

图 2-23 "文件夹选项"对话框

(2)显示隐藏的文件或文件夹。

Windows 7 默认不显示隐藏的文件或文件夹,要显示隐藏的文件或文件夹,操作如下。

①双击"计算机",打开"计算机"窗口,单击"工具"菜单→"文件夹选项"命令,打开"文件夹选项"对话框。

②选择"查看"选项卡,在"高级设置"列表框中选择"显示隐藏的文件、文件夹或驱动器"单选按钮,单击"确定"按钮。

5. 在"开始"菜单、文件夹或库中搜索框搜索文件或文件夹(如图 2-24 所示)

(1)使用"开始"菜单中的"搜索程序和文件"搜索框。

(2)使用文件夹或库中的搜索框。

图 2-24 搜索框与搜索筛选器

▶ **典型例题**

【例1】 (2019 年真题)下列不符合 Windows 系统文件或文件夹命名规则的是 (　　)

　　A. 文件或文件夹名不能超过 255 个字符

　　B. 文件名不区分大小写

　　C. 禁用保留设备名称,如 con

　　D. 不可使用多分隔符文件名,如 my school.2019.city

【答案】 D

【解析】 本题考查文件或文件夹的命名规则。文件名和文件夹名不区分英文字母大小写,不超过 255 个字符(一个汉字相当于两个字符),不能包含以下九种字符:斜线(/)、反斜线(\)、竖线(|)、冒号(:)、问号(?)、双引号("")、星号(*)、小于号(<)、大于号(>),在同一文件夹中,不能有同名的文件或文件夹,如果文件名中存在多个分隔符".",则最后一个分隔符后的表示扩展名。

【例2】 (2019 年真题)在"资源管理器"中可以 (　　)

　　A. 查看磁盘的容量

　　B. 显示磁盘上的树状目录结构

　　C. 完成不同磁盘间文件夹的复制

　　D. 改变文件或文件夹的显示方式

【答案】 ABCD

【解析】 本题考查资源管理器的功能。"资源管理器"是 Windows 系统提供的资源管理工具,它采用树形文件系统结构,用户可以直观地查看本地的所有资源。

【例3】 (2020 年真题)在资源管理器中选定文件或文件夹后,按住键盘的_____键并按住鼠标左键拖动,可以将其移到不同驱动器中。

【答案】 Shift

【解析】 本题考查利用鼠标拖动移动文件与文件夹的操作方法。按住 Ctrl 键,将选定的文件或文件夹拖动到目标位置完成复制;按住 Shift 键,将选定的文件或文件夹拖动到目标位置,实现移动。如果在不同的驱动器之间进行复制,则可以不按 Ctrl 键,如果在同一驱动器之间进行移动,则可以不按 Shift 键。

【例4】 (2020 年真题)简述在 Windows 操作系统中,选择局部连续但总体不连续的文件或文件夹的操作方法。

【答案】 先用鼠标选择第一个局部连续的文件或文件夹,然后按住 Ctrl 键,单击第二个局部连续组的第一个文件或文件夹,再按住 Ctrl+Shift 组合键,单击第二个局部连续组的最后一个文件或文件夹。用同样的步骤可选择其他局部连续组。

【解析】 本题考查选择文件或文件夹的操作方法。利用 Shift 键可以选择一组相邻文件或文件夹,按住 Ctrl 键依次单击可以选择一组不相邻文件或文件夹。

第三节　管理与应用 Windows 7

▶知识框架

管理与应用 Windows 7
- 控制面板
- 使用控制面板
- 使用附件中的常用工具

▶知识要点

一、控制面板

1. 控制面板

控制面板是用来进行系统设置和设备管理的工具集合,利用它可以对计算机的软件、硬件以及 Windows 7 自身进行设置,如用户可以根据自己的需求,对系统外观、语言和时间进行设置,可以添加或删除程序。

2. 打开"控制面板"方法

(1)单击"开始"菜单→"控制面板"命令。

(2)单击"开始"菜单→"运行"命令,在文本框中输入"Control",单击"确定"按钮。

(3)在"计算机"窗口地址栏中输入"控制面板"后按 Enter 键。

(4)在"计算机"窗口的工具栏上单击"打开控制面板"按钮。

(5)右击桌面"计算机"图标,选择"属性"命令,在"系统"窗口左侧单击"控制面板主页"。

3. 控制面板三种查看方式

类别、大图标、小图标(单击"查看"下拉按钮切换)。

4. 控制面板八大类别

(1)系统和安全:查看并更改系统和安全状态,备份并还原文件和系统设置,更新计算机,检查防火墙等。

(2)网络和 Internet:检查网络状态并更改设置,设置共享文件和计算机的首选项、Internet 显示和连接等。

(3)硬件和声音:添加或删除打印机及其他硬件,更改系统声音、自动播放 CD、节省电源、更新设备驱动程序等。

(4)程序:卸载程序或 Windows 功能、卸载小工具、从网络通过联机获取新程序等。

(5)用户账户和家庭安全:更改用户账户设置和密码,并设置家长控制。

Windows 7 是单用户多任务操作系统,如果多个用户使用同一台计算机,可以通过设置多个账户,让不同用户使用各自的工作环境而不会互相干扰,从而提高计算机的利用率和安全性。创建一个用户账户之后,可以对该账户的属性进行修改、如更改名称、创建密码、设置图片和账户类型等。

在 Windows 7 有三种账户类型:管理员账户、标准用户账户和来宾账户。

①管理员账户是启动计算机后,系统自动建立的用户账户,具有完全访问权限,可以对计算机所有设置进行更改,属最高级别的控制。

②标准用户账户可使用大多数软件,可更改不影响其他用户或计算机安全的系统设置。

③来宾账户主要针对临时使用计算机的用户,不能对系统进行修改,只能进行最基本的操作。

(6)外观和个性化:更改桌面项目的外观、应用主题或屏幕保护程序,自定义"开始"菜单和任务栏。

(7)时钟、语言和区域:修改计算机时间、日期、时区及使用的语言,设置货币、日期、时间的显示方式。

(8)轻松访问:为视觉、听觉和移动能力的需要调整计算机设置,并通过声音命令使用语音识别控制计算机。

二、使用控制面板

1. 利用控制面板设置系统日期和时间(见图 2-25)

图 2-25　设置系统日期和时间的三种方法

(1)方法一:①单击"开始"→"控制面板"命令,在打开的"控制面板"窗口中单击"时钟、语言和区域"选项,在打开的窗口中单击"日期和时间",打开"日期和时间"对话框[见图 2-26

(a)]。②选择"日期和时间"选项卡,单击"更改日期和时间"按钮,打开"日期和时间设置"对话框[见图2-26(b)],选择正确的日期,并调准时间,单击"确定"按钮。③返回到"日期和时间"对话框,单击"确定"按钮。

（2）方法二：单击任务栏上"通知区域"的时间图标,在弹出的"日期和时间"面板中单击"更改日期和时间设置"按钮,打开"日期和时间"对话框,然后操作同方法一。

（3）方法三：右击任务栏上"通知区域"的时间图标,在弹出的快捷菜单中选择"调整日期/时间"命令,打开"日期和时间"对话框,然后操作同方法一。

(a) (b)

图2-26 "日期和时间"与"日期和时间设置"对话框

2. 创建一个名为"user"的账户,账户类型为"标准账户",并为其设定密码(如图2-27所示)

（1）单击"开始"菜单→"控制面板"命令,打开"控制面板"口,单击"用户账户和家庭安全"→"添加或删除用户账户",打开"管理账户"窗口。

（2）单击"创建一个新账户",输入新账户名"user",将账户类型设置为"标准账户",单击"创建账户"按钮。

（3）选择"user"账户,单击"创建密码",输入密码并确认密码,单击"创建密码"按钮。

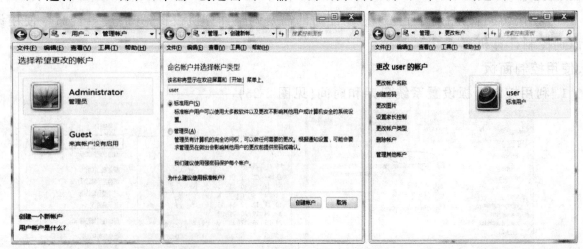

图2-27 创建账户并设置密码

3. 添加本地打印机(如图2-28所示)

（1）单击"开始"菜单→"控制面板"命令,打开"控制面板"窗口,单击"硬件和声音"→"添加打印机",打开"添加打印机"对话框。

（2）选择"添加本地打印机"，选择打印机正确的端口、厂商和打印机型号，根据提示完成打印机的安装。

如果添加本地打印机的计算机与其他计算机联网，可在"添加打印机"的过程中，将连接的打印机设置为"共享"打印机。

如果想添加网络中的其他打印机，可以选择"添加网络、无线或 Bluetooth（蓝牙）打印机"，进入"选择打印机"对话框。在列表框中选择需要的打印机，单击"下一步"即可。如果列表中没有，可单击"我需要的打印机不在列表中"，继续"按名称或 TCP/IP 地址查找打印机"。

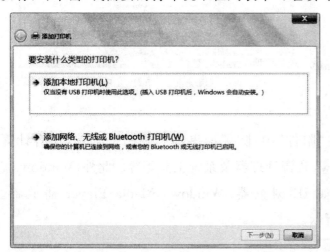

图 2-28　添加打印机

三、使用附件中的常用工具

1. 用"记事本"创建文本文件

记事本是一种简单的文本文件编辑器，可以进行日常记事或编写说明文件。一些程序的说明文件通常是以记事本的文件形式保存的。记事本默认保存的文件格式为.txt 文本文档，双击任意一个.txt 文件，默认都是使用"记事本"程序打开。

（1）单击"开始"菜单→"所有程序"→"附件"→"记事本"命令，打开"记事本"窗口。

（2）输入文字内容，单击菜单"文件"→"另存为"命令，打开"另存为"对话框。

（3）选择存放文件的路径，输入文件名，单击"保存"按钮。如图 2-29 所示。

2. 用"画图"工具改变桌面背景

Windows 7 自带的"画图"工具是一款功能简单而且实用的小工具，通过各种绘制工具如文本、形状、填充、刷子等，可以在空白绘图区域或现有图片上创建绘图。"画图"工具还可以进行简单的图片处理，如裁剪、旋转和调整大小。

通过放大镜可以局部放大图片，方便查看；利用标尺和网格线功能，可以方便用户了解图片部分区域的大致尺寸，从而更好地利用画图功能。选中"椭圆形"或"矩形"工具时，按下 Shift 键可快速画圆形或正方形。"画图"程序默认保存的文件格式为 PNG，还可以将图形保存为其他图片格式，如 JPEG、BMP、GIF、TIFF 等。

（1）单击"开始"菜单→"所有程序"→"附件"→"画图"命令，打开"画图"程序窗口。

（2）单击"画图"按钮，在弹出的下拉菜单中选择"打开"命令，在"打开"对话框中选择文件后，单击"打开"按钮，在绘图区显示打开的图片文件。

（3）使用功能区工具进行创作。

（4）再次单击"画图"按钮，选择"设置为桌面背景"→"填充"命令。如图 2-30 所示。

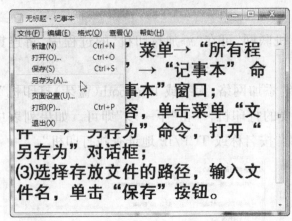 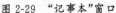 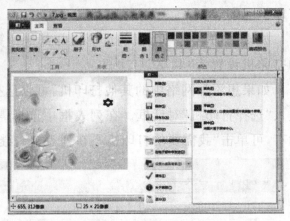

图 2-29 "记事本"窗口　　　　　　　　图 2-30 "画图"窗口

3. 附件

Windows 7 自带的程序大部分集中在"附件"中，除了记事本和画图工具外，还有计算器、便笺、截图工具、录音机、写字板、Windows 资源管理器及系统工具等等。此外，Windows 7 还集成了一些相对独立的应用软件。如 IE 浏览器、Windows Media Player 播放器。Windows 7 附件中的常用工具如图 2-31 所示。

图 2-31 Windows 7 附件中的常用工具

在"运行"框中输入相应的命令，也可以打开对应的应用程序：Write——写字板、Mspaint——画图、Notepad——记事本、Cmd——命令提示符、Calc——计算器、Explorer——资源管理器、Control——控制面板、Snipping Tool——截图工具等。

▶**典型例题**

【例1】（2019 年真题）下列属于 Windows 系统自带软件的是　　　　　　　　（　　）

　　A. WinRAR　　　　　　B. Flash　　　　　　C. 写字板　　　　　　D. 卡巴斯基

【答案】 C

【解析】 本题考查 Windows 系统自带软件。WinRAR 是一款常用的压缩软件,Flash 是动画制作软件,写字板是 Windows 系统附件自带的文字处理软件,卡巴斯基是一款杀毒软件。

【例2】 (2020年真题)"记事本"窗口标题栏最右边的按钮分别为 （ ）

A. 最大化、最小化/向下还原、关闭等三个按钮

B. 最小化、最大化/向下还原、关闭等三个按钮

C. 最小化、最大化、向上还原、关闭等四个按钮

D. 最大化、最小化、关闭等三个按钮

【答案】 B

【解析】 本题考查"记事本"窗口标题的按钮组成,最右边的按钮分别为最小化、最大化/向下还原、关闭等三个按钮。

【例3】 (2020年真题)下列属于 Windows 附件"画图"程序的工具是 （ ）

A. 选定(择)工具　　　　　　　　B. 刷子工具

C. 用颜色填充工具　　　　　　　D. 下载工具

【答案】 ABC

【解析】 本题考查"画图"程序的工具。

第四节　维护系统与使用常用工具软件

▶知识框架

维护系统与使用常用工具软件
- 磁盘维护
- 备份与还原数据
- 使用杀毒软件
- 安装和使用压缩软件

▶知识要点

一、磁盘维护

1. 查看磁盘的属性(如 C 盘)

打开"计算机"窗口,右击 C 盘盘符,在弹出的快捷菜单中选择"属性"命令,弹出"本地磁盘(C:)属性",在"常规"选项卡中可以查看磁盘属性,或进行磁盘清理;在"工具"选项卡中,可以检查磁盘错误、碎片整理或备份。如图2-32所示。

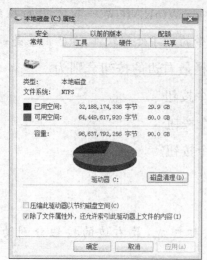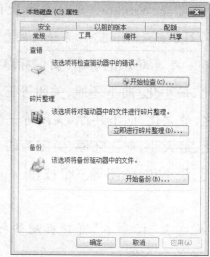

图 2-32　磁盘的"属性"对话框

2. 磁盘清理与磁盘碎片整理程序

(1)磁盘清理和碎片整理的区别。

磁盘清理:清理系统中不必要的文件(如删除 Internet 临时文件、删除程序安装文件、清空回收站、系统垃圾文件等),释放硬盘空间。

磁盘碎片整理程序:在对硬盘进行频繁的写入和删除中会产生磁盘碎片,磁盘碎片虽不会造成系统问题,但会降低系统运行速度,所以硬盘需要定期整理,对磁盘碎片进行整理,将硬盘上的碎片文件进行合并,让文件保持连续性,有效整理磁盘空间,提高磁盘读写速度。

(2)对 C 盘进行磁盘清理的操作步骤(如图 2-33 所示)。

①在"计算机"窗口右击 C 盘,在弹出的快捷菜单中选择"属性"命令,打开"C 盘属性"对话框。

②单击"磁盘清理"按钮,弹出"(C:)的磁盘清理"对话框,在"磁盘清理"选项卡"要删除的文件"列表框中选择要清理的项目。

③单击"确定"按钮,弹出提示框,单击"删除文件"按钮开始清理。

或者:单击"开始"菜单→"所有程序"→"附件"→"系统工具"→"磁盘清理"命令,打开"磁盘清理:驱动器选择"对话框,在"驱动器"下拉列表框中选择要清理的 C 盘。

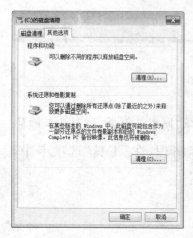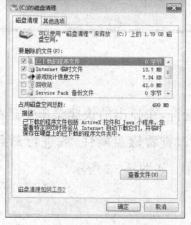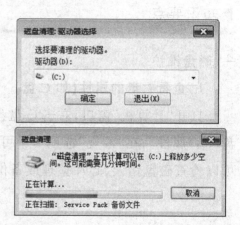

图 2-33　"磁盘清理"对话框

（3）对 C 盘进行磁盘碎片整理的操作步骤（如图 2-34 所示）。

①单击"开始"菜单→"所有程序"→"附件"→"系统工具"→"磁盘碎片整理"命令，弹出"磁盘碎片整理程序"窗口。

②选中要整理的硬盘 C 盘，单击"磁盘碎片整理"按钮，整理完毕后单击"关闭"按钮。

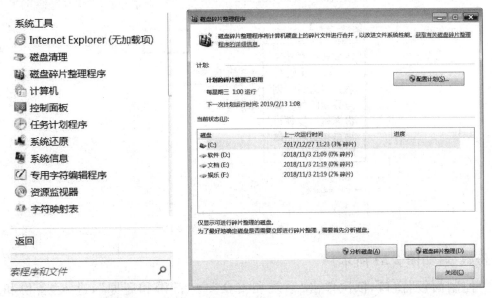

图 2-34 "磁盘碎片整理程序"命令与窗口

3. 检查磁盘错误（如图 2-35 所示）

在"计算机"窗口右击 D 盘，在弹出的快捷菜单中选择"属性"命令，打开"D 盘属性"对话框，在"工具"选项卡中单击"开始检查"按钮，可以选择"自动修复文件系统错误"和"扫描并尝试恢复坏扇区"。

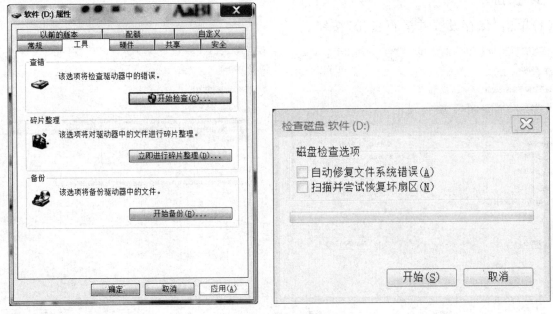

图 2-35 检查磁盘错误

二、备份与还原数据

为了避免文件或文件夹丢失或被破坏，可以对重要文件或文件夹进行备份，以便利用还原功能恢复数据。通常在安装了系统和各类应用软件后，在"干净"环境下及时备份系统文件是必要的。如通过"创建系统映像"备份系统，以便日后系统出现问题时，迅速还原，如图

2-36 所示。系统映像是驱动器的精确副本,从系统映像还原计算机时,将进行完整还原;不能选择个别项进行还原,当前的所有程序、系统设置和文件都将被系统映像中的相应内容替换。

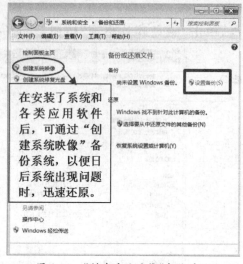

图 2-36 "创建系统映像"备份系统

1. 备份数据(如图 2-37 所示)

(1)在"控制面板"窗口,依次单击"系统和安全"→"备份和还原",进入"备份和还原"设置界面。

(2)在窗口单击"设置备份"按钮,打开"设置备份"对话框,选择备份文件存放的位置,点击"下一步"按钮。

(3)选中"让我选择"单选按钮,点击"下一步"按钮,从列表里选择要备份的内容,单击"下一步"按钮。

(4)单击"保存设置并运行备份"按钮。

 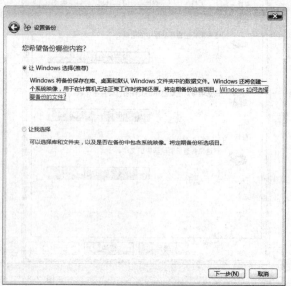

图 2-37 "设置备份"对话框

2. 还原数据

如果已备份的文件或文件出现问题,可以利用 Windows 7 的还原功能还原数据,进入"备份和还原"窗口,单击"还原我的文件"命令,然后根据向导提示还原到备份时的状态。

三、使用杀毒软件

1. 计算机病毒知识

(1)计算机病毒的概念:是指人为编制或者在计算机程序中插入的、破坏计算机功能或者毁坏数据、影响计算机使用,并能自我复制的一组计算机指令或者程序代码。

(2)计算机病毒特征:破坏性、传染性、潜伏性、隐蔽性、不可预见性。

①破坏性是计算机病毒的主要特征,主要表现为占用系统资源、干扰系统运行、破坏数据或文件,严重的还能破坏整个计算机系统和损坏部分硬件,甚至造成网络瘫痪。

②传染性是判断一段程序代码是否为计算机病毒的依据。病毒程序一旦侵入计算机系统就开始搜索可以传染的程序或者存储介质,然后通过自我复制迅速传播。

③潜伏性。大部分的病毒把系统感染之后一般不会马上发作,它可长期隐藏在系统中,只有在满足其特定条件时才启动其表现(破坏)模块。病毒的潜伏性越好,它在系统中存在的时间也就越长,病毒传染的范围越广,其危害性也越大。

④隐蔽性。病毒程序短小精悍,具有很高的编程技巧。通常附在正常程序中或磁盘较隐蔽的地方,也有个别病毒程序以隐藏文件的形式出现。系统被感染病毒后一般情况下用户是感觉不到它的存在的,只有在病毒发作、计算机出现不正常现象时用户才知道。

⑤不可预见性。病毒相对于防毒软件永远是超前的,理论上讲,没有任何杀毒软件能将所有的病毒杀除。计算机病毒在传染过程中还会产生变种,就可能带来更大的破坏。

(3)计算机病毒按传染方式分为:引导型病毒、文件型病毒和混合型病毒。

(4)计算机病毒的传播方式:移动存储器(如U盘或光盘)、计算机网络。

(5)计算机病毒的中毒表现:电脑运行比平常迟钝;程序载入时间比平常久;数据无故丢失;异常的错误信息出现;硬盘的指示灯无缘无故地闪亮;经常报告内存不够;磁盘可利用的空间突然减少;可执行程序的大小改变了;磁盘坏轨增加;出现来路不明的文件;文件的相关内容被修改,如文件名称、扩展名、日期、属性被更改过。

(6)计算机病毒的防范。

①安装杀毒软件,开启实时监控功能,并定期更新杀毒软件。

②不下载和运行来历不明的程序,对来历不明的电子邮件也不要随意打开。

③及时安装系统漏洞补丁程序。

④上网时不浏览不安全的陌生网站。

⑤定期做好重要数据的备份工作。

2. 使用杀毒软件查杀病毒

(1)双击桌面上的360杀毒软件图标,打开360杀毒软件主界面。

(2)单击"自定义扫描"按钮,弹出"选择扫描目录"对话框。

(3)在对话框中勾选"可移动磁盘"复选框,单击"扫描"按钮。

(4)扫描结束弹出扫描结果,选择需要处理的文件,单击"立即处理"按钮,显示杀毒结果,单击"返回"按钮。

四、安装和使用压缩软件

利用压缩工具将文件压缩,可在不损坏文件的前提下将文件"体积"缩小,减小文件的磁盘存储空间,不仅可节约磁盘空间,更方便文件转移和网络传输。常见的压缩文件格式有ZIP、7Z、RAR、CAB、ISO、ACE、ARJ 等。压缩文件需要经解压缩后才能使用。目前常用的压缩工具有 360 压缩软件、WinRAR 等。

1. 安装 360 压缩软件

Windows 系统中,一般应用程序本身带有一个安装程序文件,文件名为 setup.exe 或者 Install.exe,双击该文件,便可开始安装应用程序。有些应用程序本身也带有一个卸载程序文件 uninstall.exe,只要执行了卸载程序,该程序就会自动从系统中删除。

安装 360 压缩软件的操作步骤如下。

(1)进入 360 官网下载 360 免费压缩软件,双击安装文件,打开 360 压缩软件的安装对话框。

(2)单击"自定义安装"按钮。

(3)在对话框中选择安装位置,单击"立即安装"按钮。

2. 使用 360 压缩软件

(1)360 压缩软件特点如下。

①压缩格式:ZIP、7Z 和 RAR。

②压缩方式:存储、最快、较快、标准、较好和最好。

③可将一个大文件(夹)压缩为多个压缩文件,并能设置"压缩分卷大小"。

④可以为压缩文件"加注释"和"添加密码"。

(2)将"F:\电脑报"文件夹压缩为"电脑报.zip"并保存到桌面的操作步骤如下。

①右击"F:\电脑报"文件夹,在弹出的快捷菜单中选择"添加到压缩文件"命令,弹出压缩文件对话框。

②在"压缩配置"栏单击"自定义"单选按钮,再单击"更改目录"按钮,弹出"另存为"对话框。

③将压缩文件保存路径设置为"桌面",在文件名框中输入文件名"电脑报",将保存类型设置为"zip",单击"保存"按钮,返回压缩文件对话框。

④单击"立即压缩"按钮。

(3)将桌面"电脑报.zip"解压到"E:\资料"文件夹的操作步骤如下。

①右击桌面"电脑报.zip"压缩文件,在弹出的快捷菜单中选择"解压到"命令,弹出解压文件对话框。

②单击"更改目录"按钮,弹出"浏览文件夹"对话框,选择保存解压文件的文件夹"E:\资料",单击"确定"按钮,返回解压文件对话框。

③单击"立即解压"按钮。如图 2-38 所示。

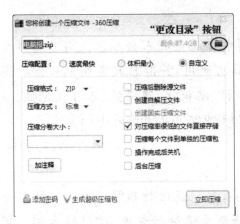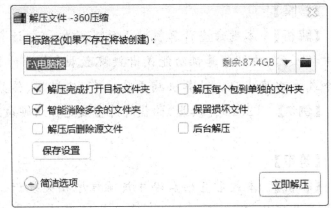

图 2-38　"压缩文件"与"解压缩文件"对话框

注意:右击"F:\电脑报"文件夹,在弹出的快捷菜单中选择"添加到'电脑报.zip'"命令,可直接在当前文件夹下以默认设置生成压缩文件。

右击压缩文件,在弹出的快捷菜单中选择"解压到当前文件夹"命令或"解压到电脑报",可在当前目录下直接解压。如图 2-39 所示。

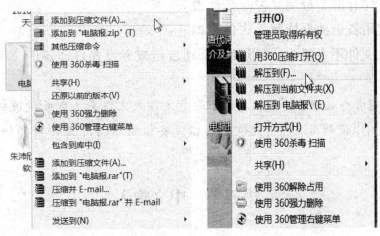

图 2-39　压缩文件与解压缩文件的快捷菜单命令

3. 卸载软件

(1)卸载软件的方法一般有三种:

①通过"控制面板"卸载程序(或 360 软件管家、联想软件商店等专业软件)。

②运行软件自带的卸载程序(在开始菜单或安装路径下)。

③直接删除绿色软件所在的目录和文件夹。

(2)实例:利用"控制面板"卸载 360 压缩软件的操作步骤。

①打开"控制面板"窗口,单击"程序"→"卸载程序",进入"卸载或更改程序"窗口。

②单击"360 压缩"软件,单击"卸载/更改"按钮,打开"卸载"对话框。

③选中"我要直接卸载 360 压缩"单选按钮后,单击"立即卸载"按钮,最后单击"完成"按钮。

▶典型例题

【例 1】 (2018 年真题)下列有关计算机病毒的说法,描述正确的是　　　　　　（　　）

A. 病毒没有潜伏性　　　　　　　　　　B. 病毒是因为机房环境不清洁而产生

C. 病毒是具有破坏性的特制程序　　　　D. 损坏的计算机硬盘会产生病毒

【答案】 C

【解析】 本题考查计算机病毒的基础知识。计算机病毒是指人为编制或者在计算机程序中插入的、破坏计算机功能或者毁坏数据、影响计算机使用，并能自我复制的一组计算机指令或者程序代码。计算机病毒特征有：破坏性、传染性、潜伏性、隐蔽性、不可预见性。

【例2】 （2019年真题）磁盘碎片主要是在对硬盘进行频繁写入和删除中产生的。

(A B)（对的选 A，错的选 B）

【答案】 A

【解析】 本题考查磁盘碎片整理程序相关知识。在对硬盘进行频繁的写入和删除中会产生磁盘碎片，磁盘碎片虽不会造成系统问题，但会降低系统运行速度，所以硬盘需要定期整理，对磁盘碎片进行整理，将硬盘上的碎片文件进行合并，让文件保持连续性，有效整理磁盘空间，提高磁盘读写速度。

【例3】 （2020年真题）下列关于数据备份，不正确的是   （   ）

    A. 备份副本应存储在与源文件同一路径下

    B. 备份文件有助于避免文件永久性丢失

    C. 可以使用备份数据恢复丢失的数据

    D. 为确保文件不会丢失，可以随时手动备份或者设置自动备份

【答案】 A

【解析】 本题考查数据备份知识。为了避免文件或文件夹丢失或被破坏，可以对重要文件或文件夹进行备份，以便利用还原功能恢复数据。备份副本与源文件应存储在不同路径下。

第五节　中文输入

▶知识框架

中文输入 ┤ 认识中文输入法
　　　　 └ 使用中文输入法

▶知识要点

一、认识中文输入法

1. 中文输入法简介

中文输入法一般可分为键盘输入法和非键盘输入法（见图 2-40）。

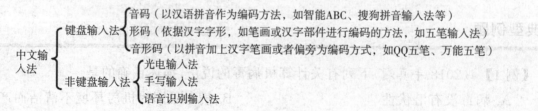

中文输入法 ┤
键盘输入法 ┤ 音码（以汉语拼音作为编码方法，如智能ABC、搜狗拼音输入法等）
　　　　　 ├ 形码（依据汉字字形，如笔画或汉字部件进行编码的方法，如五笔输入法）
　　　　　 └ 音形码（以拼音加上汉字笔画或者偏旁为编码方式，如QQ五笔、万能五笔）
非键盘输入法 ┤ 光电输入法
　　　　　　 ├ 手写输入法
　　　　　　 └ 语音识别输入法

图 2-40　中文输入法

2. 添加输入法

(1)右击任务栏中的"语言栏",在弹出的快捷菜单中选择"设置"命令,打开"文本服务和输入语言"对话框[见图2-40(a)]。

(2)选择"常规"选项卡,在"已安装的服务"栏中单击"添加"按钮,弹出"添加输入语言"对话框[见图2-40(b)],勾选要添加的中文输入法,如"极点五笔输入法"等。

(3)单击"确定"按钮,返回"文本服务和输入语言"对话框,单击"确定"按钮。

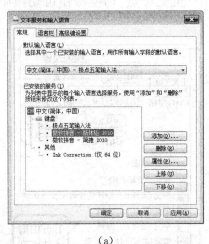 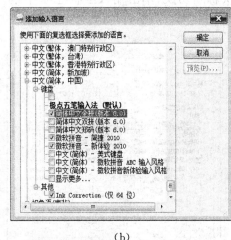

(a)   (b)

图2-41 "文本服务和输入语言"和"添加输入语言"对话框

打开"文本服务和输入语言"对话框的三种方法小结:

①右击任务栏中的"语言栏",在弹出的快捷菜单中选择"设置"命令。

②单击"语言栏"中的"选项"按钮,在弹出的快捷菜单中选择"设置"命令。

③在"控制面板"窗口,单击"时钟、语言和区域"→"区域和语言",打开"区域和语言"对话框,在"键盘和语言"选项卡中单击"更改键盘"按钮。

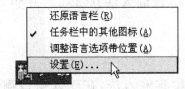 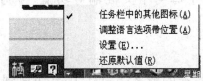 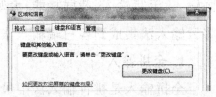

图2-42 "文本服务和输入语言"对话框打开方法

3. 删除输入法

(1)右击任务栏中"语言栏",在弹出的快捷菜单中选择"设置"命令,打开"文本服务和输入语言"对话框。

(2)选择"常规"选项卡,在"已安装的服务"栏的列表框中选择要删除的输入法,单击"删除"按钮,再单击"确定"按钮。

4. 切换输入法

(1)使用快捷键切换。

Ctrl+Shift:在已安装的各种输入法之间进行切换。

Ctrl+空格键:在中文与英文输入法之间进行切换(可以启动和关闭中文输入法)。

Shift+空格键:在全角、半角状态间切换。

Ctrl+.(句点):在中文、英文标点之间进行切换。

打开"文本服务和输入语言"对话框,单击"高级键设置"选项卡,设置快捷键切换[见图2-43(a)]。

(2)使用菜单切换。

单击"语言栏"中的输入法图标,打开"输入法"菜单,单击需要的输入法。单击输入法状态条中的"中英文切换"按钮可切换中文或英文;单击输入法状态条中的"全角/半角"切换按钮可在全角、半角状态间切换;单击输入法状态条中的"中/英文标点"切换按钮可切换中文、英文标点[见图2-43(b)]。

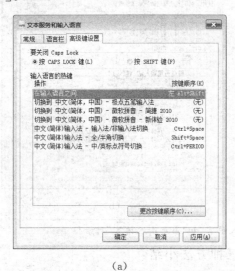

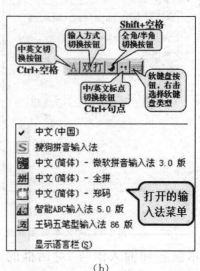

(a)　　　　　　　　　　　(b)

图 2-43　切换输入法

二、使用中文输入法

搜狗拼音输入法提供了全拼输入、简拼输入、英文输入、网址输入、模式输入、U模式笔画输入、手写输入、截屏功能、大写字母与中文混输等功能,搜狗拼音输入法从5.0版开始,将云输入法集成到客户端输入法。

1. 全拼输入

全拼输入是拼音输入法中最基本的输入方式。只要切换到搜狗输入法,在输入窗口输入拼音,依次选择需要的字词即可。默认的翻页键是逗号和句号。如输入"jisuanji",则输出"计算机"。

2. 简拼输入

搜狗输入法支持声母简拼和声母的首字母简拼。它适用于一些常用词、句或者俗语等。同时,搜狗输入法支持简拼全拼的混合输入,如输入"xs"或"xues"都可以输出"学生"。

3. V模式中文数字输入

V模式中文数字是一个功能组合,包括多种中文数字的功能。只能在全拼状态下使用:①中文数字金额大小写:输入"v424.52",输出"肆佰贰拾肆元伍角贰分"。②罗马数字:输入99以内的数字,例如"v12",输出"XII"。

4. 英文输入

输入法默认是按下Shift键就切换到英文输入状态,再按一下Shift键就会返回中文状态。用鼠标点击输入法状态条上面的"中"字按钮也可以切换。

5. 网址、邮箱输入模式

输入以"www""http："等开头的字母或输入前缀不含数字的邮箱时，自动识别进入到英文输入状态，如输入"www.sogou.com""zhangh@sogou.com"。

6. 插入当前日期时间

①输入"rq"，输出系统日期"2023年1月1日"。②输入"sj"，输出系统时间"2023年1月1日19：19：04"。③输入"xq"，输出系统星期"2023年1月1日星期三"。

7. 其他技巧

输入"pai"，选择3，得到π；输入"aerfa"，选择2，得到希腊字母α；键入"wjx"选择3、4，分别得到☆和★；键入"sjt""xjt""zjt""yjt"分别得到↑、↓、←和→。

▶典型例题

【例1】 (2016年真题)计算机中汉字的输入方法有 （ ）

    A. 双拼输入法   B. 区位码输入法   C. 格雷码输入法   D. 智能ABC输入法

【答案】 ABD

【解析】 本题考查汉字的输入方法。中文输入法一般可分为键盘输入法和非键盘输入法。在一组数的编码中，若任意两个相邻的代码只有一位二进制数不同，则称这种编码为格雷码，格雷码主要用于通信、模拟-数字转换和位置-数字转换。

【例2】 (2018年真题)电脑安装了五种输入法，依次切换各种输入法可使用Ctrl＋_____键。

【答案】 Shift

【解析】 本题考查切换输入法的快捷键。Ctrl＋Shift：在已安装的各种输入法之间进行切换；Ctrl＋空格键：在中文与英文输入法之间进行切换（可以启动和关闭中文输入法）；Shift＋空格键：在全角、半角状态间切换；Ctrl＋.（句点）：在中文、英文标点之间进行切换。

【例3】 (2019年真题)某些特殊汉字标点的输入需要使用组合键，输入标点符号省略号(……)的组合键是_____。

【答案】 Shift＋6

【解析】 本题考查特殊中文标点符号的输入。省略号的输入通常有三类方法：①在中文输入状态下，按Shift＋6键(注：是主键盘中的6，不是数字小键盘中的)。②输入法输入，如搜狗拼音输入法中输入"slh"(slh即"省略号"汉字拼音的声母)，极点五笔输入法中输入"zzbd"(提示zz是特殊符号输入开关，bd即"标点"汉字拼音的声母)。③在Word中，按一次Ctrl＋Alt＋.即输入…，按两次即可输入完整的省略号。

第二章　Windows 7 操作系统课时作业

一、是非选择题(本大题共 15 小题,每小题 1 分,共 15 分。对每小题做出选择,对的选 A,错的选 B)

1. 在 Windows 7 中,用户可在"桌面"上添加新的图标,也可以任意删除"桌面"上的图标。

(A　B)

2. Windows 7 对话框不能改变大小也不能移动位置。　　　　　　　　　　　　(A　B)

3. 通知区域用于显示和设置重要信息,信息种类与计算机的硬件有关,与安装的软件无关。

(A　B)

4. 只有安装了操作系统后才能安装其他的应用软件。　　　　　　　　　　　　(A　B)

5. 右击桌面任意位置,在弹出的快捷菜单中选择"个性化"命令,将打开"个性化"窗口。

(A　B)

6. 双击某窗口的标题栏空白处,该窗口将最大化。　　　　　　　　　　　　　(A　B)

7. 按住 Ctrl+菜单后括号中的相应字母,也可以打开该菜单。　　　　　　　　(A　B)

8. 利用 Windows 下的记事本可以建立、编辑纯文本文件。　　　　　　　　　(A　B)

9. 在 Windows 7 中,用户可根据个人要求对计算机软件、硬件进行设置,但不能对系统自身进行设置。

(A　B)

10. 在 Windows 7 的任务栏中双击时间图标,可以打开"日期和时间属性"对话框。(A　B)

11. 选择某个文件后,若按住 Ctrl 键不放,再单击该文件可以取消选择。　　　(A　B)

12. 利用 360 压缩软件可以将多个文件或文件夹压缩成一个文件。　　　　　　(A　B)

13. "磁盘碎片整理程序"能有效地整理磁盘空间,提高磁盘读写速度。　　　　(A　B)

14. Windows 7 菜单项后面有"…",表示该菜单项含有下一级菜单。　　　　　(A　B)

15. 用"画图"程序可以对图片进行简单的编辑,如添加文字、调整大小或旋转。(A　B)

二、单项选择题(本大题共 20 小题,每小题 2 分,共 40 分)

16. 在 Windows 7 操作系统中,显示桌面的快捷键是　　　　　　　　　　　　(　　)

    A. Win+D　　　　　　B. Win+P　　　　　　C. Win+E　　　　　　D. Win+R

17. 在 Windows 7 操作系统中,下列_____操作不能在任务栏中完成。　　　　(　　)

    A. 设置系统日期和时间　　　　　　　　　　B. 排列桌面图标

    C. 排列和切换窗口　　　　　　　　　　　　D. 启动"开始"菜单

18. 下列选项中,关于"回收站"说法正确的是　　　　　　　　　　　　　　　(　　)

    A. 回收站是计算机内存中的存储空间

    B. 回收站的空间大小无法改变

    C. 文件被删除到回收站内仍然占据硬盘空间

    D. 回收站装满后就无法进行删除操作了

19. 下列关于文件的说法中,正确的是 　　　　　　　　　　　　　　　　（　　）

    A. 在 Windows 7 中,具有"系统"属性的文件是不可见的

    B. 文件的扩展名不能超过 4 个字符

    C. 在 Windows 7 中,设置为"隐藏"属性的文件有可能是可见的

    D. 在 Windows 7 中,具有"只读"属性的文件不可以删除

20. 发送文件到 U 盘,实质上是 　　　　　　　　　　　　　　　　　　（　　）

    A. 将文件移到 U 盘　　　　　　　　　　B. 在 U 盘内建立文件的快捷方式

    C. 复制文件到 U 盘　　　　　　　　　　D. 将文件压缩到 U 盘

21. 在"计算机"窗口中要打开"编辑"菜单,可以按住 Alt 键的同时按下 　　（　　）

    A. F　　　　　　　　B. E　　　　　　　　C. V　　　　　　　　D. H

22. 在 Windows 7 中,呈灰色显示的菜单项意味着 　　　　　　　　　　（　　）

    A. 该菜单命令当前不能选用　　　　　　B. 选中该菜单后将弹出对话框

    C. 该菜单命令对应的功能已被破坏　　　D. 该菜单正在使用

23. 要把选定的文件剪切到剪贴板中,可以按_____组合键。 　　　　（　　）

    A. Ctrl+X　　　　　B. Ctrl+Z　　　　　C. Ctrl+V　　　　　D. Ctrl+C

24. 在 Windows 7 中,下列正确的文件名是 　　　　　　　　　　　　　（　　）

    A. Myp/r_gr.txt　　　　　　　　　　　B. 计算机试卷.txt.docx

    C. B<>dgckkk.com　　　　　　　　　　D. F? ttikk.docx

25. 在 Windows 7 中,为保护文件不被修改,可将它的属性设置为 　　　（　　）

    A. 只读　　　　　　B. 存档　　　　　　C. 系统　　　　　　D. 隐藏

26. 在 Windows 7 中,右击文件选择"属性"命令,在弹出的对话框中看不到文件的（　　）

    A. 创建时间　　　　B. 位置　　　　　　C. 大小　　　　　　D. 文件内容

27. 下面关闭"资源管理器"窗口的方法中,错误的是 　　　　　　　　　（　　）

    A. 双击"资源管理器"窗口的标题栏

    B. 单击标题栏控制菜单图标,再单击下拉菜单中的"关闭"命令

    C. 双击"资源管理器"窗口标题栏上的控制菜单图标

    D. 单击"资源管理器"窗口标题栏上的"关闭"按钮

28. 使用计算机时,正确的开机顺序是 　　　　　　　　　　　　　　　（　　）

    A. 先开主机,再开显示器,打印机

    B. 先开显示器、打印机,再开主机

    C. 先开显示器,再开主机,然后再开打印机

    D. 先开打印机,再开主机,然后开显示器

29. Windows 7 中要复制文件(夹)的路径,应在按住_____键同时,右击该文件(夹),在快捷菜单中选择"复制为路径"命令。 　　　　　　　　　　　　　　（　　）

    A. Alt　　　　　　　B. Ctrl　　　　　　C. Shift　　　　　　D. Tab

30. 对选定文件(夹)进行重命名时,可以按_____快捷键。 （　　）

    A. Alt   B. Shift   C. F2   D. F8

31. 下列不是压缩文件的是 （　　）

    A. 梦.rar   B. 梦.ini   C. 梦.cab   D. 梦.zip

32. 使用_____可以重新安排文件在磁盘中的存储位置,将文件的存储位置整理到一起,同时合并可用空间,实现提高运行速度的目的。 （　　）

    A. 格式化   B. 磁盘清理程序

    C. 磁盘碎片整理程序   D. 磁盘查错

33. 以下说法错误的是 （　　）

    A. 多个用户使用同一台计算机时,通过设置账户,可提高计算机的利用率和安全性

    B. 创建一个用户账户之后,还可以更改名称、创建密码、设置图片和账户类型

    C. Ghost 软件是一款常用的压缩软件

    D. 为了避免文件和文件夹丢失或被破坏,可以对重要文件和文件夹进行备份

34. 在文档录入过程中,需要切换"半角/全角"模式,其键盘快捷键是 （　　）

    A. Alt＋Space   B. Shift＋Space   C. Ctrl＋Esc   D. Ctrl＋A

35. 在 Windows 7 中,对"粘贴"操作错误的描述是 （　　）

    A. "粘贴"是将剪贴板的内容复制到指定位置

    B. "粘贴"是将剪贴板的内容移动到指定位置

    C. 只有经过"剪切"或"复制"操作后,才能"粘贴"

    D. 当剪贴板中有多项内容时,可以一次性完成"粘贴"多项内容

三、不定项选择题(本大题共 10 小题,每小题 3 分,共 30 分)

36. 在"资源管理器"窗口中,利用"工具"菜单中的命令可以完成的任务有 （　　）

    A. 改变文件或文件夹的属性   B. 显示隐藏的文件或文件夹

    C. 显示已知类型的文件扩展名   D. 更改文件或文件夹的视图方式

37. 用户在 Windows 7 桌面上创建的图标,可以进行的操作有 （　　）

    A. 排列图标   B. 移动图标   C. 更改图标   D. 删除图标

38. 关闭窗口时有哪几种方式 （　　）

    A. 双击窗口标题栏最左侧的控制菜单按钮

    B. 使用快捷键 Alt＋F4,关闭当前窗口

    C. 单击控制菜单按钮,在弹出的快捷菜单中选择"关闭"命令

    D. 在标题栏的中间双击左键

39. 以下属于操作系统的有 （　　）

    A. UNIX   B. Windows   C. Photoshop   D. Android

40. 以下可以关闭 Windows 窗口的操作有 （　　）

    A. 单击"关闭"按钮   B. Alt＋F4

    C. 右击标题栏选择"关闭"命令   D. 双击"控制菜单按钮"

41. 以下属于常见的图像文件类型的有 （　　）

    A. .txt   B. .jpg   C. .bmp   D. .exe

42. Windows 7 中的账户类型有 （　　）

    A. 来宾账户   B. 标准账户   C. 管理员账户   D. 高级用户账户

43. Windows 7 资源管理器库中默认的对象有 （　　）

    A. 视频   B. 文档   C. 图片   D. 下载

44. 磁盘清理程序可以帮助清理系统中不必要的文件,释放硬盘空间。磁盘清理能够清理的
文件包括 （　　）

    A. Internet 临时文件   B. 已下载的程序文件

    C. 删除临时文件   D. 清空回收站

45. 下列关于 Windows 的叙述中,正确的是 （　　）

    A. 删除文件夹时,将同时删除该文件夹下所有文件及子文件夹

    B. 设置文件夹属性时,可以将属性应用于其包含的所有文件和子文件夹

    C. 删除桌面上应用程序快捷图标时,将一同删除所对应的应用程序文件

    D. 双击某类扩展名的文件,操作系统可启动相关的应用程序

四、填空题(本大题共 15 空,每空 2 分,共 30 分)

46. Windows 7 为"开始"菜单和任务栏引入了_____,以列出最近或经常打开的
项目(如文件、文件夹、网站)。

47. 在"开始"菜单中右击"腾讯 QQ",在弹出快捷菜单中单击_____命令,可在
"开始"菜单中添加"腾讯 QQ 程序"。

48. Windows 7 的对话框中,可供用户对互斥类信息进行选择的按钮称为_____。

49. 右击"D:\迅雷下载"文件夹,在弹出的快捷菜单中选择_____→"音乐",即
可将该文件夹添加到"音乐"库中。

50. 要查找某个特定文件夹或库中的文件,为缩小搜索范围,可以在搜索时添加_____。

51. 若选中"管理文件.pptx"文件,地址栏显示为 `计算机 ▸ 娱乐(F:) ▸ 计算机教学 ▸ 教案 ▸`,则该文件
的完整路径可表示为_____。

52. 用户可以利用 Windows 系统提供的_____直观查看本地的所有资源。

53. 在"记事本"窗口进行了两次剪切操作,第一次剪切了文本"管理文件",第二次剪切了文
本"Photoshop",则剪贴板中的内容为_____。

54. Windows 7 的控制面板分类视图中有八大类别,其中_____用于更改用户账户设置和
密码,并设置家长控制等。

55. 在 Windows 7 系统中,文件的类型可以根据文件的_____来识别。

56. Windows 7 桌面上唯一不能删除的图标是_____。

57. 计算机中的其他软件都在_____的管理和支持下运行。

58. 在 Windows 7 系统中,使用组合键_____可以实现 3D 窗口切换。

59. 在 Windows 7 资源管理收藏夹中有桌面、_____和最近访问的位置三项内容。

60. "存档"是文件或文件夹的默认属性,但在_____文件系统中不显示文件或文件夹的"存档"属性。

五、简答题(本大题共 2 小题,每小题 4 分,共 8 分)

61. 简述文件、文件夹与文件路径的概念。

62. 怎样才能有效避免计算机病毒的危害?

六、模拟操作题(本大题共 3 小题,每小题 9 分,共 27 分)

63. 写出下列文件与文件夹操作的步骤:在 D 盘根目录下新建一个名为"经典古诗文"的文件夹;在该文件夹下新建一个名为"滕王阁序"的文本文档;将"滕王阁序"文本文档设置为"隐藏"属性。

64. Windows 7 中默认隐藏已知类型的文件扩展名,请描述将"D:\练习\word\第二章测试卷.txt"文件重命名为"D:\练习\word\第二章测试卷.docx"。

65. 试创建一个名为"user"的账户,账户类型为"标准账户",并为其设定密码。

第三章　因特网(Internet)应用

(1)了解因特网的基本概念及提供的服务;了解因特网的常用接入方式及相关设备。

(2)了解 TCP/IP 协议在网络中的作用;了解 IP 地址和域名地址的概念,学会配置 TCP/IP 协议的参数。

(3)学会使用浏览器浏览网页;掌握网页内容的存储、下载方法。

(4)学会使用搜索引擎;掌握配置浏览器的常用参数。

(5)了解电子邮件的基本概念和特点;熟练进行免费电子邮箱的注册与使用。

(6)了解 Microsoft Outlook 等邮件客户端软件,并会使用。

(7)掌握即时通信软件 QQ 的安装与使用;学会开通与使用微博等网络空间。

(8)学会使用常用的网络服务,如网上存储数据、网上求职或购物。

第一节　连接 Internet

▶知识框架

因特网的基本概念

因特网的常用接入方式及相关设备

连接 Internet — IP 地址和域名的概念,配置 TCP/IP 协议参数

4G、5G 与移动互联网

物联网技术和 Wi-Fi 技术

▶知识要点

一、因特网的基本概念

1. 因特网的概念

因特网(Internet),又称为国际互联网。它是一组全球信息资源的总汇,是符合 TCP/IP 协议的多个网络组成的一个覆盖全球的网络。

2. 因特网的主要服务功能

①搜索资料(信息查询 WWW);②下载或上传图文、音像文件(文件传输 FTP);③收发电子邮件(E-mail);④远程控制(Telnet);⑤即时通信;⑥电子公告板(BBS)等。

二、因特网的常用接入方式及相关设备

1. 窄带接入(电话拨号接入)

"电话拨号接入"是早期接入因特网的主要方式,是指将已有的电话线路,通过安装在计算机上的 modem(调制解调器,俗称"猫"),拨号连接到互联网服务提供商(ISP)从而享受互联网服务的一种上网接入方式。

主要(必要)设备:电话线、调制解调器(modem)、双绞线、电脑。

其他(可增减)设备:话音分离器、电话机。

2. 宽带接入(ADSL 接入或小区宽带)

ADSL 接入:ADSL 是英文 asymmetrical digital subscriber loop(非对称数字用户环路)的缩写,ADSL 技术是运行在原有普通电话线上的一种新的高速宽带技术,它利用现有的一对电话铜线,为用户提供上行、下行非对称的传输速率(带宽)。非对称主要体现在上行速率和下行速率的非对称上。上行(从用户到网络)为低速的传输,最高可达 640 kbps;下行(从网络到用户)为高速传输,最高可达 8 Mbps。

主要设备:电话线、ADSL 调制解调器(ADSL modem)、双绞线、电脑。

小区宽带:小区宽带一般指的是光纤到小区,整个小区共享这根光纤,在用的人不多的时候,速度非常快,理论上最快可达 100 M,但到高峰时,速度就会有一定的影响。理论上小区宽带要比 ADSL 入网速度快,实际上并不绝对,一般是由前端流量控制设备动态分配带宽。

主要设备:光纤、光调制解调器(光猫)、双绞线、电脑。

3. 光纤入户

光纤入户指宽带通信系统基于光纤电缆并采用光电子将电话、宽带互联网和电视等通信服务传送给家庭或企业。实现 Internet 宽带接入、有线电视广播(CATV)接入和电话(含 IP 电话)三网合一。

主要设备:光纤、光调制解调器(光猫)、路由器、双绞线、电脑。

4. 无线上网

无线上网是指使用无线连接的互联网接入方式,它使用无线电波作为数据传送的媒介,移动便捷,特别适合使用笔记本电脑、平板电脑和手机等移动终端的用户。

主要设备:各种无线网络信号发射器[如无线 AP(接入点)等]、无线移动终端设备(笔记本电脑、平板电脑和手机等)。

5. Internet 的发展

(1)Internet 起源于美国国防部建立的 ARPAnet(阿帕网),其采用的协议也沿用了 ARPAnet 的 TCP/IP 协议。

(2)Internet(ARPAnet)的主导思想:网络必须能够经受住故障的考验而维持正常的工作,一旦发生战争,当网络的某一部分因遭受攻击失去工作能力时,网络的其他部分应能维持正常工作。

(3)Internet(ARPAnet)的五大特点:①支持资源共享;②采用分布式控制技术;③采用分组交换技术;④使用通信控制处理机;⑤采用分层的网络通信协议。

三、IP 地址和域名的概念,配置 TCP/IP 协议参数

1. 设置 IP 地址

(1)IP 地址的概念:在计算机网络中每一台计算机拥有的独一无二的数字标识。

(2)IP 地址的协议版本有:IPv4 和 IPv6。

(3)IP 地址的构成:IP 地址是网络资源的标识符,用二进制数字来表示,长度有 32 位与 128 位之分。IPv4 地址用 32 位二进制数表示,分为 4 段,每段 8 位,每段对应的十进制数范围为 0~255,段与段之间用句点隔开,如 192.168.10.1。IPv6 的地址长度为 128 位,是 IPv4 地址长度的 4 倍。

(4)IP 地址的分配方式:动态分配和静态分配。其中动态地址是不固定的,可能每次都会改变;静态地址为固定分配给用户的,是不会改变的。

(5)IP 地址的特点:数字标识唯一,不易记忆和使用。

(6)在"网络连接"窗口中配置 TCP/IP 协议参数:

步骤:①在"本地连接"对话框中单击"属性"按钮;②单击"Internet 协议版本 4";③单击"属性"按钮;④输入 IP 地址;⑤输入 DNS 服务器地址;⑥单击"确定"按钮。

2. 域名管理系统(DNS)

DNS 是由网络信息中心(NIC)提出的一种向 Internet 用户提供直观主机标识符的层次型名字管理机制。一个域名通常由几个表示不同地域范围或行业范围的子域名组成,中间用"."分隔,一般格式为:计算机名.机构名.二级域名.顶级域名。

(1)DNS 的功能:将域名解析为 IP 地址,同样也可以将 IP 地址转化为域名。

(2)域名不是网址。一个域名需要在其前面加上一个具有一定标识意义的字符串,才构成一个网址。如:腾讯的网址 www.qq.com,其中 www 标识着服务器是 Web 服务器,而 qq.com 则是域名。

(3)域名地址与 IP 地址的对应关系:一(多)对一关系。即一个(多个)域名地址对应一个 IP 地址。

目前,在互联网上的域名体系中共有三类顶级域名,常见的顶级域名如表 3-1 所示。

表 3-1　顶级域名的代码及含义

域名类别	域名代码	含义	备注
地理(国别)顶级域名	.cn	中国	
	.jp	日本	
	.uk	英国	
	.us	美国	
类别机构顶级域名	.com	商业机构(公司)	只有这 3 个类别顶级域名是供全球使用的
	.net	网络机构	
	.org	组织机构	
	.edu	教育机构	
	.gov	政府机构	
	.mil	军事机构	
个性化域名(新顶级域名)	.aero	航空业	
	.info	信息行业	
	.biz	商业	
	.name	个人	

四、4G、5G 与移动互联网

1. 4G 或 5G 是指第四代或第五代移动通信技术(使用该技术的手机称为 4G/5G 手机)。

2. 移动互联网:由 4G 或 5G 技术与计算机网络融合构成。移动互联网的核心技术是宽带 IP 技术。

五、物联网技术和 Wi-Fi 技术

1. 物联网技术

移动互联网利用了 RFID 技术(射频自动识别技术)构建了物联网,实现物品的自动识别和信息的互联与共享。

2. Wi-Fi 技术

Wi-Fi 技术与蓝牙技术一样,同属于在办公室和家庭中使用的短距离无线技术,通过无线电波联网。

▶ 典型例题

【例1】 (2018 年真题)光纤接入是目前大中城市较普及的一种宽带接入方式。

(A　B)(对的选 A,错的选 B)

【答案】 A

【解析】 目前计算机互联网的宽带接入方式主要有 ADSL 接入、光纤接入等,在大中城市中主要采用光纤入户方式。随着我国通信网络加速建设,目前,在我国大多数农村地区也已使用光纤接入方式接入 Internet。

【例2】 (2018 年真题)下列 IP 地址不合法的是 (　　)

A. 258.232.166.30　　　　　　　　　　B. 192.168.3.10

C. 10.8.2.122　　　　　　　　　　　　D. 233.253.29.45

【答案】 A

【解析】 目前使用的 IPv4 地址主要由 32 位二进制数组成,平均分成 4 段,每段 8 位,组与组之间用"."分隔,通常每组用一个 0~255 之间的十进制数表示。根据此规则,258 超出了 0~255 范围。

【例3】 (2020 年真题)IPv4 中的每个 IP 地址都是由_____组 0~255 的数字组成。

【答案】 4

【解析】 目前使用的 IPv4 地址主要由 32 位二进制数组成,平均分成 4 段,每段 8 位,组与组之间用"."分隔,通常每组用一个 0~255 之间的十进制数表示。

【例4】 (2021 年真题)入网的每台主机都有类似于下列结构的域名:计算机名.机构名.二级域名._____。

【答案】 顶级域名

【解析】 域名地址一般格式为:计算机名.机构名.二级域名.顶级域名。

【例5】 (2021 年真题)物联网可分为感知层、物理层和应用层。

(A　B)(对的选 A,错的选 B)

【答案】 B

【解析】 物联网可分为感知层、网络层和应用层。

第二节　获取网络信息

获取网络信息 ⎰ 浏览网页信息
　　　　　　 ⎨ 设置浏览器
　　　　　　 ⎱ 搜索和下载网上资源

▶知识要点

一、浏览网页信息

1. 网页的概念

网页是网站的基本信息单位,通常一个网站由包含众多不同内容的网页组成。网页一般由文字、图片、声音、动画等多媒体内容构成。

网页是一个包含 HTML 标签的纯文本文件,它可以存放在世界某个角落的某一台计算机中,是万维网中的一"页",是超文本标记语言格式(文件扩展名通常为.html 或.htm)。

2. 浏览器

(1)常见浏览器:谷歌(Google Chrome)浏览器、火狐(Mozilla Firefox)浏览器、Safari(由苹果公司开发的)浏览器、Opera(挪威 Opera Software ASA 公司制作的)浏览器,还有国内的 QQ 浏览器、360 浏览器、2345 浏览器、搜狗浏览器、百度浏览器等。

(2)启动浏览器的方法。

方法一:双击桌面上的快捷方式图标。

方法二:单击快速启动栏中的图标。

3. 万维网(WWW)

WWW 是 World Wide Web 的缩写,中文名称是万维网,也称为 Web、3W 等。

4. 浏览器界面组成

通常浏览器由标题栏、地址栏、菜单栏、选项卡等几部分组成。

注:不同的浏览器界面大同小异。

5. 网址(URL)

网址也称为 URL(统一资源定位符),通常由三部分组成:所使用的传输协议、主机域名、访问资源的路径和名称。例:http://news.sina.com.cn/c/xl/kumy.html,其中"http://"表示所使用的协议是超文本传输协议,"news.sina.com.cn"是主机域名,"/c/xl/kumy.html"是资源的路径和名称。

6. 保存网页

步骤:①启动浏览器,打开相应的网页,单击菜单"文件",单击"另存为"命令。②设置网页保存位置、输入网页文件保存名称。③单击"保存"按钮。

注:网页文件的保存类型有:网页、Web 档案、Web 页、文本文件等 4 种。

7. 保存网页中的图片

步骤:①启动浏览器,打开相应的网页,右击网页中相应的图片,在弹出的快捷菜单中单击"图片另存为"命令。②设置图片保存位置、输入图片文件保存名称。③单击"保存"按钮。

8. 收藏网页

步骤:①单击菜单"收藏夹"中的"添加到收藏夹"命令。②输入收藏网页名称,设置收藏网页的位置。③单击"添加"按钮。

二、设置浏览器

设置浏览器参数:

(1)设置主页。

(2)设置和查看历史记录。

(3)安全等级设置。

三、搜索和下载网上资源

1. 使用搜索引擎的方法

(1)搜索引擎的概念和功能:搜索引擎是一个为用户提供信息"检索"服务的网站。其功能是通过程序把网上的所有信息归类,以帮助人们搜寻到所需要的信息。

(2)常见的搜索引擎:百度(Baidu)、谷歌(Google)、雅虎(Yahoo)、搜狗(Sogou)等。

(3)常用的检索方法:关键词检索和分类目录检索。其他新的检索方法:语音搜索和图像搜索。

2. 常见的网络协议:TCP/IP 协议、HTTP 协议

(1)协议的概念:协议是指计算机网络中通信双方必需共同遵守的约定或规则。

(2)TCP/IP 协议组成:由 TCP 协议和 IP 协议两部分组成。其中 TCP 协议又称为传输控制协议,IP 协议又称为网间协议。

(3)HTTP 协议即超文本传输协议,定义了信息如何被格式化、如何被传输以及在各种命令下服务器和浏览器所采取的响应。

▶**典型例题**

【例1】 (2018 年真题)浏览网页时,在浏览器的地址栏中输入的 URL 前面都以"http://"开始,它表示 (   )

　　A. 主机域名　　　　　　　　　　B. 访问资源的路径和名称

　　C. 文件传输协议　　　　　　　　D. 超文本传输协议

【答案】　D

【解析】 URL(统一资源定位符)即网址,通常由三部分组成:所使用的传输协议、主机域名、访问资源路径和名称。在这里"http://"表示所使用的传输协议为"超文本传输协议"。

【例2】 (2019年真题)在浏览器中可进行的操作有　　　　　　　　　　　　(　　)

　　A. 设置主页　　　　B. 制作网页　　　　C. 保存网页　　　　D. 下载网页

【答案】 ACD

【解析】 在浏览器中可以浏览网页,保存网页或另存到本地磁盘(即下载网页),收藏网址,设置主页地址、历史访问记录、安全级别等操作,但不能制作网页。

【例3】 (2020年真题)下列选项中的 URL 写法正确的是　　　　　　　　　　(　　)

　　A. http:/www.baidu.com　　　　　　　　B. http../www.baidu.com

　　C. http/www.baidu.com　　　　　　　　D. http://www.baidu.com

【答案】 D

【解析】 URL 地址的构成一般由三部分组成,即所使用的传输协议、主机域名、访问资源路径和名称。其中所使用的传输协议后一般跟"://"。

【例4】 (2020年真题)TCP/IP 协议包括了 TCP 协议和 IP 协议,其中 TCP 协议被称为

　　　　　　　　　　　　　　　　　　　　　　　　　　　　　　　　　　(　　)

　　A. 网际互联协议　　　　　　　　　　B. 传输控制协议

　　C. 文件传输协议　　　　　　　　　　D. 邮件接收协议

【答案】 B

【解析】 TCP/IP 协议由 TCP 协议和 IP 协议两部分组成。其中 TCP 协议又称为传输控制协议,IP 协议又称为网间协议。

【例5】 (2019年真题)TCP/IP 协议簇中的"HTTP"是文件传输协议。

　　　　　　　　　　　　　　　　　　　　　　(A　B)(对的选 A,错的选 B)

【答案】 B

【解析】 "HTTP"表示的是"超文本传输协议",文件传输协议的英文缩写是"FTP"。

第三节　收发电子邮件

▶知识框架

```
                        ┌─ 电子邮件的概念和特点
                        │
        收发电子邮件 ────┼─ 申请和使用免费邮箱
                        │
                        └─ 使用客户端邮件工具
```

▶知识要点

一、电子邮件的概念和特点

1. 电子邮件的概念、内容组成

电子邮件(E-mail)是一种通过 Internet 进行信息交换的通信方式。电子邮件的内容可以是文字、图像、声音、视频等各种形式。

2. 电子邮件的特点

使用简单、投递迅速、收费低廉(或免费)、易于保存、全球畅通无阻。

二、申请和使用免费邮箱

1. 网络查找,选择网站

利用搜索引擎,如在"百度"中输入要查找的内容"免费邮箱",提供免费邮箱的网站很多,常见的免费邮箱有:mail.163.com 或 mail.126.com(网易)、mail.sina.com.cn(新浪)、mail.qq.com(腾讯)等。

2. 邮箱注册

在 163 网易免费邮页面单击"注册"按钮进行注册,在用户名框中创建邮箱地址,填写自己的用户名,如 JXSXS2021,网站会自动判断输入的用户名是否可用,用户名在该网站中必须是唯一的;然后填写密码等信息,勾选"同意'服务条款'和'隐私权相关政策'",至此注册成功。

电子邮件地址构成:用户名@邮件服务器主机域名,用户名包含 A~Z(不区分大小写)、0~9、下划线等字符,目前一般不能用中文和其他符号。例如:ahh2021@163.com。

3. 邮箱的使用

(1)在浏览器中输入网站地址:http://mail.163.com,在出现的页面中填写用户名和密码,进入邮箱页面。

(2)发送邮件步骤:发送方登录本人的邮箱,在收件人一栏输入收件人邮箱地址,主题一栏输入主题内容,单击"添加附件",上传附件文件,输入邮件正文内容,再单击"发送"按钮。

三、使用客户端邮件工具

1. 电子邮件系统的工作过程

电子邮件系统遵循客户-服务器模式。发送方使用电子邮件传输协议(SMTP),将编辑好的电子邮件向邮局服务器(SMTP 服务器)发送;邮局服务器通过邮局协议(POP3)识别接收方的地址,并向管理该地址的邮件服务器(POP3 服务器)发送消息,邮件服务器将消息存放在接收方的电子信箱内,并告知接收方有新的邮件到来。接收方通过邮件客户端程序连接到服务器后,就会看到服务器的通知,进而打开自己的电子信箱查收邮件。

2. 邮件的收发方式

一是通过浏览器访问邮件服务器所在的网站进行收发;二是使用个人邮件收发工具进行收发。两种收发方式的特点如表 3-2 所示。

表 3-2　两种收发方式的特点

功能	邮件服务器网站	个人邮件工具
收发邮件	在线时间长	在线时间短
邮件阅读	可在任何一台已上网计算机上阅读	只能在设置了自己账户的计算机上阅读

▶典型例题

【例 1】 (2018 年真题)Foxmail 是 Windows 操作系统自带的收、发、写和管理电子邮件的软件。　　　　　　　　　　　　　　　　　　(A　B)(对的选 A,错的选 B)

【答案】 B

【解析】 Foxmail 是一款国产个人邮件收发工具软件,不是 Windows 系统自带的。

【例 2】 (2018 年真题)用户名为 jxks,Internet 邮件服务器的域名为 163.com,则该用户的邮箱地址为 163.com@jxks。　　　　　　　　　(A　B)(对的选 A,错的选 B)

【答案】 B

【解析】 电子邮件地址的正确格式是:用户名@邮箱服务器主机域名,所以该用户的邮箱地址应该为 jxks@163.com。

【例 3】 (2018 年真题)电子邮件服务器会不停地重新发送失败的电子邮件。

(A　B)(对的选 A,错的选 B)

【答案】 B

【解析】 电子邮件发送失败后不会自动重复发送,用户需根据情况核实发送失败的原因并解决后再重新发送。一般发送失败的原因有:①接收方的服务器超时;②发送服务器(SMTP)的故障;③邮箱地址错误或不存在;④电子邮件过大等。

【例 4】 (2019 年真题)_____协议称为简单邮件传输协议。

【答案】 SMTP

【解析】 电子邮件收发双方主要用到的两个协议:一个是发送方使用的电子邮件传输

协议(SMTP),也叫简单邮件传输协议,其英文全称是"simple mail transfer protocol";另一个是接收方使用的邮局协议(POP3),其英文全称是"post office protocol"。

<h1 style="text-align:center">第四节　使用网络服务</h1>

▶知识框架

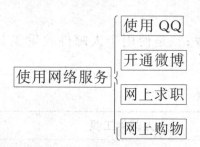

使用网络服务 { 使用 QQ
开通微博
网上求职
网上购物 }

▶知识要点

一、使用 QQ

1. 即时通信软件的概念

即时通信软件是一种能跟踪网络用户在线状态并允许用户双向实时沟通的交流软件。

2. 常见的即时通信软件

(1)QQ 软件:QQ 是腾讯公司开发的基于 Internet 的即时通信软件,它可以实现在线聊天、传输文件、音视频对话等多种功能。同时还具有 QQ 群、QQ 空间、QQ 邮箱等常用功能。

(2)微信:微信(WeChat)是腾讯公司于 2011 年 1 月 21 日推出的一个为智能终端提供即时通信服务的免费应用程序。微信支持跨通信运营商、跨操作系统平台通过网络快速发送免费(需消耗少量网络流量)语音短信、视频、图片和文字。

3. 下载安装 QQ

步骤:(1)在浏览器地址栏中输入腾讯网站地址(im.qq.com)并按 Enter 键。

(2)在首页中选择下载 QQ 软件。

(3)在弹出的页面中单击"立即下载"按钮开始下载。

(4)完成 QQ 软件下载后,双击安装程序文件,即可在计算机中安装。

4. 注册(申请)QQ 账号

步骤:(1)启动 QQ 程序后,单击 QQ 登录页面的"注册账号"。

(2)在 QQ 注册页面中按要求进行填写 QQ 昵称、密码等相关信息。

(3)单击"立即注册",申请成功后页面中会弹出一个 QQ 号。

5. 登录 QQ

运行 QQ 程序后,在 QQ 登录页面输入 QQ 号和密码,再单击"登录"即可。

6. QQ 的使用

登录 QQ 后,可以加好友、加群、与好友聊天或群聊、发送文件、开通 QQ 空间、使用 QQ 邮箱等。

二、开通微博

1. 微博的概念与作用

微博客(micro blog)简称微博,是个人面向网络的即时广播,以群聚的方式使用。用户个人看到的、听到的、想到的事情,以 140 字以内的精炼文字更新信息,或发一张图片,通过计算机或手机随时随地与关注者分享、讨论。

粉丝:关心(收听)别人的微博称为别人的"粉丝"。

2. 注册微博

步骤:

(1)打开"新浪"网站 http://www.sina.com.cn。

(2)在首页单击"微博",弹出注册界面。

(3)填写申请好的邮箱用户名和密码,申请开通即可。

三、网上求职

网上求职特点:求职者通过互联网了解企业的职位信息与职位要求,同时又让企业了解自己的相关情况。

一般应做好以下前期准备工作:

(1)寻找合适的网站。

(2)明确求职方向。

(3)撰写特色简历。

(4)撰写有针对性的求职信。

四、网上购物

网上购物是通过互联网检索商品信息,通过电子订购单发出购物请求,然后用信用卡或其他网上支付的方式付款,厂家通过物流渠道发货的方式送货上门。

1. 目前常见的网上购物网站

淘宝网、京东网、当当网、拼多多、亚马逊等。

2. 支付宝

支付宝是淘宝网推出的网上支付工具,它可以在买家确认收到货物之前,替买卖双方暂时保管货款。

3. 网上购物的一般步骤

搜索购买的商品类别→选择商品→立即购买→填写收货地址→确定。

【例1】 (2018年真题)"micro blog"简称为_____。

【答案】 微博

【解析】 "blog"的中文名称是"博客","micro blog"的中文名称是"微博客",简称为"微博"。

【例2】 (2020年真题)关于腾讯QQ的说法,不正确的是　　　　　　　 (　 　)

    A. QQ是一种即时通信软件   B. 用户可以利用QQ进行视频聊天

    C. 接收方不在线不能发送文件   D. QQ群有用户数量限制

【答案】 C

【解析】 QQ可以实现在线聊天、传输文件、音视频对话等多种功能,其中传输文件可以是在线文件传输,也可以是离线文件传输。"离线文件传输"即接收方不在线,发送方也可把文件发给对方,等对方上线后即可接收。

【例3】 _____是由网络公司推出的在线存储服务。它可以向用户提供文件的存储、访问、备份、共享等文件管理功能。

【答案】 网盘

【解析】 网盘是由网络公司推出的在线存储服务。它可以向用户提供文件的存储、访问、备份、共享等文件管理功能。目前国内应用较多的网盘有腾讯微云和百度网盘。

第三章 因特网(Internet)应用课时作业

一、是非选择题(本大题共 15 小题,每小题 1 分,共 15 分。对每小题做出选择,对的选 A,错的选 B)

1. Internet 起源于美国国防部组建的 ARPAnet,当初是为战争需要设计的。　　　　(A　B)

2. Internet 中采用的通信协议是 TCP/IP 协议。　　　　(A　B)

3. 使用 ADSL 上网后就不能接打电话了。　　　　(A　B)

4. 所有接入互联网的计算机都必须有一个唯一的 IP 地址。　　　　(A　B)

5. 域名就是网址。　　　　(A　B)

6. 网络域名不可以用中文名称来命名。　　　　(A　B)

7. 主页是一个网站中最主要的网页。　　　　(A　B)

8. 在浏览器中可以通过安全级别设置提高浏览器的安全性,从而提高系统的安全性。　　(A　B)

9. 计算机一旦关闭,别人就无法给我们发电子邮件了。　　　　(A　B)

10. 目前,电子邮件的内容只能是文本。　　　　(A　B)

11. 没有主题的邮件,不可以发送。　　　　(A　B)

12. QQ 不仅能进行文字聊天,还能进行语音和视频聊天。　　　　(A　B)

13. 互联网中的网盘不可靠,不能将数据上传到网盘中。　　　　(A　B)

14. 可以将自己的照片上传到微博中。　　　　(A　B)

15. 网上求职非常方便,可以随便在任何网站上看到有招聘信息就前往应聘。　　(A　B)

二、单项选择题(本大题共 20 小题,每小题 2 分,共 40 分)

16. Internet 是世界上规模最大的广域网,其中文名称为　　　　(　　)

　　A. 国际互联网　　　　　　　　　　B. 公用计算机互联网

　　C. 国际电信网　　　　　　　　　　D. 公众多媒体通信网

17. 要接入 Internet,必须安装的网络通信协议是　　　　(　　)

　　A. TCP/IP　　　　B. ATM　　　　C. SPX/IPX　　　　D. NetBEUI

18. 在 Internet 服务中,万维网的缩写是 WWW,其英文全称是　　　　(　　)

　　A. World Wide Wait　　　　　　　B. World Web Wide

　　C. World Wide Web　　　　　　　D. Website of World Wide

19. HTML 语言是一种　　　　(　　)

　　A. 大型数据库　　　　　　　　　　B. 通用编程语言

　　C. 超文本标识语言　　　　　　　　D. 网页编译器

20. 目前,Internet 中的 IPv4 地址包含_____位二进制数字位。　　　　(　　)

　　A. 16　　　　B. 32　　　　C. 64　　　　D. 128

21. 下列 IP 地址合法的是　　　　(　　)

　　A. 202;148;180;80　　　　　　　B. 192.10.380.55

　　C. 48.144.150.88　　　　　　　　D. 220.155.15

22. URL 地址的中文含义是 （　　）

    A. 统一资源定位符　　　　　　　　　B. 简单邮件传输协议

    C. Internet 协议　　　　　　　　　　D. 传输控制协议

23. 以下关于域名的说法正确的是 （　　）

    A. 没有域名，主机不能上网　　　　　B. 域名就是网址

    C. 域名可以转化为 IP 地址　　　　　D. 通过域名不可以看出网站的机构类别

24. 下列网络域名，属于政府机构的是 （　　）

    A. .com　　　　　B. .edu　　　　　C. .net　　　　　D. .gov

25. 以下软件不属于浏览器的是 （　　）

    A. 谷歌浏览器　　　B. Firefox　　　C. 360 浏览器　　　D. Java

26. 以下关于 E-mail 的说法正确的是 （　　）

    A. 不能给自己发送 E-mail　　　　　　B. 一封 E-mail 只能发给一个人

    C. 不能将收到的 E-mail 转发给别人　　D. 一封 E-mail 可以同时发给多个人

27. 在 E-mail 中，邮件带有"📎"标记的表示 （　　）

    A. 该邮件带有附件　　　　　　　　　B. 该邮件有较高的优先级

    C. 该邮件有较低的优先级　　　　　　D. 该邮件带有病毒

28. 阅读邮件时如果要将该邮件转发给另一个人，可以单击的按钮是 （　　）

    A. 回复　　　　　B. 回复全部　　　C. 转发　　　　　D. 举报

29. 在浏览网页时，可以按功能键_____刷新网页内容，从而获取网页中最新的信息。（　　）

    A. F1　　　　　B. F2　　　　　C. F5　　　　　D. F8

30. 以下关于搜索引擎的叙述，正确的是 （　　）

    A. 搜索引擎可以离线搜索

    B. 搜索引擎与网站没有关系

    C. 搜索引擎是用户安装在本地计算机上的软件

    D. 搜索引擎是一种给用户提供信息检索服务的网站

31. 衡量网络数据传输速率的单位是每秒传送多个二进制位，表示为 （　　）

    A. bps　　　　　B. OSI　　　　　C. modem　　　　　D. TCP/IP

32. "微博"对应的英文单词是 （　　）

    A. Blog　　　　　B. Micro Blog　　　C. book　　　　　D. Facebook

33. 假设用户名为 user1，邮件服务器的域名是 126.com，则该用户的电子邮箱地址为（　　）

    A. 126.com.user1　　　　　　　　　B. user1@126.com

    C. 126.com@user1　　　　　　　　　D. user1.126.com

34. 在互联网络中的"黑客"是指 （　　）

    A. 总在晚上上网的人　　　　　　　　B. 匿名上网的人

    C. 不花钱上网的人　　　　　　　　　D. 在网上私闯他人计算机系统者

35. 通过网络从自己的计算机向服务器传送文件的过程称为 （　　）

    A. 上传　　　　　　　B. 下载　　　　　　　C. 交换　　　　　　　D. 发送

三、不定项选择题（本大题共 10 小题，每小题 3 分，共 30 分）

36. 计算机网络的功能有 （　　）

    A. 数据传输　　　　　　　　　　　　B. 资源共享

    C. 支持分布式处理　　　　　　　　　D. 提高计算机的可靠性和可用性

37. Internet 的主要服务有 （　　）

    A. FTP 文件传输　　　　　　　　　　B. WWW 信息查询

    C. E-mail 电子邮件　　　　　　　　　D. Telnet 远程登录

38. 接入 Internet 的常见方式有 （　　）

    A. 电话拨号接入　　　　　　　　　　B. ADSL 接入和小区宽带

    C. 光纤接入　　　　　　　　　　　　D. 无线接入

39. 计算机网络的硬件组成主要有 （　　）

    A. 服务器　　　　　B. 工作站　　　　　C. 通信介质　　　　　D. 连接设备

40. Internet 的特点有 （　　）

    A. 支持资源共享　　　　　　　　　　B. 采用分布式控制技术

    C. 采用分组交换技术　　　　　　　　D. 使用通信控制处理机

41. 下列 IP 地址说法，正确的有 （　　）

    A. IP 地址是网络资源的标识符　　　　B. 在互联网中 IP 地址都是唯一的

    C. IP 地址都是固定的　　　　　　　　D. IP 地址可以通过 DNS 转化为域名地址

42. 下列关于"域名"说法正确的是 （　　）

    A. 域名不是网址

    B. 域名.com 代表商业机构

    C. 域名必须在其前面加上一个具有一定标识意义的字符串才构成一个网址

    D. 域名也可以用中文汉字表示

43. 物联网可分为_____等几层。 （　　）

    A. 感知层　　　　　B. 网络层　　　　　C. 传输层　　　　　D. 应用层

44. 下列关于网页说法正确的有 （　　）

    A. 网页是一个网站的基本信息单位

    B. 一般网页由文字、图片、声音、动画等多媒体内容组成

    C. 网页也是一个存放在互联网某一计算机中的文件

    D. 网页不可以存放在本地计算机中

45. URL 地址一般包括以下_____等三个部分。 （　　）

    A. 所使用的传输协议　　　　　　　　B. 主机域名

    C. 访问资源的路径和名称　　　　　　D. 资源类型

四、填空题(本大题共 15 空,每空 2 分,共 30 分)

46. 在计算机网络中,_____是用于提供和管理网络信息资源,方便网络用户共享和使用这些资源的部件。

47. 宽带接入方式中的"ADSL",中文名称为_____。

48. 在互联网中,_____是接入网络中的计算机的唯一数字标识。

49. 4G 指的是_____,4G 技术与计算机网络融合建立了移动互联网。

50. 移动互联网利用_____技术构建了物联网,物联网能够实现物品(商品)的自动识别和信息的互联与共享。

51. _____实际上是将经常访问的网址用相应名称保存到收藏夹中,以便实现后续访问同一网站时不必每次都输入网址,只需直接选择网页名称即可。

52. _____的英文缩写是 HTTP,它定义了信息如何被格式化、如何被传输,以及在各种命令下服务器和浏览器所采取的响应。

53. 在互联网中,_____实际上是一个为用户提供信息检索服务的网站。

54. _____是一种能够跟踪网络用户在线状态并允许用户双向实时沟通的交流软件,用户必须下载到本地才能使用,比如 QQ 等软件。

55. 在计算机网络中,通信双方必须共同遵守的约定或规则称为_____。

56. _____是个人面向网络的即时广播,以群聚的方式使用。

57. 计算机网络按覆盖范围大小分类可分为_____、城域网和广域网。

58. 计算机网络通信介质可分为有线介质和无线介质,其中有线介质有_____、同轴电缆和光纤等。

59. 电子邮箱地址的构成一般为_____@主机域名。

60. 关注别人的博客或微博的人称为别人的_____。

五、简答题(本大题共 2 小题,每小题 4 分,共 8 分)

61. 为什么 IPv4 地址每一段的取值范围均为 0～255?

62. 简述计算机网络系统的组成。

六、模拟操作题(本大题共 3 小题,每小题 9 分,共 27 分)

63. 如何正确配置 IP 地址? 写出操作步骤。

64. 在 Internet 中,要将"清华大学"的网址设置为主页地址,写出操作步骤。

65. 有一网易 163 邮箱用户的用户名为 jxjsjks,他现在要将 D 盘 pic 文件夹中的 car.jpg 图片
    文件以附件形式发给 QQ 号为 654321 的邮箱用户,写出操作步骤。

第四章　文字处理软件(Word)应用

(1)Word 入门。

①了解 Word 窗口界面的结构及名称。

②掌握文档的创建、保存、打开、退出等。

③掌握编辑文档的基本操作。

(2)格式化文档。

①掌握文档的字符格式设置(字体、字号、字形、颜色及其他效果等)。

②掌握文档的段落格式设置(对齐方式、缩进格式、行距等)。

③了解套用样式功能,保持格式统一和快捷设置。

(3)设置页面与输出打印。

①掌握文档的页面格式、页眉和页脚设置。

②掌握文档的分栏格式设置。

③掌握插入分隔符、页码、符号等。

④了解用不同的视图方式浏览文档。

⑤掌握打印参数的设置并打印文档。

(4)制作 Word 表格。

①掌握在文档中插入和编辑表格。

②掌握表格的格式设置。

(5)图文表混合排版。

①掌握在文档中插入并编辑图片、艺术字、剪贴画、文本框等的方法。

②掌握文档中的图文表混排。

第一节　文字处理软件入门

▶知识框架

文字处理软件入门
- 启动 Word 的方法
- Word 窗口组成
- 创建 Word 文档的方法
- 输入文字
- 保存文档
- 退出文档
- 编辑文档初步
- 剪贴板
- 替换与查找

▶ **知识要点**

一、启动 Word 的方法

方法 1：单击"开始"→"Microsoft Office"→"Microsoft Word 2010"。

方法 2：双击桌面上 Word 的快捷方式。

方法 3：双击打开已有的 Word 文档，同时启动 Word 软件。

方法 4：单击"开始"→"运行"，输入"winword.exe"，按 Enter 键。

二、Word 窗口组成（如图 4-1 所示）

（1）"快速访问工具栏"默认有保存、撤销、恢复、自定义快速访问工具栏等四个按钮。单击"快速访问"工具栏上的"自定义快速访问工具栏"，在下拉列表中可以选择要显示或隐藏的工具。

右击功能区中的按钮，选择"添加到快速访问工具栏"可以将按钮添加到"快速访问工具栏"；右击"快速访问工具栏"中的按钮可以将该按钮从"快速访问工具栏"中删除。

（2）启动 Word 2010 后有 8 个选项卡：文件、开始、插入、页面布局、引用、邮件、审阅、视图。

（3）单击"功能区最小化"按钮可以将功能区最小化或展开功能区。右击功能区，在快捷菜单中选择"功能区最小化"命令，将隐藏功能区。功能区最小化后，单击选项卡可以调出功能区。

（4）单击垂直标尺上方的"制表符"按钮更改制表符类型，制表符有 5 种：左对齐式制表符、居中式制表符、右对齐式制表符、小数点对齐式制表符、竖线对齐式制表符。

在水平标尺上单击会生成相应类型的制表符，按住鼠标左键将制表符拖离标尺可以删除制表符。

（5）单击垂直滚动条上方的"标尺"按钮会显示或隐藏标尺。水平标尺的作用有：

①标尺上的数字表示默认情况下每行的字符数。

②设置首行缩进、段落左缩进、悬挂缩进、段落右缩进。

③设置制表位。

④调整表格宽度。

⑤测量和对齐文档中的对象。

⑥快速调整页边距。

（6）窗口最下方是状态栏，状态栏上显示页数、总页数、视图按钮、显示比例等信息。右击状态栏，在快捷菜单中可以选择要显示或隐藏的信息。

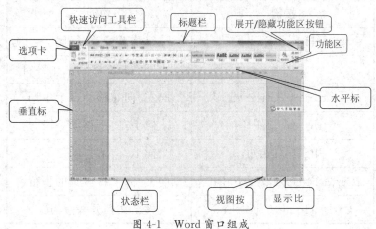

图 4-1　Word 窗口组成

三、创建 Word 文档的方法

方法一：启动 Word 同时创建名为"文档 1.docx"的空白文档。

方法二：按快捷键 Ctrl＋N 创建空白文档。

方法三：单击"快速访问工具栏"中的"新建"按钮创建空白文档。

方法四：单击"文件"→"新建"命令，可以根据不同的模板创建文档，空白文档也是一种模板。

方法五：单击"开始"→"运行"，输入"winword.exe"，按 Enter 键。

操作提示：

方法一、方法二和方法三新建的是空白文档，方法四是根据不同的模板创建文档。

四、输入文字

(1)Word 编辑区有一个闪烁的光标称为插入点，文字从插入点开始，输入到行尾时，插入点将自动转到下一行。若要另起一行或插入一行空行时，按 Enter 键即可。每次按 Enter 键时会产生一个段落标记。

(2)要插入键盘上没有的特殊符号时，单击"插入"功能区"符号"组中的"其他符号"命令，在打开的对话框中选择符号，单击"插入"按钮。如图 4-2 所示。

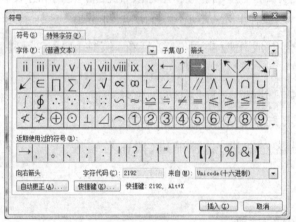

图 4-2　符号对话框

(3)改变插入点的位置可以用鼠标单击，也可以用键盘按键(如表 4-1 所示)。

表 4-1　使用键盘改变插入点位置

按键	功能
Home/End	移至行首/行尾
↑/↓/←/→	上、下、左、右移动一个字符
Ctrl＋←/Ctrl＋→	向左/向右移动一个单词
Ctrl＋↑/Ctrl＋↓	向上/向下移动一段
PgUp/PgDn	向上/向下移动一屏
Ctrl＋PgUp/Ctrl＋PgDn	向上/向下移至页的顶行
Ctrl＋Home/Ctrl＋End	移至文档开头/结尾

五、保存文档

方法一:按快捷键"Ctrl+S"。

方法二:单击"快速访问工具栏"中的"保存"按钮。

方法三:单击"文件"→"保存"命令。

方法四:单击"文件"→"另存为"命令。

操作提示:

(1)"保存"和"另存为"的区别:第一次使用"保存"时会打开"另存为"对话框,以后再"保存"时以原来的文件名和路径保存;每次使用"另存为"时都会打开"另存为"对话框,可以修改文件名和路径。

(2)对打开的文档进行"另存为"后,原文件被关闭,"另存为"后的文件被打开继续编辑。

(3)Word 文档默认保存格式是.docx,除此之外还有.xml(网页)、.txt(文本文件)、.dotx(模板)、.rtf(跨平台)、.pdf(阅读)等。WPS 文字软件保存的文档格式除了和 Office 相同的,还提供了专有格式.wps 和.wpt。

(4)设置自动保存文档:单击"文件"→"选项"打开"Word 选项"对话框,选择"保存",设置自动保存文档的间隔时间,单击"确定"。如图 4-3 所示。

图 4-3　Word 选项对话框

(5)加密文档(设置打开文档密码):单击"文件"→"信息"→"权限"→"保护文档"打开"加密文档"对话框,输入密码后再次确认密码。如图 4-4 所示。

Word 不仅可以设置打开文档密码还可以设置限制编辑密码。

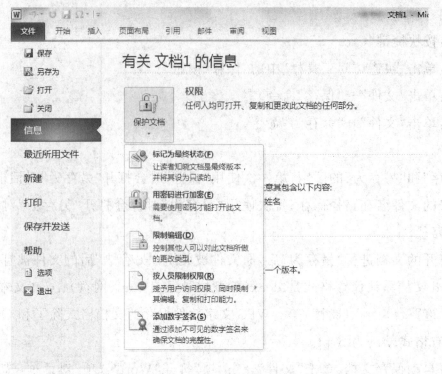

图 4-4 加密文档

六、退出文档

(1)单击窗口右上角的"关闭"按钮或单击"文件"选项卡中的"退出"命令可以退出 Word。

(2)"文件"选项卡中的"退出"命令和"关闭"命令的区别:"退出"会关闭 Word 文档同时退出 Word 程序,"关闭"只关闭 Word 文档而不退出 Word 程序。

七、编辑文档初步

1. 选取操作对象的方法(如表 4-2 所示)

表 4-2 选取操作对象的方法

选取操作	方法
一般选取	将鼠标指针移动到对象前,按住左键拖曳鼠标到对象结尾
选取单词	双击单词
选取一行	在行左侧的选定区(指针形状变为)单击
选取一个段落	在段落左侧的选定区双击,或三击段落中的任意位置
选取句子	按住 Ctrl 键,单击该句的任意位置
选取矩形区域	按住 Alt 键,同时按住左键拖曳鼠标
选取不连续的多个文本块	先选中一个文本块,再按住 Ctrl 键拖动鼠标选中其他的文本块
选定对象	单击对象,如图形、文本框等;使用 Shift 键可以同时选取多个对象
选取全部文档	在文档左侧的选定区三击,或按 Ctrl＋A 快捷键,或单击"开始"功能区→"选择"→"全选"按钮
选取整页文本	先在页的开始处单击,然后按住 Shift 键,再单击页的结尾处
撤销选取的文本	在选定区外的任何地方单击

2. 编辑文档基本操作（如表 4-3 所示）

表 4-3　编辑文档基本操作

操作方式	说明	操作方法
移动	将对象从文档一处移到另一处，原来位置不再保留该对象	按住鼠标左键将被选取对象拖曳至目标处，然后松开鼠标
剪切	将对象转移到"剪贴板"中，原来位置不再保留该对象	单击"开始"功能区→"剪切"命令，或使用快捷键
复制	将对象转移到"剪贴板"中，原来位置仍然保留该对象	单击"开始"功能区→"复制"命令，或使用快捷键
粘贴	将"剪贴板"中的对象放置在目标处	单击"开始"功能区→"粘贴"命令，或使用快捷键
删除	将对象清除（没有转移到"剪贴板"）	按 Backspace 键删除光标前一个字符；按 Delete 键删除光标后一个字符 选取艺术字、图片、文本框、图形等对象后按 Backspace 键或按 Delete 键直接删除对象 选取表格后按 Backspace 键会将表格及表格内容删除，按 Delete 键只删除表格内容不删除表格

八、剪贴板（如图 4-5 所示）

（1）剪贴板是 Windows 系统用来临时存放交换信息的临时存储区域，该区域不但可以储存文字，还可以存储图像、声音等其他信息。它就像是信息的中转站，可在不同的磁盘或文件夹之间进行文件（或文件夹）的移动或复制，也可在不同的 Windows 程序之间交换数据。剪贴板占用内存空间，关机后数据会丢失。

（2）执行剪切（Ctrl＋X）或复制（Ctrl＋C）操作时，操作对象会存储在"剪贴板"中。执行粘贴（Ctrl＋V）操作时会将剪贴板的对象复制到目标位置。Office 剪贴板可以保留 24 个对象，在复制或剪切第 25 个时会删除第一个对象。

图 4-5　剪贴板

九、替换与查找

1. 查找（Ctrl＋F）（如图 4-6 所示）

单击"开始"功能区"编辑"组"查找"按钮打开"导航"窗格。"导航"窗格有三个选项卡，默认选中第三个"浏览你当前搜索的结果"选项卡。在"搜索文档"文本框输入搜索的文本，会显示搜索的结果。

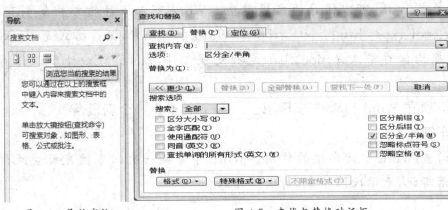

图 4-6　导航窗格　　　　　　　图 4-7　查找与替换对话框

图 4-8　Word 帮助窗格

2. 替换（Ctrl＋H）（如图 4-7 所示）

单击"开始"功能区"编辑"组"替换"按钮打开"查找和替换"对话框。Word 中可以查找和替换字符、格式字符和特殊格式。

查找和替换时还可以设置区分大小写、全字匹配、使用通配符、区分全/半角等。

3. 使用帮助（如图 4-8 所示）

按快捷键 F1 或单击菜单栏中的"帮助"按钮打开"帮助"窗口。在窗口搜索框中输入关键字按 Enter 键后，在搜索结果窗格中显示搜索出的结果。

▶**典型例题**

【例 1】（2018 年真题）Word 中，组合键 Ctrl＋N 的功能是　　　　　　　　（　　）

A. 打开文档　　　　B. 新建文档　　　　C. 打印文档　　　　D. 保存文档

【答案】 B

【解析】 本题主要考查 Word 中常用的组合键。打开文档时 Ctrl＋O，打印文档是 Ctrl＋P，保存文档是 Ctrl＋S。

【例 2】（2018 年真题）　　　　　　软件可以编辑文本文件。　　　　　　　　（　　）

A. WPS　　　　B. Word　　　　C. 记事本　　　　D. WinRAR

【答案】 ABC

【解析】 本题主要考查常用文本编辑软件的种类。WPS 是国产办公软件，功能和微软 Office 类似。Word 是微软 Office 组件之一，记事本是 Windows 自带的纯文本编辑软件，WinRAR 是压缩软件，没有文本文件编辑功能。

【例 3】（2019 年真题）在 Word 中插入"§"，应当使用的对话框是　　　　　（　　）

A. 字体　　　　B. 段落　　　　C. 符号　　　　D. 页面设置

【答案】 C

【解析】 本题主要考查插入特殊符号的方法。特殊符号指键盘上没有的符号。单击"插入"功能区"符号"组"符号"按钮，在列表中选择"其他符号"打开"符号"对话框，选中要插入的符号，单击"插入"按钮。即可插入特殊符号。

【例 4】（2019 年真题）Word 可以保存的文档类型有　　　　　　　　　　　（　　）

A. .bat　　　　B. .doc　　　　C. .html　　　　D. .xls

【答案】 BC

【解析】 本题主要考查 Word 可以保存的文档类型。Word 可以保存的文档类型有：.docx、.docm、.doc、.dotx、.pdf、.xps、.html、.txt、.rtf 等。Word 2010 默认保存格式是.docx，Word 2003 及以前版本默认保存格式是.doc。.bat 是批处理文件，.xls 是 Excel 默认保存格式。

【例 5】（2019 年真题）在 Word 编辑状态下，按　　　　　　键产生一个新段落。

【答案】 Enter（回车键）

【解析】 本题主要考查 Word 中回车键的作用。Word 中每按一次回车键光标会跳到下一行同时产生一个段落标记，表示段落结束，新段落开始。

第二节　格式化文档

▶知识框架

格式化文档
- 字符格式
- 设置字符格式
- 首字下沉和悬挂
- 撤销和恢复
- 设置段落格式
- 样式
- 比较和合并

▶知识要点

一、字符格式

1. 字体

字体就是指字符的形体。Word 提供了很多种字体,常用的中文字体有宋体、仿宋体、楷体、黑体、隶书等,西文字体有 Times New Roman 等。

2. 字号

字号是指字符的大小,常用的有从初号到八号字,初号字比八号字大得多。也可以用"点数"作为字符大小的计量标准。在通常情况下,默认使用的是五号字。

3. 字形

字形是指加于字符的一些属性,如粗体、斜体、下划线、空心字、上标、下标、着重号等,也可以综合使用多种属性。

4. 字符颜色

Word 默认的字符颜色为黑色,也可以把字符设置为红、黄、绿等各种喜欢的颜色。

5. 字符间距

在"字体"对话框中的"高级"选项卡中,可以设置字符的缩放、间距、位置。

6. 文字效果

通过更改文字的填充和边框,或者添加如阴影、映像或发光之类的效果,可以更改文字的外观。

二、设置字符格式

1. 快捷字体工具栏

如图 4-9 所示,选取字符后会弹出"快捷字体工具栏",可以在"快捷字体工具栏"中设置字符格式。

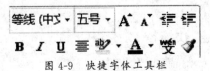

图 4-9　快捷字体工具栏

2."开始"功能区"字体"组

字符格式也可以在"开始"功能区"字体"组进行设置。如图4-10所示。

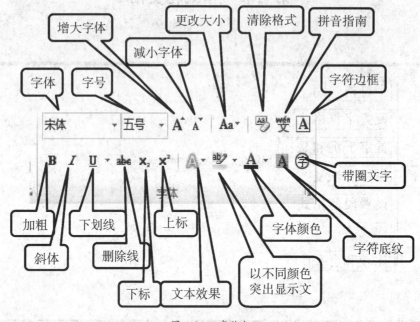

图4-10 字体组

(1)字体。更改选定字符字体,Word提供多种字体,默认的中文字体是宋体。

(2)字号。更改选定字符字号,字符大小有两种表示方法,分别是字号和点数。默认字号是五号。可以在字号列表框中输入点数更改字符大小。

(3)清除格式。对字符进行"清除格式"操作指清除设置好的格式而恢复默认格式。如:字体恢复"宋体",字号恢复"五号"。

(4)拼音指南。给选定字符增加拼音。可以设置对齐方式、偏移量、字体、字号等。如图4-11所示。

图4-11 "拼音指南"对话框

(5)字符边框。给选定字符设置边框。如果要更改边框样式、颜色、宽度则要在"边框和底纹"对话框中进行设置。

(6)加粗。将选定文字加粗,快捷键Ctrl+B。

(7)倾斜。将选定文字设置为倾斜,快捷键Ctrl+I。

(8)下划线。加下划线,快捷键 Ctrl+U。单击右侧的下拉箭头在下拉列表中选择下划线类型和颜色。

(9)删除线。在选定文字中间画一条删除线。

(10)文本效果。对选定文字应用外观效果。包括轮廓、阴影、映像、发光。如图 4-12 所示。

(11)字符颜色。更改选定字符的颜色。默认是黑色,还可以设置渐变色。如图 4-13 所示。

(12)字符底纹。给选定字符设置灰色底纹。如果要更改底纹颜色则要在"边框和底纹"对话框中进行设置。

(13)带圈文字。在字符周围放置圆圈或其他边框加以强调。样式有缩小文字、增大圈号,圈号有圆圈、正方形、正三角形、菱形。如图 4-14 所示。

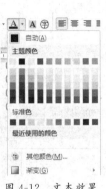

图 4-12　文本效果

图 4-13　字符颜色

图 4-14　"带圈字符"对话框

3. 字体对话框

单击"开始"功能区"字体"组右下角"字体"按钮或右击选定的文本可以打开"字体"对话框。

(1)"字体"对话框有"字体"和"高级"两个选项卡。"字体"选项卡中除了可以设置字体、字形、字号外,还可以设置着重号、双删除线、隐藏等。如图 4-15 所示。

对隐藏的字符默认是不打印的。

单击"设为默认值"按钮可更改字符的默认格式。

图 4-15　"字体"对话框"字体"选项卡

(2)"高级"选项卡可以设置字符缩放、间距、位置等。如图 4-16 所示。

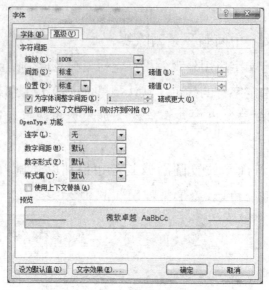

图 4-16 "字体"对话框"高级"选项卡

①当缩放比例大于 100％时，字符变得宽扁，小于 100％时字符变得狭长。

②字符间距有标准、加宽、紧缩。

③位置有标准、提升、降低。

4. 格式刷

(1)格式刷不但可以复制字符格式，还可以复制段落格式。

(2)单击格式刷是复制一次，双击是复制多次。

(3)复制完后再次单击格式刷或按 Esc 键退出使用格式刷。

步骤如下：选取文本，单击格式刷，按住鼠标左键拖曳需要复制格式的文本，拖曳完后松开左键。

三、首字下沉和悬挂

(1)步骤：选取段落首字或在段落中单击，单击"插入"功能区"文本"组"首字下沉"按钮，在下拉列表中选择"悬挂"或"首字下沉"。

(2)若要更改默认参数则单击"首字下沉选项"打开"首字下沉"对话框。如图 4-17 所示。

图 4-17 "首字下沉"对话框

可在对话框中设置字体、下沉行数、距正文等参数，文本框或表格中不能设置首字下沉和悬挂。

四、撤销和恢复

"撤销"是指撤销前面一步或多步的操作。"恢复"是指恢复前面"撤销"的操作。单击"快速访问工具栏"的"撤销"按钮可撤销上一步操作,单击"撤销"右侧下拉箭头,在列表中可以撤销多步操作。

五、设置段落格式

在 Word 文档中,以段落标记结束的一段内容称为一个段落,按 Enter 键后产生的新段落与上一个段落有相同的段落格式。

1. "开始"功能区"段落"组(如图 4-18 所示)

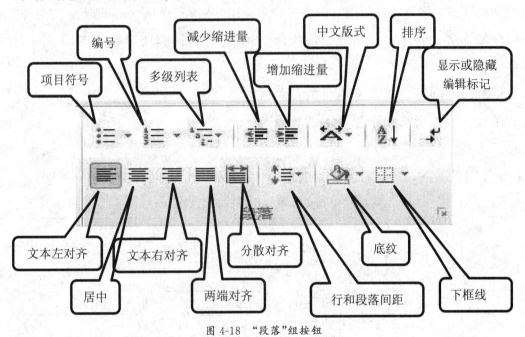

图 4-18 "段落"组按钮

(1)项目符号。给选定段落添加项目符号,单击右侧下拉箭头可以选择不同项目符号样式。如图 4-19 所示。

(2)编号。给选定段落添加编号,单击右侧下拉箭头可以选择不同编号格式。编号会自动增减。如图 4-20 所示。

图 4-19 项目符号

图 4-20 项目编号

（3）减少缩进量。单击该按钮对选定段落或当前段落减少左缩进量。

（4）增加缩进量。单击该按钮对选定段落或当前段落增加左缩进量。

（5）中文版式。中文版式中可以选定文本设置纵横混排、合并字符、双行合一等。如图 4-21 所示。

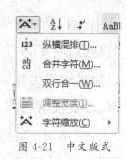

图 4-21　中文版式

（6）显示或隐藏编辑标记。显示或隐藏段落标记或其他隐藏的格式符号。

（7）左对齐。将选定段落或当前段落设置为左对齐。

（8）居中。将选定段落或当前段落设置为居中。

（9）右对齐。将选定段落或当前段落设置为右对齐。

（10）两端对齐。将选定段落或当前段落设置为两端对齐。两端对齐是默认的对齐方式。

（11）分散对齐。将选定段落或当前段落设置为分散对齐，使段落两端同时对齐，并根据需要增加字符间距。

（12）行和段落间距。更改文本行的行距或段落间距。

（13）底纹。设置所选文字或段落的背景色。

（14）下框线。

Word 常用段落格式的名称及作用见表 4-4。

表 4-4　Word 常用段落格式的名称及作用

类型	格式名称	作用
对齐方式	左对齐	段落以页面左边界对齐，此时段落右边界可能不齐
	居中	段落以页面正中间位置对齐
	右对齐	段落以页面右边界对齐，此时段落左边界可能不齐
	两端对齐	段落在边距之间均匀分布文本，文档看起来整洁
	分散对齐	段落各行分别与页面左、右边界对齐，如果某行不是整行，则增加字距使其凑成整行
缩进格式	无缩进	缩进量为 0，系统默认的缩进方式。可以通过"减小缩进量"按钮和"增加缩进量"调整缩进量
	首行缩进	段落首行的左边界移到缩进位置，其他各行保持与边界对齐
	悬挂缩进	段落首行的左边界不变，其他各行移到缩进位置
行距	1.0 倍	行距设置为默认值
	1.5 倍	行距设置为默认值的 1.5 倍
	2 倍	行距设置为默认值的 2 倍
	最小值	行距设置为最小值
	固定值	行距设置为固定值，行距不可调整，如果字符过大行距不够，超出部分会被切掉
	多倍行距	行距设置为默认值的若干倍

2. 段落对话框(如图 4-22 所示)

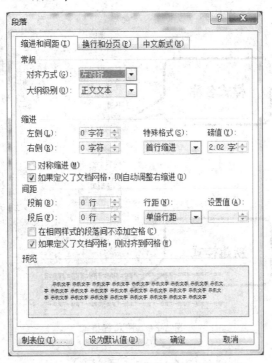

图 4-22 "段落"对话框

(1)打开"段落"对话框的两种方法：

①单击"开始"功能区"段落"组右下角"段落"按钮。

②在段落中右击，在快捷键菜单中选择"段落"按钮。

(2)在"段落"对话框"缩进和间距"选项卡中可以设置对齐方式、大纲级别、左缩进、右缩进、特殊格式、段间距和行间距。

3. 精确设置制表位

单击"段落"对话框"缩进和间距"选项卡中的"制表位"按钮打开"制表位"对话框。可在对话框中设置制表位位置、制表位对齐方式、前导符。如图 4-23 所示。

图 4-23 "制表位"对话框

六、样式

对于字符或段落的格式设置，Word 提供了"样式"功能，使用户可以使用 Word 自带和已编辑好的格式进行快速格式设置。如图 4-24 所示。

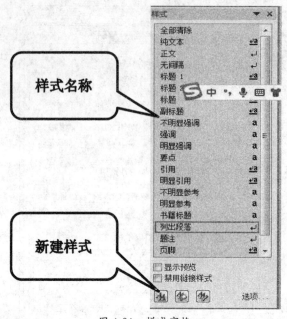

图 4-24　样式窗格

七、比较和合并

　　通过"审阅"功能区"比较"组中的"比较"命令可以比较两个文档的不同,例如:在文字、格式等方面的差异。通过"合并"命令可以将两个文档合并生成一个文档。

▶典型例题

【例1】 (2018年真题)Word中给文字添加"下划线"的按钮是 （　　　）

　　A. U　　　　　　B. A·　　　　　C. ▦　　　　　D. Ⓐ

【答案】 A

【解析】 本题主要考查"开始"功能区"字体"组和"段落"组按钮的功能。

【例2】 (2018年真题)某Word文档排版后,效果如下图所示。该文档设置的格式包括
（　　　）

卜算子·咏梅

风雨送春归,飞雪迎春到。

已是悬崖百丈冰,犹有花枝俏。

俏也不争春,只把春来报。

待到山花烂漫时,她在丛中笑。

　　A. 居中对齐　　　B. 着重号　　　　C. 底纹　　　　　D. 下划线

【答案】 ABD

【解析】 本题主要考查 Word 文档的字符格式中的着重号和下划线设置以及段落的居中对齐方式。图中还插入了特殊字符。

【**例3**】 （2018年真题）Word段落对齐方式有左对齐、右对齐、居中、两端对齐和_____。

【**答案**】 分散对齐

【**解析**】 本题主要考查段落的5种对齐方式。

【**例4**】 （2020年真题）Word中下列说法正确的是 （　　）

　A. 格式刷只能复制字体格式

　B. 单击"粘贴"按钮后，可将被复制的内容粘贴到剪贴板

　C. "打开"命令的作用是为指定文档打开一个空白窗口

　D. 视图分为页面视图、阅读版式视图、Web版式视图、大纲视图、普通视图

【**答案**】 D

【**解析**】 格式刷不仅能复制字符格式还能复制段落格式；"粘贴"指剪贴板的内容粘贴到目标位置；"打开"指将外存的文档调入内存。Word中有5种视图，故D答案是正确的。

【**例5**】 （2020年真题）Word中可以在_____对话框中将文本设置为"双删除线"效果。

【**答案**】 字体

【**解析**】 本题主要考查"开始"功能区"字体"组按钮和"字体"对话框。"字体"组中设置的是单删除线，"字体"对话框中可以设置单删除线和双删除线。

【**例6**】 （2020年真题）Word中两行文字之间的距离称为_____。

【**答案**】 行距

【**解析**】 行与行之间的距离称为行距或行间距，段与段间的距离称为段间距。

第三节　设置页面与输出打印

▶知识框架

设置页面与输出打印
- 设置页面格式
- 插入页眉和页脚
- 插入页码
- 稿纸和页面背景
- 分栏
- 分隔符
- 浏览文档
- 打印输出

▶**知识要点**

一、设置页面格式

页面格式设置可以在"页面布局"功能区"页面设置"组或"页面设置"对话框中完成。

1. "页面设置"组（如图 4-25 所示）

图 4-25 "页面设置"组按钮

"页面设置"组按钮功能如表 4-5 所示。

表 4-5 "页面设置"组按钮功能

按钮名称	功能
文字方向	自定义文档或所选文本框中文字方向
页边距	设置整个文档或当前段落的文本距纸张边缘的距离
纸张方向	设置当前编辑的文档的页面方向
纸张大小	设置当前编辑的文档的页面大小
分栏	设置将文档内容拆分成两栏或多栏的效果
分隔符	在文档中插入分页符、分节符或分栏符

"页边距"可以设置为普通、窄、适中、宽、镜像，如图 4-26 所示。纸张方向有纵向和横向，如图 4-27 所示。纸张有信纸、A3、A4、B4、B5 等，如图 4-28 所示。

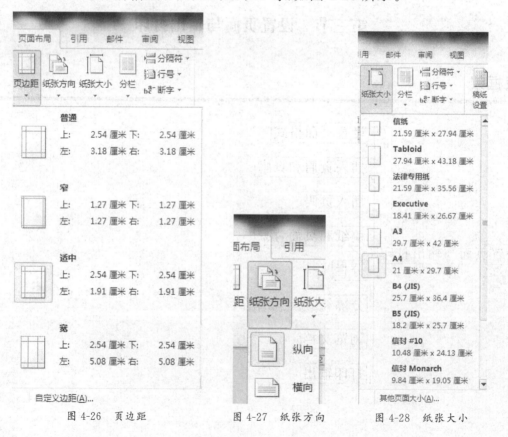

图 4-26 页边距   图 4-27 纸张方向   图 4-28 纸张大小

2."页面设置"对话框

单击"页面布局"功能区"页面设置"组右下角"页面设置"按钮打开"页面设置"对话框。"页面设置"对话框有 4 个选项卡。

(1)页边距选项卡(如图 4-29 所示)。

①设置上、下、左、右页边距的具体数值。

②装订线位置可以设置为左或上。

③纸张方向有纵向或横向。

(2)纸张选项卡(如图 4-30 所示)。

设置纸张类型或自定义纸张大小。自定义大小时直接在宽度和高度数值框中输入数值即可。

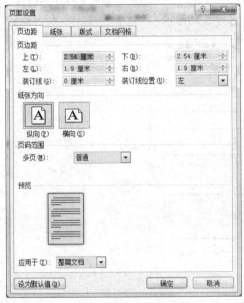

图 4-29 "页边距"选项卡

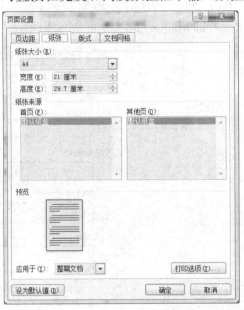

图 4-30 "纸张"选项卡

(3)版式选项卡(如图 4-31 所示)。

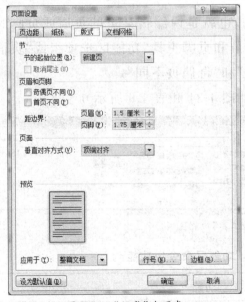

图 4-31 "版式"选项卡

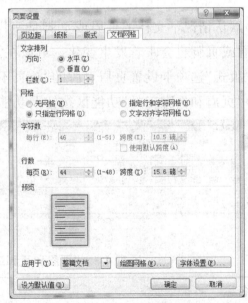

图 4-32 "文档网格"选项卡

版式选项卡中设置页眉页脚的奇偶页不同和首页不同,以及页眉页脚距页边界的距离。

(4)文档网格选项卡(如图 4-32 所示)。

①文字方向有水平和垂直。

②栏数默认为1栏。

③设置网格后网格是作为参照使用,不会被打印出来。

④设置每行的字符数。

⑤设置每页的行数。

二、插入页眉和页脚

(1)在页眉或页脚区双击进入页眉或页脚编辑状态,编辑完页眉和页脚后双击正文区域退出页眉页脚编辑状态进入正文编辑状态。

(2)单击"插入"功能区"页眉和页脚"组的"页眉"或"页脚"按钮在列表中选择一种页眉(页脚)类型,即可进入页眉或页脚编辑状态。如图4-33所示。

图 4-33 插入页眉页脚

(3)默认情况下文档的页眉或页脚是一样的,也就是说编辑某页的页眉或页脚时,其他页的页眉或页脚也会跟着发生变化。可以在"页眉和页脚工具"功能区选项组或"页面设置"对话框"版式"选项卡设置页眉页脚的"首页不同"和"奇偶页不同"。

(4)"页眉和页脚工具"功能区按钮及功能(如图4-34和表4-6所示)

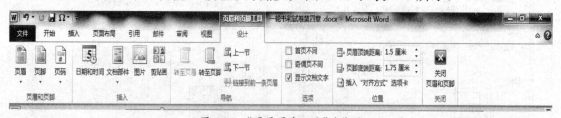

图 4-34 "页眉页脚工具"功能区

表 4-6 "页眉和页脚工具"功能区命令组功能

组名称	功能
页眉页脚	用于创建和更改页眉、页脚的页码
插入	在页眉和页脚中插入文字、日期、剪贴画和图片等内容
导航	实现页眉、页脚之间的切换

组名称	功能
选项	设置页眉和页脚的选项,如文档每一页上有相同的页眉、页脚;在文档的第一页上有一个页眉、页脚,在所有其他页上有另一个页眉、页脚;奇数页上有一个页眉、页脚,偶数页上有另一个不同的页眉、页脚等
位置	设置页眉和页脚在页中的位置
关闭页眉和页脚	关闭页眉和页脚的设置,返回到文本编辑区

三、插入页码

(1)在"页眉和页脚工具"功能区可以插入页码,也可以在"插入"功能区"页码和页脚"组插入页码。

(2)页码的位置可以是页面顶端、页面底端、页边距、当前位置。如图4-35所示。

(3)单击"设置页码格式"打开"页码格式"对话框。如图4-36所示。

①页码编号格式有"1,2,3,…""A,B,C,…""Ⅰ,Ⅱ,Ⅲ,…""甲,乙,丙,…""子,丑,寅,…"等。

②"续前节"指在文档有多节情况下页码是否接着前面的节继续编码。可以为文档的每一节设置不同的页码格式。

③"起始页码"是指指定起始页码,起始页码可以不从"1"开始编码。

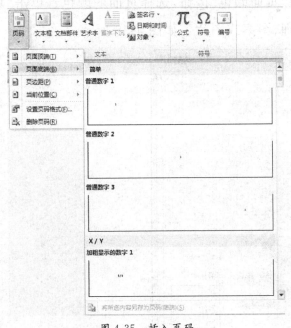

图4-35　插入页码

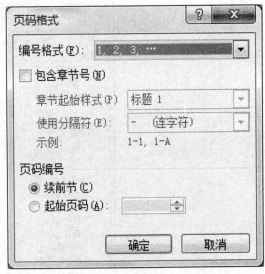

图4-36　"页码格式"对话框

四、稿纸和页面背景

1. 稿纸设置

单击"页面布局"功能区"稿纸"组中的"稿纸设置"按钮打开"稿纸设置"对话框,在对话框中设置好稿纸类型,单击"确定"按钮。

2. 水印

单击"页面布局"功能区"页面背景"组中的"水印"按钮,在列表中选择"机密"水印或"严禁复制"。单击"自定义水印"打开对话框,可以设置图片水印或文字水印。文字水印可以选择文字,设置字体、字号颜色、版式等。如图 4-37 所示。

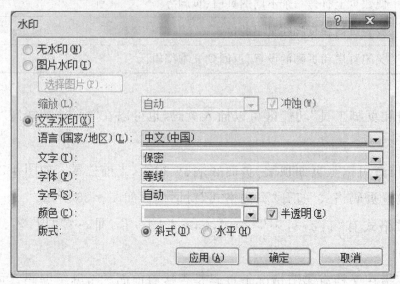

图 4-37 "水印"对话框

3. 页面颜色

单击"页面布局"功能区"页面背景"组中的"页面颜色"按钮,选择页面的颜色。单击"填充效果"打开对话框,填充效果可以是渐变、纹理、图案或图片。如图 4-38 所示。

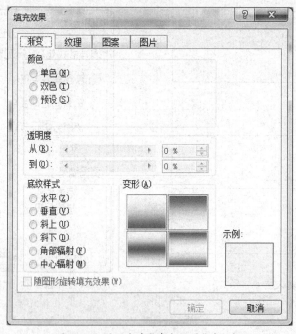

图 4-38 页面颜色"填充效果"对话框

4. 页面边框

单击"页面布局"功能区"页面背景"组中的"页面边框"按钮打开对话框,选择边框样式,设置边框线条样式、颜色、宽度,单击"确定"按钮。如图 4-39 所示。

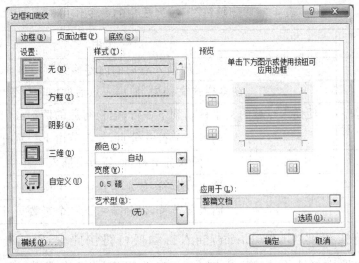

图 4-39 页面边框"边框和底纹"选项卡

五、分栏

(1)选取要分栏的段落,单击"页面布局"功能区"页面设置"组中的"分栏"按钮,可在下拉列表中选择所需栏数。

(2)选取要分栏的段落,单击"页面布局"功能区"页面设置"组中的"分栏"按钮,在列表中选择"更多分栏",在打开的"分栏"对话框中设置栏数、栏宽、栏间距,勾选"分隔线",单击"确定"按钮。如图 4-40 所示。

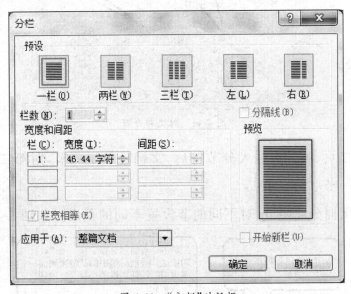

图 4-40 "分栏"对话框

①未选取段落进行分栏时,是对整篇文档进行分栏。

②在对文档最后一段进行分栏时注意不要选取最后一段的段落标记。

③在"分栏"对话框中要设置不同栏宽时,应先去掉"栏宽相等"复选框里的对钩。

六、分隔符

(1)"分隔符"下拉列表中的命令作用如表 4-7 所示。

表 4-7 "分隔符"下拉列表中的命令作用

类型		作用
分页符	分页符	使插入点后的内容移到下一页
	分栏符	在多栏式文档中,使插入点后的内容移到下一栏
	自动换行符	使插入点后的文字移动到下一行,但换行后的两部分内容仍属于同一段落
分节符	下一页	插入分节符并分页,使新节由下一页开始
	连续	插入分节符,使新节由插入点开始
	偶页数	插入分节符,使新节由下一个偶数页开始
	奇页数	插入分节符,使新节由下一个奇数页开始

(2)插入分页符快捷键:Ctrl+Enter,插入自动换行符快捷键:Shift+Enter。

(3)在 Word 文档中插入分节符,再对每一节进行不同的格式化,可实现复杂文档的格式编辑。

例 1. Word 文档中对不同的节设置不同的纸张方向。如图 4-41 所示。

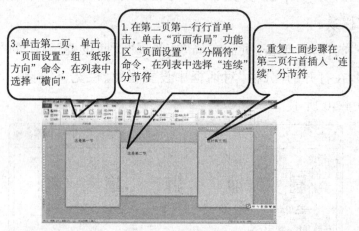

图 4-41 对文档分节

在对文档的第二页、第三页插入分节符后,文档分成了三节,对第二节设置不同分页面方向时不会影响第一节和第三节。

例 2.将 Word 文档分成两节,对不同的节设置不同的页眉。如图 4-42 所示。

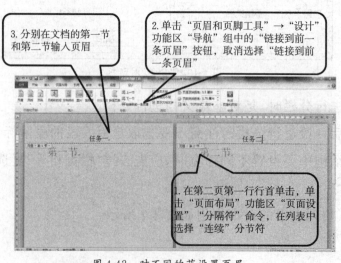

图 4-42 对不同的节设置页眉

七、浏览文档

（1）单击任务栏右侧的"视图"按钮切换视图，如图 4-43 所示。

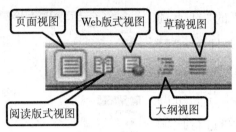

图 4-43　视图按钮

（2）单击"视图"功能区"文档视图"组切换视图。

（3）不同视图方式的特点与作用如表 4-8 所示。

表 4-8　不同视图方式的特点与作用

视图方式	特点与作用
页面视图	按照文档打印效果进行显示，实现"所见即所得"的功能，并可以在该视图中完成编辑排版、页眉和页脚设置、多栏排版等操作
阅读版式视图	显示视图如同一本打开的书。便于用户阅读，能够显示背景、页边距、页眉和页脚、图形对象等效果
Web 版式视图	设置页面背景或编辑网页文档时自动切换到该方式
大纲视图	在编排长文档时，尤其是编辑书籍时，由于标题的等级较多，利用这种方式，不但可以使标题层次分明，而且还可以快速地改变标题的级别，或改变它们的相对位置
草稿	可以连续地显示文档内容，使阅读更为连贯。在输入大量的文字信息时，经常采用这种视图方式，适合于查看格式简单的文档

（4）五种视图方式的比较，如图 4-44 所示。

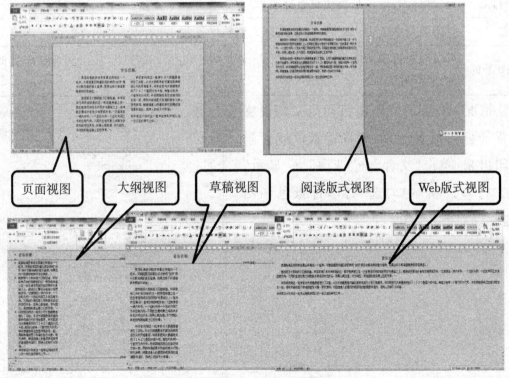

图 4-44　五种视图的比较

八、打印输出

1. 打印预览(快捷键 Ctrl＋P)

单击"快速访问工具栏"的"打印预览和打印"按钮 或单击"文件"→"打印"命令,可以打开"打印预览"窗口。根据需要单击"打印预览"窗口右下角的"显示比例调整"按钮可对文档进行比例调整。在查看打印预览时可以更改"页面方向""页面大小"和"页边距"等设置。如图 4-45 所示。

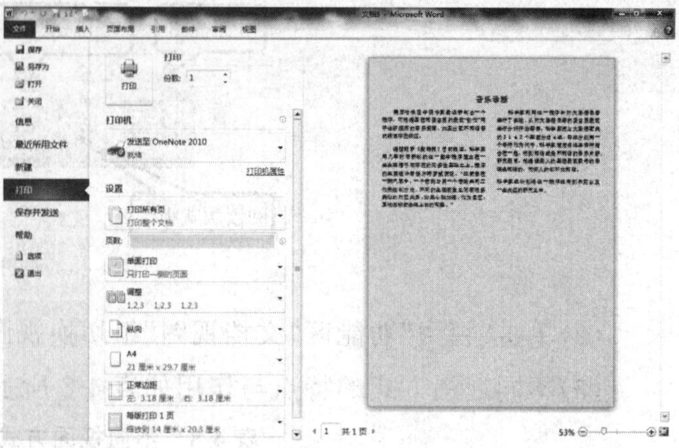

图 4-45　打印预览

2. 打印文档

当用户在打印预览中对所打印文档的效果满意时,就可以设置打印参数进行打印了。各参数功能如表 4-9 所示。

注意,打印文档前应该先检查打印机是否连好,是否装好打印纸。

表 4-9　"打印"窗口的参数功能

参数	功能
打印机	显示打印机名称、位置和状态,在这里可以选择打印机
份数	输入打印的份数
打印所有页	可以选择打印范围,包括所有页面、当前页、指定页、奇数页、偶数页
页数	输入要打印文档的指定页码或页码范围(用逗号分隔,例如,1,3,5-10)
单面打印	设置单面打印还是手动双面打印
调整	打印数量在 1 份以上时,每份按照文档顺序打印
每版打印 1 页	多版缩放打印功能,可以将多页 Word 文档打印在一页纸上,从而实现打印类似缩略图文档类型的目的

默认情况下打印时并不能打印出文档设置的页眉背景色和图案,如果要将背景色或背景图片打印出来,单击"文件"→"选项"→"显示"命令,在"打印选项"中勾选"打印背景色和图像"复选框。如图 4-46 所示。

图 4-46　"Word 选项"对话框

▶典型例题

【例1】 (2018年真题)Word中,代表"大纲视图"的按钮是   (   )

A. [图标]   B. [图标]   C. [图标]   D. [图标]

【答案】 C

【解析】 本题主要考查 Word 中五种视图及对应的按钮。五种视图分别是"页面视图""阅读版式视图""Web 版式视图""大纲视图""草稿视图"。

【例2】 (2018年真题)Word 文档"页面设置"对话框的_____选项卡中,可以调整页面四周空白区域的大小。

【答案】 页边距

【解析】 本题主要考查"页面设置"对话框的组成。"页面设置"对话框由"页边距""纸张""大小""文档网格"四个选项卡组成。"页边距"选项卡中可以设置"页边距"和"页面方向"等。

【例3】 (2019年真题)在 Word 中已插入页眉,若要进入页眉页脚编辑状态,可_____页眉位置。   (   )

A. 单击   B. 双击   C. Shift+单击   D. Shift+双击

【答案】 B

【解析】 本题主要考查编辑页眉页脚和编辑正文的切换方法。进入页眉页脚编辑状态有两种方法:①单击"插入"功能区"页眉和页脚"组中的"页眉"或"页脚"按钮;②双击页眉或页脚区。编辑完页眉页脚后也有两种方法进入正文编辑状态:①单击"页眉和页脚工具"功能区"关闭"按钮;②双击正文区。

【例4】 (2020年真题)Word中,页面设置说法正确的是   (   )

A. 装订线的位置可以设置"右"   B. 页眉和页脚可以设置为奇偶页不同

C. 左右页边距设置一定要相同   D. 页面的垂直对齐方式可以为分散对齐

【答案】 B

【解析】 本题主要考查页面设置的相关知识。装订线的位置可以是"上"或"下";上、下、左、右的页边距都可以设置不同的边距;分散对齐指的是水平对齐方式。

【例5】 (2020年真题)Word中分节符类型有   (   )

A. 下一页   B. 连续   C. 偶数页   D. 奇数页

【答案】 ABCD

【解析】 本题主要考查分节符的类型。分节符有下一页、类型、奇数页、偶数页四种类型。

第四节　制作 Word 表格

▶知识框架

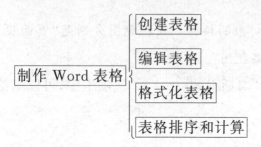

制作 Word 表格
- 创建表格
- 编辑表格
- 格式化表格
- 表格排序和计算

▶知识要点

表格由单元格组成,横向的单元格形成行,纵向的单元格形成列。每个单元格都是独立的,可以对其格式化或调整大小。

一、创建表格

方法一:插入表格。在需要插入表格的位置单击,单击"插入"功能区"表格"组"表格"按钮,单击"插入表格"打开"插入表格"对话框,在对话框中设置列数和行数,单击"确定"按钮。如图 4-47 所示。

方法二:拖曳出表格。在需要插入表格的位置单击,单击"插入"功能区"表格"组"表格"按钮,按住鼠标左键拖曳出表格,松开左键,即可创建出表格。这种方法最多可以创建 8 行 10 列的表格。如图 4-48 所示。

方法三:绘制表格。单击"插入"功能区"表格"组"表格"按钮,单击"绘制表格"命令,按住鼠标左键绘制出表格。

方法四:将文本转换成表格。选取需要转换成表格的文本,单击"插入"功能区"表格"组"表格"按钮,单击"文本转换成表格"命令,在"将文字转换成表格"对话框中设置列数,选择"文字分隔位置",单击"确定"按钮。如图 4-49 所示。

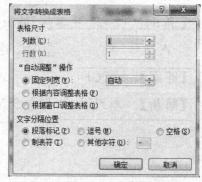

图 4-47　"插入表格"对话框　　图 4-48　"表格"下拉列表　　图 4-49　"将文字转换成表格"对话框

二、编辑表格

通过方法一和方法二插入的是规则的表格,通常根据实际需要进行编辑,包括合并单元格、拆分单元格、插入或删除行或列、拆分表格等。单击表格或选取表格时会出现"表格工具"选项卡,有"设计"和"布局"两个功能区。如图4-50所示。

图4-50 "表格工具"功能区

1. 合并单元格

(1)合并单元格是将多个单元格合并成一个单元格。

(2)步骤:选取要合并的单元格并右击,在快捷菜单中选择"合并单元格",或单击"表格工具"→"布局"功能区"合并"组"合并单元格"命令。

2. 插入或删除行、列、单元格

(1)插入行、列步骤:在表格中单击,在"表格工具"→"布局"功能区中选择"在上方插入"或"在下方插入"行,"在左方插入"或"在右方插入"列。

①当光标在表格的最后一行最后一个单元格时,按 Tab 键会在表格的后面增加一行。

②当光标在表格右侧框线外时,按 Enter 键,会在光标所在行下方插入一行。

(2)删除行、列、单元格步骤:单击或选取表格中要删除的行,单击"表格工具"→"布局"功能区"行和列"组中的"删除"命令,在列表中选择"删除行",即可将光标所在行或选中的行删除。列表中还有"删除单元格""删除列"和"删除表格"命令。如图4-51所示。

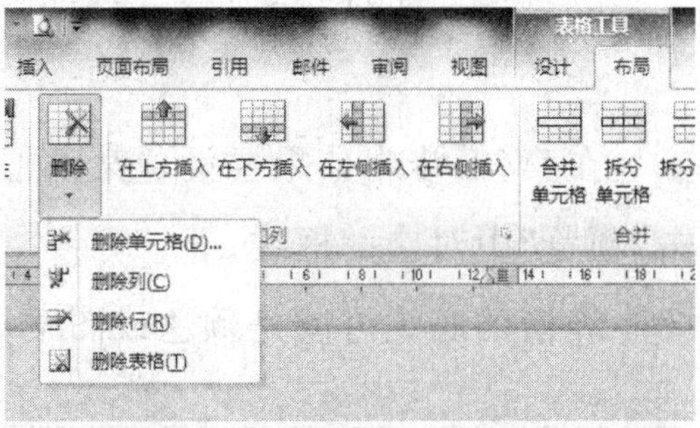

图4-51 "删除"表格下拉列表

3. 拆分单元格

拆分单元格是指将表格中的一个或多个单元格拆分成多个单元格。步骤如下:选取需要拆分的单元格,单击"表格工具"→"布局"功能区"合并"组中"拆分单元格"命令,在打开的对话框中设置拆分的行数和列数,单击"确定"按钮。

4. 拆分表格

步骤:将光标定位到表格的拆分处,单击"表格工具→布局"功能区"合并"组中"拆分表格"按钮。

(1)表格拆分后,原光标所在行被拆分到下方表格。

(2)表格拆分后,光标位于两个表格之间。

5. 表格内光标的移动

(1)鼠标单击。

(2)按光标键(↓ ↑ ← →)将光标从一个单元格移到另一个单元格。

(3)按 Tab 键将光标移到下一个单元格。

在表格内按 Enter 键是在单元格内换行或增加行高。

三、格式化表格

1. 调整行高或列宽

（1）拖动表格线改变行高和列宽。将鼠标指针移到需要调整行高或列宽表格边框线上，使指针改变形状，按住鼠标左键上下或左右拖动，即可改变表格的行高和列宽。（按住鼠标左键拖动水平标尺或垂直标尺也可以改变行高或列宽）

（2）使用菜单精确调整行高和列宽。选取需要调整的行，在"表格工具"→"布局"功能区"单元格大小"组中设置表格的行高。设置列宽的方法和设置行高的方法相似。

单击"布局"→"表"组中的"属性"命令，弹出"表格属性"对话框，在"行"或"列"选项卡中也可以精确设置行高与列宽。

（3）平均分布行、列。选取需要平均分布的行或列，单击"表格工具"→"布局"→"单元格大小"组中的"分布行"或"分布列"命令。

2. 设置边框和底纹

方法一：

（1）选取要设置边框或底纹的单元格（区域）或表格。

（2）单击"表格工具"→"设计"功能区"绘图边框"组右下角按钮打开"边框和底纹"对话框；在"边框"选项卡中选择一种边框，选择线条样式，线条颜色和线条宽度（如图 4-52 所示）。

（3）单击"底纹"选项卡，选择填充颜色，单击"确定"（如图 4-53 所示）。

注：

在第（2）步中如果要设置某条框线则要选取"自定义"，再选取线条样式、颜色、宽度，单击"预览"中对应的框线。

表格的底纹可以是颜色或图案。

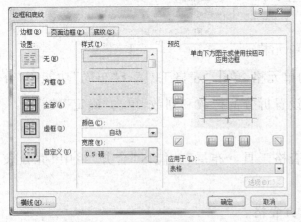

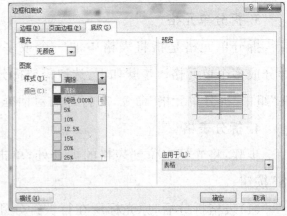

图 4-52 "边框和底纹"对话框"边框"选项卡　　　　图 4-53 "边框和底纹"对话框"底纹"选项卡

方法二：

（1）选取要设置边框或底纹的单元格（区域）或表格。

（2）在"表格工具"→"设计"功能区"绘图边框"组选择"笔样式""笔粗细""笔颜色"，单击"表格样式"组中"边框"按钮，在下拉列表中选取需要的框线。如图 4-54 所示。

图 4-54 "表格工具设计选项卡"

3. 标题行重复

如果表格跨页且需要在每页的顶端显示标题行,则需要设置"标题行重复",步骤如下:

选中表格标题行或在标题行单击,单击"表格工具"→"布局"功能区"数据"组的"重复标题行"按钮。

4. "表格属性"对话框

选取表格后右击,在快捷菜单中选择"属性"或单击"表格工具"→"布局"功能区"表"组"属性"按钮打开"属性"对话框。如图 4-55 所示。

在"表格属性"对话框中可以设置表格、行、列以及单元格的尺寸、对齐方式、文字环绕方式、边框和底纹、边距等参数。

5. 自动格式化表格

将光标定位于要设置样式的表格内,打开"表格工具"→"设计"功能区,在"样式"组中单击"其他"按钮,打开"样式"列表,在列表中选择需要的样式即可。

图 4-55 "表格属性"对话框

四、表格排序和计算

在 Word 表格中可以对数值进行简单的计算。

1. 表格计算

步骤:

(1)将光标定位于存放结果的单元格中。

(2)单击"表格工具"→"布局"选项卡"数据"组的"公式"命令。

(3)在"公式"对话框中输入公式。

(4)单击"确定"。如图 4-56 所示。

说明:

(1)公式以"="开头。

(2)Word 中常用的函数有 sum、average、count 等。

(3)括号里面的是参数,常用的参数有 left、above、right 等。

图 4-56 "公式"对话框

2. 排序

步骤:

(1)选取排序对象。

（2）单击"表格工具"→"布局"功能区"数据"组的"排序"命令。

（3）选择排序方式。

（4）单击"确定"。如图 4-57 所示。

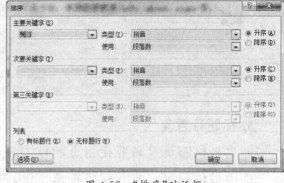

图 4-57 "排序"对话框

说明：

（1）在 Word 中排序可以使用三个关键字：主要关键字、次要关键字、第三关键字，主要关键字相同的情况下再按次要关键字排，主要关键字和次要关键字都相同时再按第三关键字排。

（2）排序类型：笔画、数字、日期、拼音。

（3）排序方式：升序和降序。

（4）一般情况下标题行不参加排序时要选中"有标题行"单选按钮。

3. 文本和表格相互转换

（1）表格转换为文本。

选取要转换成文本的表格，单击"表格工具"→"布局"功能区"数据"组中"转换为文本"按钮打开"表格转换为文本"对话框，在对话框中选择"文字分隔符"，单击"确定"。如图 4-58 所示。

（2）文本转换为表格。

选取要转换为表格的文本，单击"插入"功能区"表格"组"表格"按钮，在下拉列表中选择"文本转换成表格"命令打开"将文字转换成表格"对话框，在对话框中设置表格列数，选择文字分隔位置，单击"确定"。如图 4-59 所示。

图 4-58 "表格转换成文本"对话框图

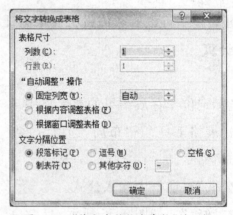

图 4-59 "将文字转换成表格"对话框

▶典型例题

【例 1】 （2019 年真题）在 Word 中可以插入表格，但不可以对表格中的数据运用公式进行计算。 （A B）（对的选 A，错的选 B）

【答案】 B

【解析】 本题考查 Word 表格的计算功能。在 Word 表格中可以对数值进行简单的计算。

【例2】 关于 Word 表格的"重复标题行"功能,说法不正确的是 （ ）

　　A. 属于"数据"组的命令

　　B. 属于"表格工具"功能区中的命令

　　C. 能将表格的第一行即标题行在各页顶端重复显示

　　D. 当表格标题行重复后,修改其他页面表格第一行,第一页的标题行也会随之修改

【答案】 D

【解析】 本题考查 Word 表格的标题行重复功能。如果表格跨页且需要在每页的顶端显示标题行,则需要设置"标题行重复"。"重复标题行"命令在"表格工具"→"布局"功能区"数据"组。设置"重复标题行"后只能在第一页修改标题。

【例3】 在 Word 表格中,如果要使多行具有相同高度,可以选定这些行,单击"表格工具"→"布局"功能区的_____按钮。 （ ）

　　A."分布行"　　　　 B."分布列"　　　　 C."自动调整"　　　　 D."属性"

【答案】 A

【解析】 本题考查 Word 表格中"分布行"命令的作用,也可以右击选定的行,在快捷菜单中选择"平均分布各行"命令。

【例4】 要删除 Word 中的表格,先选中一行表格,然后按 Delete 键即可。

（A　B)（对的选 A,错的选 B)

【答案】 B

【解析】 本题考查删除 Word 中表格的方法。选取表格后按 Delete 键只能删除表格内容不能删除表格,按 BackSpace 才能删除表格。右击选中的表格在快捷菜单中选择"删除表格"也可以删除表格。选中表格后在"表格工具"→"布局"功能区"行和列"中也可以删除表格。

第五节　图文混排

▶知识框架

图文混排
- 插入图片
- 插入剪贴画
- 插入 SmartArt
- 插入艺术字
- 插入自选图形
- 插入文本框
- 制作封面
- 其他按钮

一、插入图片

1. 步骤

(1)单击"插入"功能区"插图"组中的"图片按钮"。

(2)在弹出的"插入图片"对话框中选择需要插入的图片,单击"插入"按钮。

(3)单击"图片工具"→"格式"功能区"图片样式"组的"其他"按钮,在"图片样式"列表中选择需要的图片样式。

(4)单击"排列"组的"自动换行"按钮,在下拉列表中选择文字环绕方式。

(5)调整图片大小,将图片拖动到合适位置。

2."图片工具"→"格式"功能区(如图 4-60 所示)

在 Word 中选取图片后图片上会出现 8 个控制点和一个绿色旋转手柄,同时会出现"图片工具"→"格式"功能区。

图 4-60 "图片工具→格式"功能区

(1)在"图片样式"组中可以更改图片样式,设置图片边框、图片效果等。

(2)单击"排列"组"自动换行"按钮,可在列表中设置图片的文字环绕方式。图片的文字环绕方式有:嵌入型、四周型、紧密型、穿越型、上下型、浮于文字上方、衬于文字下方等七种,默认的图片文字环绕方式是嵌入型。

(3)通过"排列"组中"位置"按钮可以设置图片在页面中的位置,共 9 种。

(4)当有多个对象重叠时,单击"图片工具"→"格式"功能区"排列"组中"上移一层"或"下移一层"可改变选中对象的层次关系。

(5)选取多个对象后单击"排列"组"对齐"按钮可在下拉列表中选择需要的对齐方式。

(6)选取多个对象后单击"排列"组"组合"按钮,在下拉列表中选择"组合"命令,可将选中的多个对象组合成一个对象。组合以后单击"排列"组"组合"按钮,在下拉列表中选择"取消组合"命令,可以取消组合。

(7)图片的旋转。

①选中图片后单击"排列"组"旋转"按钮,可以将图片进行旋转。

②按住鼠标左键移动图片的绿色旋转手柄也可以旋转图片。

(8)选中图片后单击"大小"组"裁剪"按钮,可以对图片进行裁剪或裁剪成形状。

(9)设置图片大小。

按住鼠标左键拖动图片上方或下方控制点可以调整图片高度。

按住鼠标左键拖动图片左侧或右侧控制点可以调整图片宽度。

按住鼠标左键拖动图片四个角上的控制点会同时调整图片的高度和宽度。

在"图片工具"→"格式"功能区"大小"组中输入高度或宽度数值可以精确调整图片的高度或宽度。当图片锁定了纵横比,调整宽度数值时高度数值也会随之改变。如果只要精确调整图片的高度或宽度,需要单击"图片工具"→"格式"功能区"大小"组右下角按钮打开"布局"对话框,在"布局"对话框"大小"选项卡中取消勾选"锁定纵横比"。在"布局"对话框中也可以精确调整图片的高度和宽度。如图 4-61 所示。

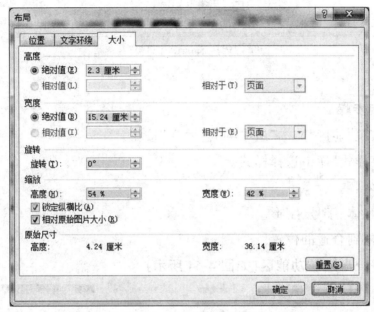

图 4-61   图片"布局"对话框

二、插入剪贴画

步骤:单击"插入"功能区"插图"组的"剪贴画"按钮打开"剪贴画"窗格,在"搜索文字"文本框中输入主题,单击"搜索"按钮搜索出相应的剪贴画,单击需要的剪贴画即可。如图 4-62 所示。剪贴画是 Office 自带的图像文件,是一种位图。剪贴画的格式设置和图片的设置一样。

三、插入 SmartArt

步骤:单击"插入"功能区"插图"组的"SmartArt"按钮,打开"选择 SmartArt 图形"对话框,选择需要的图形,单击"确定"按钮。如图 4-63 所示。

图 4-62   "剪贴画"窗格

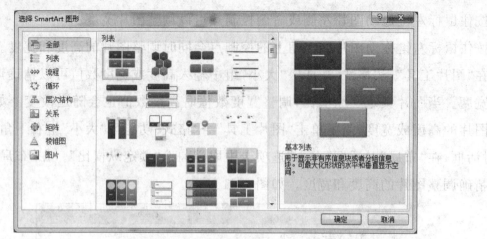
图 4-63 "选择 SmartArt 图形"对话框

四、插入艺术字

1. 插入艺术字步骤

(1)单击"插入"功能区"文本"组中的"艺术字"按钮。

(2)在"艺术字样式"库中选择样式。

(3)输入文字内容。

(4)设置文字字体、字号、字形。

(5)将艺术字拖到合适的位置。

2."绘图工具"→"格式"功能区(如图 4-64 所示)

图 4-64 "绘图工具"→"格式"功能区

插入艺术字或选取艺术字后会出现"绘图工具"→"格式"功能区。

(1)可在"形状样式"组设置形状样式、形状填充、形状轮廓和形状效果。如图 4-65 所示。

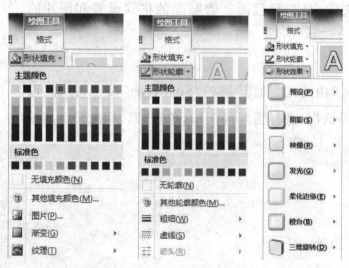
图 4-65 艺术字"形状样式"组

(2)可在"艺术字样式"组设置艺术字样式、文本填充、文本轮廓、文本效果。"文本效果"

中可以设置"阴影""映像""发光""棱台""三维旋转"和"转换"。"转换"效果中可以设置艺术字的弯曲效果。

（3）单击"文本"组"文字方向"按钮可以改变文字的方向。

（4）艺术字的旋转、文字环绕方式、大小等设置和图片的设置方法类似。

五、插入自选图形

（1）步骤。

①单击"插入"功能区"插图"组中的"形状"按钮。

②在列表中选择需要的形状。

③按住鼠标左键拖曳出形状。

④单击"绘图工具"→"格式"功能区，在"形状样式"组中设置形状填充、形状轮廓、形状效果。如图 4-66 所示。

图 4-66　自选图形"绘图工具→格式"功能区

（2）Word 中的自选图形（线条除外）都可以添加文字：右击图形，在弹出的快捷菜单中选择"添加文字"命令，在插入点处输入文字。图形中的文字可以进行格式设置。旋转图形时图形中的文字会一起旋转。

（3）自选图形的形状填充除了可以是颜色填充外，还可以是纹理填充或图片填充。通过"形状效果"选项可以设置一些特殊的效果。

（4）要插入正方形、正三角形、圆时要按住 Shift 键拖曳。

（5）改变图片、形状等对象的位置除了用鼠标拖动外还可以按光标键移动。

（6）按住 Ctrl 键拖动对象时可以复制对象。

六、插入文本框

（1）步骤。

①单击"插入"功能区"文本"组的"文本框"按钮。

②在下拉列表中选择文本框样式。

③输入文本内容，设置字符格式。

④在"绘图工具"→"格式"功能区"形状样式"组设置形状填充、形状轮廓和形状效果。如图 4-67 所示。

图 4-67　文本框"绘图工具格式"功能区

（2）插入文本框时除了插入样式文本框外，还可以绘制文本框。

（3）在绘制文本框时可以选择绘制横排文本框或竖排文本框。选取文本框后，单击"绘图工具"→"格式"功能区"文本"组"文字方向"按钮,选择"垂直"或"水平",可以将横排文本框和竖排文本框相互转换。

(4)文本框的其他设置参照图片、艺术字或形状的设置方法。

七、制作封面

(1)步骤:单击"插入"功能区"页"组的"封面"按钮,在下拉列表中选择封面类型,如图4-68所示。

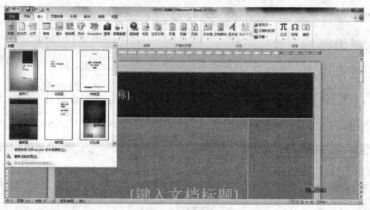

图4-68　插入封面

(2)插入封面后可以对封面进行修改。

(3)对封面编辑页眉或页脚时会自动勾选"首页不同"。

八、其他按钮

1.屏幕截图

单击"插入"功能区"插图"组"屏幕截图"按钮可以方便地截取屏幕。如图4-69所示。

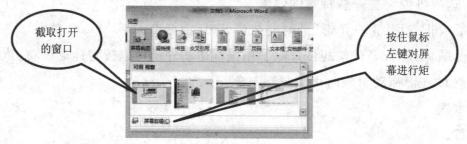

图4-69　屏幕截图

2.超链接

单击"插入"功能区"链接"组"超链接"按钮可以给文本或图片等对象设置超链接。设置了超链接的文本显示为蓝色并自动添加下划线。打开超链接时要按住 Ctrl 键单击超链接。

3.书签

步骤:在需要插入书签的位置单击,单击"插入"功能区"链接"组"书签"按钮打开"书签"对话框,输入书签名(书签名以字母或汉字开头),单击"添加"按钮。如图4-70所示。

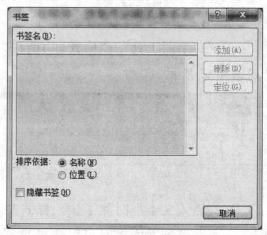

图4-70　"书签"对话框

4. 脚注和尾注

单击"引用"功能区"脚注"组"插入脚注"或"插入尾注"按钮可以为文档添加脚注或尾注。脚注在页的下方,尾注在文档末尾。如图4-71所示。

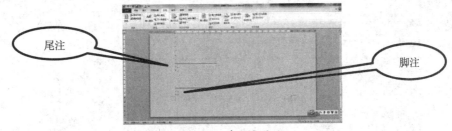

图 4-71 脚注和尾注

5. 邮件合并

单击"邮件"功能区"开始邮件合并"组的"开始邮件合并"按钮可以启动邮件合并,如图4-72所示。邮件合并不但可以批量处理信函、信封等和邮件相关的文档,还可以批量制作标签、工资条等,大大提高了工作效率。

图 4-72 "邮件"功能区

6. 批注

单击"审阅"功能区"批注"组"新建批注"可以给文档添加批注,单击"删除"按钮可以删除批注。如图4-73所示。

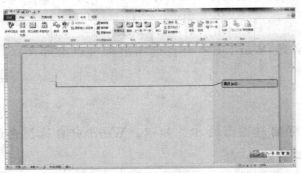

图 4-73 插入批注

7. "比较"和"合并"

单击"审阅"功能区"比较"组的"比较"按钮可以比较两篇文档的不同,例如,在文字、格式等方面的差异,还可以将两篇文档合并生成一个新文档。如图4-74所示。

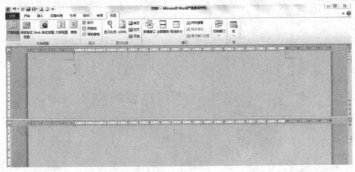

图 4-74 "审阅"功能区

8. 拆分窗口

单击"视图"功能区"窗口"组"拆分"按钮,可以将当前窗口拆分成两部分,以便同时查看文档的不同部分。如图 4-75 所示。

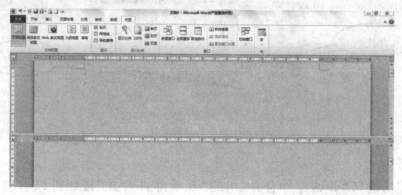

图 4-75　拆分窗口

▶ **典型例题**

【例 1】　(2018 年真题)Word 中插入的剪贴画,其默认的环绕方式为嵌入型。

(A　B)(对的选 A,错的选 B)

【答案】　A

【解析】　本题考查了剪贴画的文字环绕方式。剪贴画的文字环绕方式有:嵌入型、四周型、紧密型、穿越型、上下型、浮于文字上方、衬于文字下方等七种,默认的图片文字环绕方式是嵌入型。

【例 2】　(2020 年真题)Word 中所有自选图形都可以添加文字。

(A　B)(对的选 A,错的选 B)

【答案】　B

【解析】　本题考查了自选图形的相关知识。Word 中自选图形(线条除外)可以添加文字,旋转图形时文字会一起旋转。

【例 3】　(2020 年真题)Word 中不能插入组织结构图。　(A　B)(对的选 A,错的选 B)

【答案】　B

【解析】　本题考查了 Word 中"插入"功能区"插图"组中的"SmartArt"。组织结构图是"SmartArt"中层次结构的一种。

第四章　文字处理软件(Word)应用课时作业

一、是非选择题(本大题共 15 小题,每小题 1 分,共 15 分。对每小题做出选择,对的选 A,错的选 B)

1. Word 的可执行文件是 Word.exe。 (A　B)

2. 快速访问工具栏中的按钮不能增加。 (A　B)

3. Word 的功能区不能最小化。 (A　B)

4. 水平标尺上数字表示默认情况下每行的字符数。 (A　B)

5. 状态栏上可以显示页数、字数等信息。 (A　B)

6. 调整 Word 文档的显示比例会影响打印效果。 (A　B)

7. 快捷键 Ctrl+N 和单击"文件"选项卡中的"新建"效果是一样的。 (A　B)

8. Word 设置了自动保存后可以不用手动保存了。 (A　B)

9. 空白文档也是模板的一种。 (A　B)

10. 水平标尺上不能设置制表位。 (A　B)

11. Word 文档编辑时按 Home 键可以将光标移动行首。 (A　B)

12. 格式刷只能复制字符格式。 (A　B)

13. 通过设置字符的"文字效果"来给字符添加阴影、映像或发光之类的效果。 (A　B)

14. Word 中一号字比初号字大。 (A　B)

15. Word 中要设置下沉或悬挂是在同一个对话框的。 (A　B)

二、单项选择题(本大题共 20 小题,每小题 2 分,共 40 分)

16. 水平标尺上的数字表示 (　　)

　　A. 行数　　　　　　B. 段落数　　　　　　C. 页数　　　　　　D. 每行的字符数

17. 新建 Word 文档的快捷键是 (　　)

　　A. Ctrl+O　　　　　B. Shift+O　　　　　C. Ctrl+N　　　　　D. Shift+N

18. Word 中要插入特殊字符是在 _____ 功能区。 (　　)

　　A. 文件　　　　　　B. 开始　　　　　　C. 插入　　　　　　D. 页面布局

19. Word 编辑文档时,将光标移动文档末尾的按键是 (　　)

　　A. Home　　　　　　B. End　　　　　　C. Ctrl+Home　　　　D. Ctrl+End

20. 下面说法正确的是 (　　)

　　A. 剪贴板占用的是硬盘空间,关机后数据不会丢失

　　B. Word 文档中进行替换和查找时可以设置区分大小写

　　C. 编辑 Word 文档时 Delete 键和 Backspace 键的功能是一样的

　　D. 单击文件选项卡中的"关闭"按钮会退出 Word 程序

21. 在 Word 2010 编辑时，文字下面有红色波浪下划线表示 （　　）

A. 可能是拼写错误　　　　　　　　　　B. 对输入的确认

C. 已修改过的文档　　　　　　　　　　D. 可能是语法错误

22. Word 文档中输入网址，说法错误的是 （　　）

A. 自动加下划线　　　　　　　　　　B. 自动变成超级链接

C. 自动变颜色　　　　　　　　　　　　D. 什么也没有发生

23. "撤销"的快捷键是 （　　）

A. Ctrl+A　　　　B. Ctrl+V　　　　C. Ctrl+Z　　　　D. Ctrl+X

24. 能方便更改项目的大纲级别视图是 （　　）

A. 草稿视图　　　B. 页面视图　　　C. Web 版式视图　　　D. 大纲视图

25. 下面_____不是"页面布局"功能区"页面设置"组中的按钮。 （　　）

A. 文字方向　　　B. 纸张大小　　　C. 页面颜色　　　D. 分隔符

26. 下面关于分栏说法正确的是 （　　）

A. 最多可以分 11 栏

B. 文档分成多栏时，栏宽必须相等

C. 当文档分成多栏且勾选了"栏宽相等"复选框时，更改栏宽数值后栏间距会自动变化

D. 分栏时不能设置分隔线

27. 插入分节符并在同一页上开始新节，这里的分节符类型指的是 （　　）

A. 连续　　　　B. 下一页　　　　C. 奇数页　　　　D. 偶数页

28. _____指整个文档或当前段落的文本距纸张边缘的距离。 （　　）

A. 纸张方向　　　B. 纸张大小　　　C. 页边距　　　D. 文字方向

29. Word 中不能预览文档打印效果的是 （　　）

A. "快速访问工具栏"中的"打印预览和打印"按钮

B. "快速访问工具栏"中的"快速打印"按钮

C. "文件"选项卡中的"打印"命令

D. 快捷键 Ctrl+P

30. Word 中"文字转换成表格"命令是在_____功能区。 （　　）

A. "插入"　　　　　　　　　　　　　B. "表格工具"→"设计"

C. "表格工具"　　　　　　　　　　　D. "页眉布局"

31. Word 中拆分表格后，光标出现在 （　　）

A. 上方表格　　　B. 两表格之间　　　C. 下方表格　　　D. 文档末尾

32. Word 中选取表格的一整行后，选择"表格工具"→"布局"功能区"行和列"组"删除"→"删除列"命令后 （　　）

A. 会删除选中的行　　　　　　　　　　B. 会删除整个表格

C. 不能删除任何对象　　　　　　　　　D. 会删除第一列

33. 下面关于 Word 排序说法错误的是 （　　）

    A. 最多可以使用上关键字　　　　　　　B. 排序类型有升序和降序

    C. 排序类型有笔画、日期、数字和拼音　　D. 标题行必须参加排序

34. 下面不属于"插入"功能区"插图"组的是 （　　）

    A. 图片　　　　　　　B. 剪贴画　　　　C. 艺术字　　　　D. 形状

35. 下面不属于图片的文字环绕方式的是 （　　）

    A. 嵌入型　　　　　　B. 上下型　　　　C. 左右型　　　　D. 穿越型

三、不定项选择题（本大题共 10 小题，每小题 3 分，共 30 分）

36. 可以使功能区最小化的操作有 （　　）

    A. 双击功能区

    B. 双击选项卡

    C. 单击菜单栏中标题栏的"功能区最小化"按钮

    D. 右击功能区，在快捷菜单中选择"功能区最小化"

37. Word 的快速访问工具栏默认的工具有 （　　）

    A. 新建　　　　　　　B. 撤销　　　　　C. 恢复　　　　　D. 保存

38. Word 文档保存的格式有 （　　）

    A. .docx　　　　　　 B. .pdf　　　　　 C. .dotx　　　　　D. .mp3

39. 编辑 Word 文档时可以选定一段的操作是 （　　）

    A. 在段落选定区单击

    B. 在段落选定区双击

    C. 在段落开始位置单击按住 Shift 键再单击段落尾部

    D. 在段落任意位置三击鼠标左键

40. 编辑 Word 文档时选取文本对象后进行下列_____操作时，被选取的对象会放入剪贴板。

（　　）

    A. 复制　　　　　　　B. 粘贴　　　　　C. 剪切　　　　　D. 删除

41. Word 中字符的缩放有 （　　）

    A. 加宽　　　　　　　B. 紧缩　　　　　C. 提升　　　　　D. 降低

42. Word 的中文版式有 （　　）

    A. 拼音指南　　　　　B. 字符缩放　　　C. 纵横混排　　　D. 双行合一

43. Word 中下面说法正确的是 （　　）

    A. 不同计算机使用的字体都是一样的

    B. 可以在"开始"功能区"字体"组"字号"文本框中直接输入字符的点数来设置字符大小

    C. 编辑 Word 时不小心删除了图片，可以通过组合键 Ctrl＋Y 来恢复误删的图片

    D. Word 中可以插入数学公式

44. 预览文档打印效果时可以进行的设置是 （　　）

    A. 纸张大小   B. 纸张方向   C. 分栏   D. 页边距

45. Word 文档的"字数统计"功能可以统计文档的 （　　）

    A. 字数   B. 行数   C. 页数   D. 空格数

四、填空题（本大题共 15 空，每空 2 分，共 30 分）

46. 编辑 Word 文档时选取整篇文档的快捷键是_____。

47. Office 剪贴板可以保留_____个对象。

48. Word 文档视图有_____阅读视图、Web 视图、大纲视图、草稿视图等五种。

49. Word 中打开超链接是要按住_____键。

50. Word 文档中，凡是以_____结束的一段内容都称为一个段落。

51. Word 中默认的行距是_____倍行距。

52. 将段落的对齐方式设置为_____时，段落以页面左边界对齐，此时段落右边缘可以不对齐。

53. Word 中行距设置为_____时，行距不可调整，如果字符过大行距不够，超出部分会被切掉。

54. Word 中的_____功能可以比较两个文档的不同，例如，在文字、格式等方面的差异。

55. "远上寒山石径斜"。这句诗采用了中文版式中_____的排版方式。

56. Word 中要设置每行的字符数是在"页面设置"对话框的_____选项卡中完成。

57. Word 中要打印隐藏的字符是在_____对话框中进行设置。

58. Word 中要让页眉进入编辑状态可以在页眉区_____。

59. Word 中对不同的页码要选中"页码格式"对话框中的_____单选按钮。

60. 给 Word 文档添加水印效果时，可以用文字或_____做水印。

五、简答题（本大题共 2 小题，每小题 4 分，共 8 分）

61. 启动 word 后有哪些选项卡或功能区？

62. 保存和另存为有什么区别？

六、模拟操作题(本大题共 3 小题,每小题 9 分,共 27 分)

63. 对打开的文档按下面要求进行操作,写出操作步骤。

   (1)标题为宋体、二号、居中,正文首行缩进 2 字符。

   (2)将文档中的"感情"替换成"情感"。

   (3)在页边距(轨道右侧)插入页码。

64. 按下面要求完成 Word 文档的设置,写出操作步骤。

   (1)设置上下页边距为 2.8 cm,左右页边距为 2.6 cm。

   (2)正文各段设置段后 0.5 行,行间距为 1.5 倍。

   (3)页眉采用"奥斯汀"样式,页眉内容为"基础知识"。

65. 打开"D:\习题\茶韵飘香.docx"文档,按下面要求进行排版,写出操作步骤。

   (1)将标题"茶韵飘香"设置成第三行第二列艺术字,要求文本填充为蓝色,文本轮廓为
      红色。

   (2)正文第一段设置首字下沉 3 字符,距正文 0.5 cm。

   (3)给页面添加艺术型边框。

第五章　电子表格处理软件(Excel)应用

▶考纲要求

(1)理解工作簿、工作表、单元格等基本概念,能创建、编辑、保存工作簿。

(2)能熟练输入、编辑工作表中的数据,掌握工作表的编辑和管理。

(3)熟练掌握格式化电子表格的方法。

(4)了解单元格地址的引用,会使用公式和常用函数进行计算。

(5)熟练掌握数据排序、自动筛选、分类汇总等操作。

(6)了解常见图表的功能和使用方法,会创建与编辑数据图表。

(7)会根据输出要求设置打印文件。

第一节　电子表格处理软件入门

▶知识框架

```
                                   ┌─ Excel 2010 电子表格处理软件功能

                                   ├─ Excel 2010 基本概念

         电子表格处理软件入门 ──┤─ Excel 2010 窗口

                                   ├─ 工作簿基本操作

                                   └─ 输入数据
```

▶知识要点

一、Excel 2010 电子表格处理软件功能

　　Excel 2010 是 Office 2010 中的电子表格处理软件,具有制作表格、处理数据、分析数据、创建图表等功能,在数据自动处理方面使用广泛。

二、Excel 2010 基本概念

　　1. 工作簿

　　工作簿是一个使用 Excel 创建的电子表格文件,工作簿名就是文件名,Excel 2010 的默认文件扩展名是.xlsx。Excel 2010 允许打开多个工作簿,但任一时刻只允许对一个工作簿进行操作,该工作簿称为当前工作簿。

　　2. 工作表

　　工作表是显示在工作簿窗口中由行和列构成的表格,主要由单元格行号、列标和工作表标签等组成。行号显示在工作簿窗口的左侧,依次用数字 1,2,…,1048576 表示;列标显示在工作簿窗口的上方,依次用大写字母 A,B,…,XFD 表示。默认情况下,一个工作簿包含 3 张工作表 Sheet1、Sheet2、Sheet3,我们可以根据需要添加或删除工作表,也可以对工作表进行修改。

在工作簿中单击工作表标签,则该工作表就会成为当前工作表,可以对此表中的数据进行编辑。当工作表较多,在工作表标签行显示不完全时,可利用工作表窗口左下角的按钮滚动显示各个工作表。

提示:

在一个工作簿中,无论有多少张工作表,都将保存在同一个工作簿文件中,而不是按照工作表的个数保存。

3. 单元格

工作表中的每个小矩形方格就是一个单元格,它是工作表存储数据的基本单元。所有数值、文字、公式等信息都是通过单元格向工作表中输入的。

4. 活动单元格

活动单元格是系统默认操作的单元格。每张工作表虽然有多个单元格,但任一时刻只有一个活动单元格。单击某个单元格,该单元格就成为活动单元格,被粗框线所包围。编辑栏的名称框中显示活动单元格的地址。

5. 单元格地址

每个单元格有一个地址,单元格地址也就是单元格在工作表中的位置。单元格地址由单元格所在的列标和行号组成(列标在前,行号在后)。

例如,第一行各个单元格的地址分别是:A1,B1,C1,…,而 E5 则表示 E 列 5 行的单元格。单元格地址这种表示方式也称为单元格的相对地址。

一个矩形单元格区域的地址用"左上角单元格地址:右下角单元格地址"的形式表示。例如,某单元格区域的左上角单元格是 B3,右下角单元格是 E7,它的地址用"B3:E7"表示。单元格地址的另一种表示为"＄列标＄行号",称为绝对地址。例如,"＄E＄5"表示 E 列 5 行单元格的绝对地址。在复制包含相对地址的公式时,Excel 将自动调整公式中的地址,以便引用相对于当前公式位置的其他单元格。但复制包含绝对地址的公式时,Excel 不调整公式中的地址。

三、Excel 2010 的窗口

启动 Excel 2010 后,显示如图 5-1 所示的主窗口界面,该主窗口界面主要由快速启动工具栏、标题栏、功能区、编辑栏、工作表编辑区、滚动条、视图方式、缩放比例滑块、状态栏等组成。

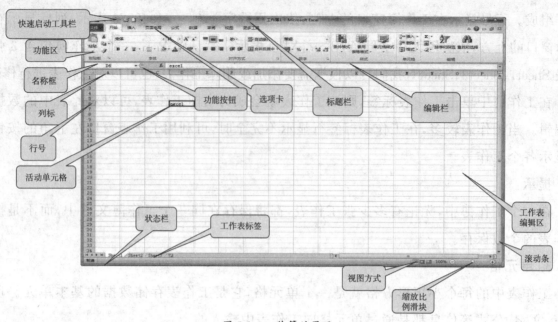

图 5-1 工作簿的界面

Excel 的窗口界面介绍：

1. 快速启动工具栏

常用命令位于此处，如"保存"和"撤销"等，用户也可以添加自己常用的命令项。

2. 功能区

功能区由多个功能选项卡组成，每个选项卡中包含常用的工具按钮、选项等。

3. 编辑栏

它用于显示及编辑工作表中当前单元格的公式及数据。编辑栏最左边为"名称框"，显示当前活动单元格的地址，当向工作表当前单元格输入数据或进行数据修改时，在编辑栏中出现"取消""输入"和"插入函数"三个按钮，并将输入的数据或公式显示在编辑栏的右边。

4. 工作表编辑区

编辑栏的下方是工作表编辑区，用于显示正在编辑的电子表格。在此可以输入数据、建立图表等。每个工作表有一个名字称为标签。

四、工作簿基本操作

1. 创建工作簿

用 Excel 2010 制作表格和图表需要先创建一个工作簿并输入数据。创建工作簿的方法如下。

（1）Excel 2010 启动成功后，系统将自动新建一个工作簿（第一次创建的工作簿名为"工作簿 1"）。

（2）选择"文件"选项卡中的"新建"命令，在可用模板中选择合适的模板后创建基于该模板的工作簿。

（3）直接单击"快速访问工具栏"中的 □ 按钮新建基于默认工作簿模板的工作簿。

（4）按 Ctrl＋N 快捷键。

2. 打开工作簿

(1)Excel 2010 启动成功后,系统将自动打开一个空白工作簿。

(2)选择"文件"选项卡中的"打开"命令。

(3)直接单击"快速访问工具栏"中的 ![按钮] 按钮。

(4)按 Ctrl+O 快捷键。

在出现的"打开"对话框中选择要打开的文件,再单击 打开(O) 按钮,打开指定的工作簿。

3. 保存工作簿

(1)选择"文件"选项卡中的"保存"/"另存为"命令。

(2)单击"快速访问工具栏"中的 ![按钮] 按钮。

(3)按 Ctrl+S 快捷键。

在出现的"另存为"对话框中选择保存位置、文件名及文件类型,单击 保存(S) 按钮即可保存工作簿。

提示:

"保存"和"另存为"命令都可以保存工作簿,其区别主要在于如果工作簿为一个已存在的工作簿,"保存"命令直接按原来的文件名保存数据,不再出现"另存为"对话框。

4. 关闭工作簿

(1)选择"文件"选项卡中的"关闭"命令。

(2)单击工作簿窗口中的 ![按钮] 按钮。

5. 退出 Excel 2010

(1)选择"文件"选项卡中的"退出"命令。

(2)单击 Excel 2010 程序窗口标题栏中的 ![按钮] 按钮。

(3)按 Alt+F4 快捷键。

(4)双击 Excel 2010 程序窗口标题栏中控制菜单图标 ![图标] 。

(5)单击 Excel 2010 程序窗口标题栏中控制菜单图标 ![图标] ,从弹出的控制菜单中选择"关闭"命令。

五、输入数据

1. 输入数据的一般方法

选取要输入数据的单元格,使其成为活动单元格,然后向其输入所需的数据。

(1)文本数据可以直接输入,系统按左对齐的格式显示,输入字符个数超过单元格宽度而其右边单元格没有数据时,超出部分在右边单元格显示,否则超出部分被隐藏。字符型数字应以单引号"'"(英文半角)开头。

(2)数值数据可以直接输入,系统按右对齐的格式显示。数值位数超过单元格宽度时按科学记数法显示,单元格宽度太小时将显示一串"#"。①负数需要输入在"( )"中或以"—"开头;②分数输入应先输入 0 和空格,否则得到的是日期数据,如输入"0 1/2",得到"1/2",

否则得到日期1月2日。

（3）日期数据按照"年-月-日"或"年/月/日"格式输入，如果不输入年份，可以按照"月/日"的格式输入，系统按右对齐的格式显示。

（4）时间数据按照"时：分：秒"的格式输入，输入时既可以使用24小时制，也可使用在表示时间的数字后加上一个空格和代表上午的A或AM，代表下午的P或PM的12小时制。

（5）系统默认使用记忆式输入法输入数据，即输入数据开头的字符与该列已有字符相同时系统自动填写其余字符。

（6）选择了多个单元格并在活动单元格中输入内容后，按下组合键Ctrl＋Enter可以在选定的多个单元格中快速输入相同内容。

（7）当输入具有连续性规律的数据时，不需要逐一输入，利用Excel 2010"自动填充"功能可以做到快速输入。

方法一：选定单元格，输入数字1，将鼠标指针移到单元格的右下角填充柄，此时鼠标指针变为实心的＋，按住鼠标左键拖动单元格右下角的填充柄到目标单元格。这时在填充区域的右下角出现一个按钮，点击按钮，出现选择菜单。可以选择复制单元格，也可以选择以序列方式填充，或者选择不带格式填充。如图5-2所示。

方法二：对于等差、等比序列以及日期数据序列等，用"序列"填充。选定要从数据单元格开始填充的单元格区域。单击"开始"选项卡上的"行和列"，选择"填充"，在展开的列表中选择"序列"，选择等差序列，输入步长值，再单击"确定"按钮。如图5-3所示。

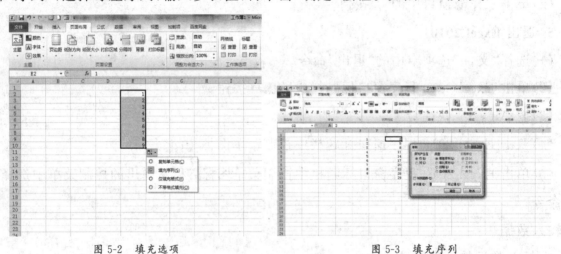

图5-2 填充选项　　　　　　　　　　　　　图5-3 填充序列

如果需要编辑修改，Excel 2010提供了改写和插入两种方式。单击要修改数据的单元格，单元格的边框呈黑色的粗边框，此时是改写方式；双击要修改数据的单元格，单元格的边框呈黑色的细边框，并且光标出现在活动单元格中，此时是插入方式。如果操作错了，可以单击"快速访问工具栏"中的 按钮或 按钮，但并非所有的操作都能撤销或恢复。

2. 确认、取消数据的输入

（1）确认所输入的数据可以：按Enter键；单击编辑栏中的 ✔ "输入"按钮；按Tab键；按上下左右光标键；单击下一个单元格。

(2)取消输入的数据可以:单击编辑栏中的 ✖ "取消"按钮;按 Esc 键。

▶ 典型例题

【例1】 1.以下属于 Excel 2010 主要功能的是 （　　　）

A. 创建图表　　　　B. 制作表格　　　　C. 处理图片　　　　D. 分析数据

【答案】 ABD

【解析】 Excel 2010 是 Office 2010 中的电子表格处理软件,具有制作表格、处理数据、分析数据、创建图表等功能,不具有处理图片的功能。

【例2】 活动单元格指的是被选取的一个或多个单元格。 （A　B）(对的选 A,错的选 B)

【答案】 B

【解析】 每张工作表虽然有多个单元格,但任一时刻只有一个活动单元格。

【例3】 在 Excel 单元格中输入的下列数据中,自动右对齐的是 （　　　）

A. 6/12　　　　B. 3+20　　　　C. '000456　　　　D. SUM(A1:B2)

【答案】 A

【解析】 数值型、日期型数据系统按右对齐的格式显示。文本型数据系统按左对齐的格式显示。

【例4】 Excel 2010 中在选定的多个单元格中要输入相同的内容,应以_____结束。
（　　　）

A. Enter　　　　B. Ctrl+Enter　　　　C. Tab　　　　D. Ctrl+Tab

【答案】 B

【解析】 按下组合键 Ctrl+Enter 可以在选定的多个单元格中快速输入相同内容。

【例5】 在 Excel 2010 中输入数据后按_____键可以进行确认。 （　　　）

A. Tab　　　　B. Enter　　　　C. Esc　　　　D. Space

【答案】 AB

【解析】 确认所输入的数据可以:按 Enter 键;单击编辑栏中的 ✔ 按钮;按 Tab 键;按上下左右光标键;单击下一个单元格。

第二节　编辑和管理工作表

▶**知识框架**

编辑和管理工作表 { 编辑工作表
　　　　　　　　 管理工作表 }

▶**知识要点**

一、编辑工作表

1. 选取单元格或单元格区域

要对工作表中输入数据或对单元格进行操作,需要先选取单元格区域。

(1)选择单个单元格。

将鼠标指针移动到要选择的单元格,指针变成 ✚(空白＋字形)时,单击鼠标左键,该单元格被粗黑框线所包围,进入改写状态;双击鼠标左键,该单元格被细黑框线所包围,进入插入状态。

(2)选择多个相邻单元格。

将鼠标指针移动到第一个单元格,指针变成 ✚(空白＋字形)时,按下鼠标左键拖动到最后一个单元格(或者在选择第一个单元格后,按住 Shift 键再单击最后一个单元格),该矩形区域被粗黑框线所包围。

(3)选择多个不相邻单元格。

先选择第一个单元格,按住 Ctrl 键,再逐个单击要选择的其他单元格。

(4)选择整行。

将鼠标指针移动到要选择行的行号处,指针变成向右黑箭头 ➡ 时,单击鼠标左键,该行单元格被粗黑框线所包围。

(5)选择整列。

将鼠标指针移动到要选择列的列标处,指针变成向下黑箭头 ⬇ 时,单击鼠标左键,该列单元格被粗黑框线所包围。

(6)选择整个工作表。

单击工作表左上角行号与列标交叉处的全选按钮,可以选择整个工作表。

2. 插入行、列

(1)选取要插入的位置处的单元格,右击,弹出快捷菜单,选择"插入"命令,打开"插入"对话框,选择"整行"或"整列",单击"确定"按钮,则在选取的单元格上方插入一行或在左侧插入一列(如图 5-4 所示)。

(2)选取单元格,选择"开始"功能区,"单元格"命令组,选择"插入"项下的"插入工作表行"或"插入工作表列",则在选取的单元格上

图 5-4　"插入"对话框

方插入一行或在左侧插入一列(如图 5-5 所示)。

图 5-5 "插入"命令

（3）选到一行，或一列，右击，弹出快捷菜单，选择"插入"命令，则在选取的行上方插入一行或在选取的列左侧插入一列。如选取多行或多列，就在选取的多行（或列）上方（或左侧）插入多行或多列。

3. 插入单元格

（1）选取要插入的位置处的单元格，右击，弹出快捷菜单，选择"插入"命令，打开"插入"对话框，选择活动单元格的移动方式，单击"确定"按钮。

（2）选取要插入的位置处的单元格，选择"开始"功能区，"单元格"命令组，选择"插入"项下"插入单元格"命令，打开"插入"对话框，选择活动单元格的移动方式，单击"确定"按钮。

4. 删除行或列

先选取要删除的行或列，然后选择"开始"选项卡"单元格"组"删除"列表中的"删除工作表行"或"删除工作表列"命令，删除选定的行或列。如图 5-6 所示。

5. 删除的单元格

先选择要删除的单元格，然后选择"开始"选项卡"单元格"组"删除"列表中的"删除单元格"命令，在出现的"删除"对话框中，选取单元格的移动方式，最后单击"确定"按钮即可删除选定的单元格。如图 5-7 所示。

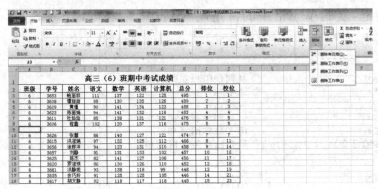

图 5-6 删除工作表行

图 5-7 "删除"对话框

6. 清除单元格

先选择要清除的单元格，然后选择"开始"选项"编辑"组 清除▾ 列表中的相应命令，可以清除选定单元格区域中的内容、格式、批注或超链接，按下 Delete 键可以只清除选定单元格的内容。

提示：

在 Excel 2010 中，删除单元格是将单元格和单元格中的内容一起删除，而清除单元格只是将单元格中的内容、格式或批注删除，单元格依然存在于工作表中。

7. 移动和复制数据

移动数据是将单元格中的内容移动到新位置，原单元格成为空白单元格；复制数据则是将单元格中的内容复制到新位置，原单元格中的内容不变。

（1）移动数据。

①鼠标拖放法。

先选择要移动的单元格区域，将鼠标指针指向该区域边界线，鼠标指针变成 时，按住鼠标左键拖到目的区域后，释放左键即可完成。

②借助剪贴板。

先选择要移动的单元格区域，然后单击"开始"选项卡"剪贴板"组中的"剪切" 按钮，再选择目的区域，最后单击"开始"选项卡"剪贴板"组中的"粘贴" 按钮。

（2）复制数据。

①鼠标拖放法。

先选择要复制的单元格区域，按住 Ctrl 键，将鼠标指向该区域的边缘线，鼠标指针变成 时，再按住鼠标左键拖到目的区域后，释放 Ctrl 键和左键即可完成。

②借助剪贴板。

先选择要复制的单元格区域。然后单击"开始"选项卡"剪贴板"组中的"复制" 按钮，再选择目标区域，最后单击"开始"选项卡"剪贴板"组中的"粘贴" 按钮。

（3）复制单元格中特定内容。

①选定需要被复制的单元格区域，单击"开始"功能区选项卡或鼠标右键，在"剪贴板"功能区组或快捷菜单中选择"复制"。

②选择粘贴区域的左上角单元格，在"剪贴板"功能区组中单击"粘贴"按钮，打开下拉菜单，可直接在下拉菜单选项中选择粘贴的形式，也可单击"选择性粘贴"菜单命令。

③利用"选择性粘贴"对话框，复制单元格中的特定内容，如图 5-8 所示。

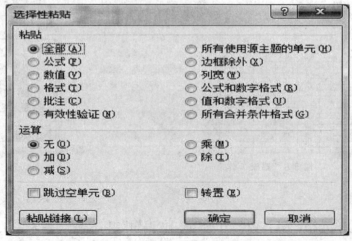

图 5-8 "选择性粘贴"对话框

在 Excel 2010 中复制和移动单元格有插入和覆盖两种方式。当目标单元格或区域有数据时,用插入方式复制和移动单元格后,目标位置的原单元格内容右移或下移;用覆盖方式复制和移动单元格后目标位置的原单元格内容被覆盖。

二、管理工作表

1. 选定工作表

对工作表操作之前,应该先选择工作表,选择的工作表称为当前工作表,也称活动工作表。

(1)选择单张工作表。

将鼠标指针移到要选择工作表的标签处,指针变成向左白色箭头时,单击鼠标左键,即可选定相应工作表。

(2)选择多张连续工作表。

先选择第一张工作表,按住 Shift 键,再单击最后一张工作表标签,两工作表之间的所有工作表被选定,标题栏中显示[工作组]字样。

(3)选择多张不连续工作表。

先选择第一张工作表,按住 Ctrl 键,再逐个单击要选择的其他工作表标签,所单击的工作表被选定,标题栏中显示[工作组]字样。

(4)选择所有工作表。

用鼠标右击任意一个工作表标签,从弹出的快捷菜单中选择"选定全部工作表"命令,工作簿中包含的所有工作表被选定,标题栏中显示[工作组]字样。

2. 删除工作表

(1)选择"开始"选项卡中的"单元格"命令组"删除"项下的"删除工作表"命令。

(2)右击选定的工作表,弹出快捷菜单(如图 5-9 所示),选择"删除"命令。

图 5-9 右击工作表快捷菜单

3. 插入工作表

(1)选择"开始"选项卡中的"单元格"命令组"插入"项下的"插入工作表"命令,在当前工作表前插入新工作表。

(2)右击选定的工作表,弹出快捷菜单(如图 5-9 所示),选择"插入"命令,打开"插入"对话框,在"常用"选择卡中选择"工作表",单击"确定"按钮,在当前工作表前插入新工作表。

(3)按快捷键 Shift+F11,在当前工作表前插入新工作表。

(4)单击"插入工作表按钮" ,在所有工作表后插入新工作表。

4. 重命名工作表

(1)选择"开始"选项卡中的"单元格"命令组"格式"项下的"重命名工作表"命令,输入工作表名,按 Enter 键。

(2)右击选定的工作表,弹出快捷菜单(如图 5-9 所示),选择"重命名"命令,输入工作表名,按 Enter 键。

(3)双击要重命名的工作表标签,输入工作表名,按 Enter 键。

5. 移动或复制工作表

(1)用鼠标直接拖动,按住 Ctrl 键,复制后的工作表名字是原来的名字加"(1)",数字从 1 开始,是复制的第几次加 1。例如:Sheet1 第一次复制产生的工作表名字是 Sheet1(2),第二次复制产生的工作表名是 Sheet1(3)。

(2)单击要移动或复制的工作表标签,选择"开始"选项卡"单元格"命令组项下列表中的"移动或复制工作表"命令,打开"移动或复制工作表"对话框(如图 5-10 所示),选择目标工作簿及工作表的位置,单击"确定"按钮(如是复制工作表,选定"建立副本"复选框)。

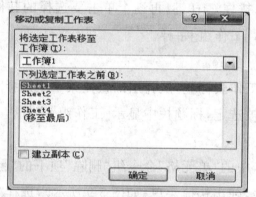

图 5-10 "移动或复制工作表"对话框

(3)在工作表标签上右击,从快捷菜单中选择"移动或复制"命令,在出现的"移动或复制工作表"对话框(如图 5-10 所示)中进行设置。

▶ **典型例题**

【例 1】 在 Excel 2010 中,以下可以删除工作表 D 列的操作是   (   )

A. 单击列号 D,按 Del 键

B. 单击列号 D,选择"开始"选项卡"单元格"组列表中的"删除工作表列"命令

C. 单击列号 D,单击"开始"选项卡"剪贴板"组中的 ✂ 剪切 按钮

D. 单击列号 D,选择"开始"选项卡"编辑"组中的"全部清除"命令

【答案】 B

【解析】 单击列号 D,选择"开始"选项卡"单元格"组列表中的"删除工作表列"命令可以直接删除选定列 D。单击"开始"选项卡"剪贴板"组中的 ✂ 剪切 按钮,是将 D 列内容送往剪贴板;按 Del 键只能清除 D 列内容;选择"开始"选项卡"编辑"组中的"全部清除"命令,也只是清除 D 列的内容、格式等,但该列依然存在于表格中。

【例2】　下列关于"行高"的操作中,错误的叙述是　　　　　　　　　　　　（　　）

　　A. 行高是可以调整的

　　B. 单击"开始"选项卡"格式"组中的"行高"命令,可以改变行高

　　C. 在"页面布局"选项卡"高度"框中输入数值,可以改变行高

　　D. 使用鼠标操作可以改变行高

【答案】　C

【解析】　在"页面布局"选项卡"高度"框中输入数值,是调整页面的高度。

【例3】　在 Excel 2010 工作表中插入一组单元格后,活动单元格的移动方向是（　　）

　　A. 向上　　　　　　　B. 向左　　　　　　　C. 向右　　　　　　　D. 由设置而定

【答案】　D

【解析】　在工作表中插入一组单元格时,可打开"插入"对话框,选择活动单元格的移动方式。

第三节　格式化工作表

▶知识框架

格式化工作表 { 格式化单元格 / 格式化工作表 }

▶知识要点

在 Excel 2010 中除了可以利用系统提供的"套用表格格式"方法直接修饰工作表外,还可以运用"设置单元格格式"对话框提供的各项功能设置电子表格的格式,制作个性化的工作表。

一、格式化单元格

格式化单元格主要包括设置文本字体和对齐方式、数字格式及单元格边框等。选择需要设置格式的单元格区域后,单击"开始"选项卡"字体"组右下角的 ┘ 按钮,弹出"设置单元格格式"对话框,"数字"和"字体"选项卡分别用于设置数字的分类和字符的字体、字形、字号、颜色等格式(如图 5-11、5-12 所示),"对齐"选项卡用于设置对齐方式(如图 5-13 所示)。

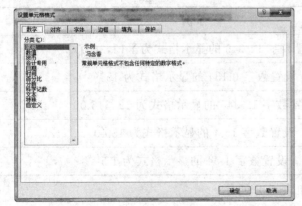

图 5-11　"设置单元格格式"对话框　　　　　　图 5-12　"设置单元格格式"对话框

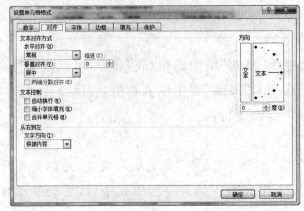

图 5-13 "设置单元格格式"对话框

1. 设置字符格式

设置字符格式包括设置字符的字体、字号、字形和颜色等。在"单元格格式"对话框中单击"字体"选项卡(如图 5-12 所示),分别从"字体""字形""字号""颜色"下拉列表框中选择相应选项后,单击"确定"按钮即可。

提示:

单击"开始"选项卡中的"字体"命令组中的按钮可以快速完成选定单元格区域字符格式的设置。

2. 设置数字格式

Excel 2010 提供了多种数字格式,例如:数值、货币、日期、百分比、科学记数等,系统默认的是常规格式。设置数字格式后单元格中将显示格式化后的结果,编辑框中可以显示实际存储的数字。

在"设置单元格格式"对话框的"数字"选项卡中(如图 5-11 所示),分别从"分类"列表框中选择"日期","类型"列表框中选择一种样式后,单击"确定"按钮即可。

提示:

单击"开始"选项卡"数字"命令组中的按钮可以快速完成选定单元格区域货币符号、百分比样式、千位分隔符、增加/减少小数位数等数字格式的设置。数字格式按钮使用说明如表 5-1 所示。

表 5-1 "数字"组部分按钮使用说明

按钮	名称	示例
	会计数字格式	设置数字 12 345 的显示格式为￥12,345.00
%	百分比样式	设置数字 0.154 的显示格式为 15%
,	千位分隔样式	设置数字 12 345 的显示格式为 12,345.00
	增加小数位	设置数字 15.4 的显示格式为 15.40
	减少小数位	设置数字 1.54 的显示格式为 1.5

图 5-11 中数字格式分类的各选项用途如表 5-2 所示。

表 5-2　数字格式分类的各选项说明

选项	用途
常规	不包括任何特定的数字格式
数值	用于一般数字表示,可以设置小数点位数、是否使用千位分隔符以及负数表示方法
货币	用于表示一般货币数值,可以设置小数点位数、负数表示方法以及货币符号,如￥-1 234.5
会计专用	可对一列数值进行货币符号和小数点设置
日期	设置各种日期的显示方式,如 2009-6-23 表示 2009 年 6 月 23 日
时间	设置各种时间的显示表示方式,如 1:50PM 表示下午 1 点 50 分
百分比	单元格的数字自动乘以 100,并且以百分比的形式出现,如小数位数设置为 2,0.35 显示为 35.00％
分数	将数据换算成最接近的分数形式,如选择"分母为两位数",0.66 显示为 33/50
科学记数	将数据以科学记数的形式显示,如小数位数设置为 2,1 865 显示为"1.87E＋03"
文本	将数据以文本的格式处理,这样数据将不具备计算能力
特殊	包括邮政编码、中文大小写数字等。如选择"中文小写数字"格式,321 显示为"三百二十一"
自定义	自己定义数字格式

3. 设置对齐格式

在 Excel 2010 中,表格数据的对齐格式分为水平对齐和垂直对齐两种,系统默认的水平对齐格式是"常规"(即文字左对齐,数字右对齐),默认的垂直对齐格式是"靠下",即数据靠下边框对齐,在"设置单元格格式"对话框中单击"对齐"选项卡,分别从"水平对齐"和"垂直对齐"下拉列表框中选择一种对齐方式,必要时也可以选择"合并单元格"复选框,最后单击"确定"按钮。

二、格式化工作表

1. 调整列宽

在 Excel 2010 中,如果输入的信息超过了单元格宽度,则以多个"＃"字符代替,此时需调整列宽。调整列宽的操作步骤如下:

(1)打开工作簿,在工作表中选择要调整的列。

(2)选择"开始"选项卡"单元格"命令组"格式"列表中的"列宽"命令,弹出"列宽"对话框。

(3)在"列宽"对话框的"列宽"文本框中,输入具体数值。

(4)单击"确定"按钮。

提示:

①选择"开始"选项卡"单元格"命令组"格式"列表中的"自动调整列宽"命令,Excel 2010 将根据单元格中的内容自动调整列宽。

②选择"开始"选项卡"单元格"命令组"格式"列表中的"默认列宽"命令,Excel 2010 将设置列宽为默认值 8.38 磅(1 磅≈0.035 27 cm)。

③将鼠标指向列标题分隔线,当鼠标指针变成 ✛ 时,拖动鼠标可以快速改变相应列宽。

④双击列标题的右边界,可以设置列宽为刚好容纳该列单元格最多的字符。

⑤在 Excel 2010 中,列宽的有效范围为 0～255,如果将列宽设置为 0,选定列将被隐藏。

2. 调整行高

在 Excel 2010 中,如果输入数据的字形高度超出高度,可以适当调整行高。调整行高的操作步骤如下。

(1)在打开工作簿的工作表中,选择要调整行高的单元格区域。

(2)选择"开始"选项卡"单元格"命令组"格式"列表中的"行高"命令,弹出"行高"对话框。

(3)在"行高"对话框的"行高"文本框中,输入具体数值。

(4)单击"确定"按钮。

提示:

①选择"开始"选项卡"单元格"命令组"格式"列表中的"自动调整行高"命令,系统将行高自动调整到合适高度。

②将鼠标指向行标题分隔线,当鼠标指针变成 ✛ 时,拖动鼠标可以快速改变相应行高。

③双击列标题的下边界,可以设置行高为刚好容纳该行最高的字符。

④在 Excel 2010 中,行高的有效范围为 0～409,如果将行高设置为 0,选定行将被隐藏。

3. 设置单元格边框

Excel 2010 表格中预先设置的灰色网格线,主要是为了方便输入和编辑数据,默认情况下,网格线是不能被打印出来的。我们可以为表格或单元格区域添加边框和图案底纹,突出显示指定的数据区,使工作表更加清晰明了,便于阅读。

为工作表添加边框线的操作步骤如下。

(1)在打开工作簿的工作表中,选择要添加边框线的单元格区域。

(2)选择"开始"选项卡"字体"命令组"边框" 🔲 列表中的"其他边框"命令,弹出"设置单元格格式"对话框(如图 5-14 所示)。

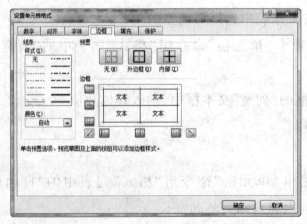

图 5-14 "设置单元格格式"对话框

(3)在对话框中单击"边框"选项卡,从"线条"区域"样式"列表框中选择一种样式,单击

"预置"区域中的按钮。

(4)从"线条"区域"样式"列表框中选择另一种样式,单击"预置"区域中的按钮。

(5)单击"确定"按钮。

4．设置底纹

为工作表选定区域添加底纹的操作步骤如下。

(1)在打开工作簿的工作表中,选择要添加底纹的单元格区域。

(2)选择"开始"选项卡"单元格"命令组"格式"列表中的"设置单元格格式"命令,弹出"设置单元格格式"对话框。

(3)从"填充"选项卡"背景色"列表中选择一种底纹颜色(如图 5-15 所示)。

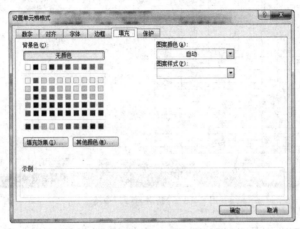

图 5-15 "设置单元格格式"对话框

(4)单击"确定"按钮。

5．使用"格式刷"

"格式刷"能够复制一个"样本"的格式,将其应用到另一个位置,双击"格式刷"按钮可将相同的格式应用到多个位置。

6．使用样式

单元格样式是格式的组合,包括字体、字号、对齐方式与图样等。在 Excel 2010 中提供了几十种预设的单元格样式,用户可以直接套用。套用这些格式,既可以美化工作表,又可以省去设置和操作过程。

为工作表套用样式的操作步骤如下。

(1)在打开工作簿的工作表中,选择要应用样式的单元格区域。

(2)单击"开始"选项卡"样式"组中的 "套用表格格式"按钮,从列表框中选择一种合适的样式即可。

7．条件格式

条件格式是基于条件更改单元格区域的外观。如果条件为 True,就会基于该条件设置单元格区域的外观;如果条件为 False,则不改变单元格区域的外观。若用户想设置特殊效果的单元格区域外观,可以通过新建条件格式规则来实现。

具体操作步骤如下。

步骤 1:选中一个要设置条件格式的区域,在"开始"选项卡下的"样式"命令组中单击"条件格式"按钮,从弹出的菜单中选择"突出显示单元格规则"命令下的"其他规则"。如图 5-16 所示。

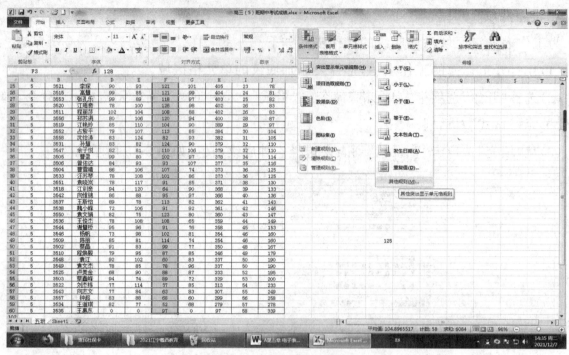

图 5-16 "条件格式"命令

步骤 2:弹出"新建格式规则"对话框,在"选择规则类型"列表框中选择"只为包含以下内容的单元格设置格式"选项,接着在"编辑规则说明"选项组中设置规则条件为"单元格值大于 120",再单击"格式"按钮。如图 5-17 所示。

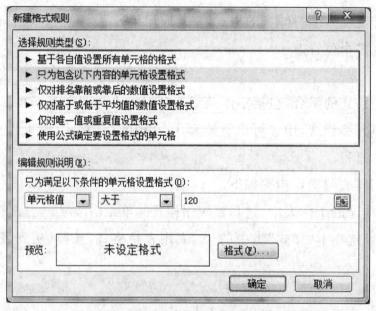

图 5-17 "新建格式规则"对话框

步骤 3:弹出"设置单元格格式"对话框,在"字体"选项卡下设置"字形"为"倾斜","颜色"为"红色",再依次单击"确定"按钮。如图 5-18、图 5-19 所示。

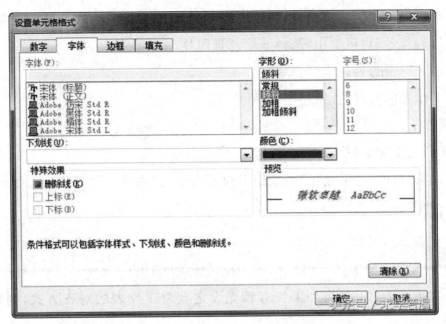

图 5-18 "设置单元格格式"对话框

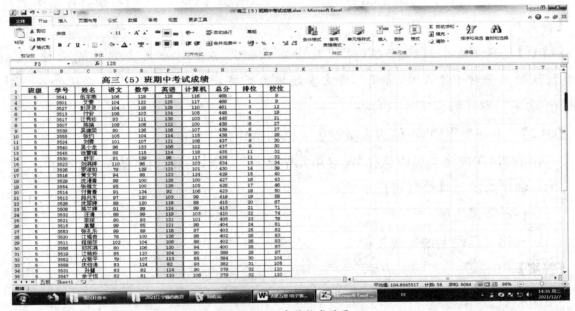

图 5-19 条件格式结果

提示:Excel 2010 提供了 5 种条件规则,各规则的意义如下。

(1)突出显示单元格规则:突出显示所选单元格区域中符合特定条件的单元格。

(2)项目选取规则:其作用与突出显示单元格规则相同,只是设置条件的方式不同。

(3)数据条、色阶和图标集:使用数据条、色阶(颜色的种类或深浅)和图标来标识各单元格中数据值的大小,从而方便查看和比较数据。

8. 设置背景、标签颜色

在工作表中设置图片背景,标签颜色可以标识重点,加强视觉美感。

(1)设置工作表背景。

操作步骤如下。

①在打开工作簿的工作表中。

②在"页面布局"选项卡"页面设置"组,单击"背景"按钮,打开"工作表背景"对话框。

③在"工作表背景"对话框中,选择一幅背景图片。

④单击"插入"按钮。

(2)设置工作表标签颜色。

操作步骤如下。

①在打开的工作簿中,单击工作表标签。

②选择"开始"选项卡"单元格"命令组下拉列表中的"格式"下"工作表标签颜色"命令。

③选择一种颜色。

▶ **典型例题**

【**例1**】 在 Excel 2010 中,如果没有预先设定整个工作表的对齐方式,则数字自动以_____方式存放。 ( )

　　A. 左对齐 　　　　B. 右对齐 　　　　C. 两端对齐 　　　　D. 视具体情况而定

【**答案**】 B

【**解析**】 在 Excel 2010 中,数据的对齐方式分为水平对齐与垂直对齐两种。Excel 2010 默认的水平对齐格式为"常规",即文本数据左对齐,数字数据右对齐;默认的垂直对齐格式为"靠下",即数据靠下边框对齐。

【**例2**】 下列操作中,不能为表格设置边框的操作是 ( )

　　A. 右击,在快捷菜单中选择"设置单元格格式"命令,然后选择"边框"选项卡

　　B. 利用绘图工具绘制边框

　　C. 自动套用边框

　　D. 利用工具栏上的框线按钮

【**答案**】 B

【**解析**】 设置单元格边框可以有两种途径:

(1)打开 Excel 2010 工作簿窗口,选中需要设置边框的单元格区域,在"开始"选项卡的"字体"组中,单击"边框"工具按钮右边的下拉三角按钮,根据实际需要在边框列表中选合适的边框类型即可。

(2)打开 Excel 2010 工作簿窗口,选中需要设置边框的单元格区域;右键单击被选中的单元格区域,并在打开的快捷菜单中选择"设置单元格格式"命令,在打开的"设置单元格格式"对话框中,切换到"边框"选项卡,在"线条"选项组可以选择各种线形和边框颜色;在"边框"选项组可以分别单击上边框、下边框、左边框、右边框和中间边框按钮设置或取消边框线,还可以单击斜线边框按钮选择使用斜线。另外,在"预置"选项组提供了"无""外边框""内边框"三种快速设置边框按钮,完成设置后单击"确定"按钮。

【**例3**】 在 Excel 2010 中,改变数据区中行高时,可以通过_____设置。 ( )

　　A. "开始"选项卡中的"自动换行"命令

B. "开始"选项卡中的"插入"→"行"命令

C. "开始"选项卡中的"格式"→"行高"命令

D. "开始"选项卡中的"格式"→"设置单元格格式"命令

【答案】 C

【解析】 在 Excel 2010 中,可以适当调整行高,选择"开始"选项卡"单元格"命令组下拉列表中的"格式"中"行高"命令,弹出"行高"对话框,在"行高"对话框的"行高"文本框中,输入具体数值。

第四节　数据处理

▶知识框架

▶知识要点

Excel 2010 除了具有强大的表格处理能力外,还具有强大的数据处理能力。数据处理包括数据计算、数据排序、数据筛选、数据分类汇总等操作。

一、数据计算

1. 单元格引用

一个单元格中的数据被其他单元格的公式使用称为单元格引用,单元格引用的作用就是标识工作表中的单元格或单元格区域或指明公式中所使用数据的位置。通过引用,可以在公式中使用工作表不同单元格的数据或者在多个公式中使用同一个单元格的数据。单元格引用分为相对引用、绝对引用和混合引用。默认情况下,Excel 2010 使用 A1 引用样式,这些字母和数字称为行号和列标,输入列标和行号可以引用指定单元格。

(1)相对引用。

相对引用由列标和行号组成,表示单元格的相对位置,例如:"B1"表示第 1 行第 2 列交叉处的单元格。在复制或移动包含相对引用的公式时,Excel 2010 将自动调整公式中的引用,以便引用相对于当前公式位置的其他单元格数据。

(2)绝对引用。

绝对引用则是在列标和行号前都加"＄"符号,表示总是引用指定位置的单元格,例如:"＄A＄5"总是表示第 5 行第 1 列交叉处的单元格。在复制或移动包含绝对引用的公式时,Excel 2010 不会调整公式中的引用。

（3）混合引用。

混合引用只是在列标或行号前加"＄"符号，表示具有绝对列和相对行或是绝对行和相对列，例如："＄A5"或"A＄5"在复制或移动包含混合引用的公式时，Excel 2010 将自动调整公式中的相对引用，而绝对引用不做调整。

在 Excel 2010 中，可以用单元格引用表示多个单元格组成的单元格区域，单元格区域表示为"左上角单元格引用:右下角单元格引用"，例如"A1:B3"表示第 1、2 列前 3 行的 6 个单元格。还可以引用同一个工作簿甚至是不同工作簿不同工作表中的单元格数据，其表示方法为："［工作簿名］工作表名！＄B5"，例如"［工作簿 1.xlsx］Sheet1！＄ B5"表示引用"工作簿 1.xlsx"中 Sheet1 工作表的第 5 行第 2 列交叉处单元格的数据。

2. 使用自定义公式进行计算

公式是由运算符和参与计算的运算数组成的表达式。运算数可以是常量，也可以是单元格引用、数据区域或函数等。公式中引用的单元格和数据区域可以是同一工作表或同一工作簿不同工作表中的，也可以是不同工作簿不同工作表中的。Excel 2010 中的运算符主要有算术运算符、比较运算符、文本运算符和引用运算符四类，常用的运算符如表 5-3 所示。

表 5-3　Excel 2010 的运算符

运算符	符号	名称	举例
算术运算符	＋	加法	＝A1＋A2
	－	减法	＝A1－A2
	＊	乘法	＝A1＊A2
	/	除法	＝A1/A2
	％	百分号	＝40％表示 40 除以 100，值为 0.25
	∧	乘方	＝3∧2（与＝3＊3 相同）
比较运算符	＝	等于	＝A1＝A2
	＞	大于	＝A1＞A2
	＜	小于	＝A1＜A2
	＞＝	大平等于	＝A1＞＝A2
	＜＝	小平等于	＝A1＜＝A2
	＜＞	不等于	＝A1＜＞A2
文本运算符	＆	文本连接符	"职业"＆"教育"结果为"职业教育"
引用运算符	:	区域运算符	＝SUM(A2:C3)（求 A2、B2、C2、A3、B3、C3 共 6 个单元格数据的和）
	,	联合运算符	＝SUM(A2,C3)（求 A2 和 C3 两个单元格数据的和）
	（空格）	交叉运算符	＝SUM(A2:C3　A3:B4)（求共同单元格 A3 和 B3 两个单元格数据的和）

提示：

各运算行的优先运算顺序是：括号→百分号→乘方→乘法和除法→加减法→文本运算符→比较运算符。

（1）输入公式。

在工作表中创建公式，就是把公式输入单元格中。选择存放计算结果的单元格后先输入等号"＝"，然后输入公式内容，最后按 Enter 健，即可完成公式的输入。

（2）复制公式。

选择需要复制的公式所在单元格，将鼠标指针移到该单元格填充柄，直接拖动鼠标可以完成公式复制。

提示：

①输入公式时，必须先输入"＝"，再输入相应的运算数和运算符，且应确保所有的符号和数字均在半角状态下输入。

②计算完成后，将在单元格中显示计算结果，编辑栏中显示该单元格中存放的公式。

③位于单元格右下角的小矩形称为填充柄，当鼠标指针移到选定单元格的填充柄时，指针由 ✛ 形变成 ✛ 形，按下鼠标左键拖动可以在同方向的相邻单元格里快速复制数据或者填充序列。

④复制含有单元格引用的公式时，源单元格包含公式中的相对引用将随着目标单元的变化而自动变化，公式的计算结果也会自动随之变化。

3. 使用函数进行计算

Excel 2010 为用户提供了大量的工作表函数。函数是指 Excel 用已经定义好的公式，对一个或多个执行运算的数据进行指定计算并且返回计算值。执行运算的数据称为参数，参数可为文字、数字、单元格和函数。

函数的输入方式

（1）单击"开始"选项卡"编辑"组"自动求和"命令按钮的下拉列表。

（2）直接在 Excel 的活动单元格或编辑栏中输入公式。

（3）单击编辑栏的 ƒx "插入函数"按钮。

（4）单击"公式"选项卡"函数库"组中选取相应的函数类型。

常用函数：

（1）SQRT（）求平方根函数。

返回正平方根。

格式：SQRT(number)，number 为要计算平方根的数。若 number 为负值，返回错误值 ♯NUM！

（2）RAND（）随机函数。

返回大于等于 0 及小于 1 的均匀分布随机实数，每次计算工作表时，都将返回一个新的随机实数。

（3）MOD（）求余函数。

两个数值表达式做除法运算后的余数，即返回两数相除的余数。

格式：MOD(number ，divisor)

number 为被除数，divisor 为除数。若除数为 0，函数 MOD 返回值为 ♯DIV/0！

(4)INT()取整函数。

格式：INT(number)

取不大于数值 number 的最大整数，直接去除小数部分。当为正数时，用 INT 函数取整，只保留整数部分，舍掉小数部分，并且不进行四舍五入。

当为负数时，无论小数点后一位是否大于等于 5 都向前进一位。

(5)ROUND()四舍五入函数。

格式：ROUND(number,num_digits)

四舍五入函数，参数有两个，无论是正数还是负数都会进行四舍五入。根据 num_digits 的值对 number 进行四舍五入，即保留小数位的个数，为 0 表示不保留小数位。

(6)PI()函数。

返回数字 3.141 592 653 589 79，即返回数学常量 π 的值，可精确到小数点后 14 位。

(7)PRODUCT()求积函数。

可以对所有的以参数形式给出的数字相乘，并返回乘积。

(8)SUM()求和函数。

格式：SUM(number1，number 2，…)或 SUM(A1:C1)

求各参数的和，参数可以说数值或含有数值的单元格的引用。

(9)AVERAGE()求平均函数。

格式：AVERAGE(number1,number2,…)

求指定单元格区域中所有数值的平均值。

(10)MAX()求最大值函数。

格式：MAX(number1,number2,…)

求各参数中的最大值。

(11)MIN()求最小值函数。

格式：MIN(number1,number2,…)

求各参数中的最小值。

(12)COUNT()统计函数。

格式：COUNT(value1,value2,…)

求各参数中数值型数据的个数，参数的类型不限。

(13)RANK()排位函数。

格式：RANK(number,ref,order)

number：要进行排位的数字。ref：参与排位的数字列表或单元格区域，ref 中的非数值型数据将被忽略。

order：设置数字列表中数字的排位方式。若 order 为 0 或省略，系统将基于 ref 按降序对数字进行排位，若 order 不为零，系统将基于 ref 按升序对数字进行排位。

函数 RANK 对重复数的排位相同,重复数的存在将影响后续数值的排位。

例如:在一列按升序排序的整数中,如果数字 10 出现两次,其排位为 5,则 11 的排位为 7,没有排位为 6 的数值。

以某班学生的总分进行排名为例。在单元格中输入"＝RANK(D2,＄D＄2：＄D＄18,0)",按 Enter 键,然后利用自动填充功能完成名次的排名操作。

(14)IF()条件函数。

格式:IF(logical_test,value_if_true,value_if_false)

执行逻辑判断,根据逻辑表达式的真假,返回不同的结果;value_if_true 表达式是真时返回的值,value_if_false 表达式是假时返回的值。

(15)SUMIF()条件求和函数。

格式:SUMIF(条件区域,条件表达式,实际求和区域)

"条件区域":选择条件的区域。

"求和的条件":这个条件必须在条件区域内有对应的值。第二个求和条件参数在第一个条件区域里。

"求和的区域":实际进行求和的区域,都应为数值。

在单元格中输入"＝SUMIF(A1：A4,">＝33",B1：B4)",按 Enter 键即可实现对于 A 列中大于或等于 33 所对应的 B 列中的单元格数据进行求和操作。

(16)COUNTIF()条件计数函数。

格式:COUNTIF(统计区域,指定的条件)

COUNTIF 函数主要用于统计满足某个条件的单元格数量。

例如:统计大于 5 的单元格个数:＝COUNTIF(A2：A10,">5")。

(17)FREQUENCY()频率分布函数。

格式:FREQUENCY(data array,bins.array)

FREQENCY(数据区域,用于设置区间分隔点的数组)

用途:对一列垂直数组(或数值)进行分段,返回区域中数据的频率分布。它可以计算出在给定的值域和接收区间内,每个区间包含的数据个数。简单地说就是在设置好的各个数值区间内,存在几个数(频率分布)。

例:A 列有 35,45,68,78,75,90,要分别计算 0~60、61~80、80 以上这三个区域分别有几个数。公式就可以这样写:＝FREQUENCY(A1：A6,{60,80})。

分析:我们要设置三个区域,我们只需要设置两个数即可,即 60,80,它就代表着 0~60、61~80、大于 80 三个区间。就是说 FREQUENCY 函数返回的结果总比参数的数字个数大 1 个。

注意:因为这是一个数组函数,所以在输入时要选取大于分段点的一个单元格数量,输入公式,按 Ctrl＋Shift＋Enter 结束输入。

函数的其他注意事项:

①"求和的条件"参数如果用文本或者汉字,必须使用双引号引起来。

②在输入函数的格式时要注意,所有的字符和标点符号都必须是英文状态下。

(18)常见的 Excel 错误信息。

①＃＃＃！。

错误原因:输入到单元格中的数值太长或公式产生的结果太长,单元格容纳不下。

解决方法:适当增加列宽度。

②＃DIV/O。

错误原因:公式被 0(零)除。

解决方法:修改单元格引用,或者在用作除数的单元格中输入不为零的值。

③＃N/A。

错误原因:当在函数或公式中没有可用的数值时,将产生错误值＃N/A。

解决方法:如果工作表中某些单元格暂时没有数值,可在这些单元格中输入"＃N/A",公式在引用这些单元格时,将不进行数值计算,而是返回＃N/A。

④＃NAME?。

错误原因:在公式中使用了 Microsoft Excel 不能识别的文本。

解决方法:确认使用的名称确实存在。如果所需的名称没有被列出,添加相应的名称。如果名称存在拼写错误,修改拼写错误。

⑤＃NULL!。

错误原因:试图为两个并不相交的区域指定交叉点。

解决方法:如果要引用两个不相交的区域,可使用联合运算符(逗号)。

⑥＃NUM!。

错误原因:公式或函数中某些数字有问题。

解决方法:检查数字是否超出限定区域,确认函数中使用的参数类型是否正确。

⑦＃REF!。

错误原因:单元格引用无效。

解决方法:更改公式。在删除或粘贴单元格之后,立即单击"撤销"按钮以恢复工作表中的单元格。

⑧＃VALUE!。

错误原因:使用错误的参数或运算对象类型,使自动更改公式功能不能更正公式。

解决方法:确认公式或函数所需的参数或运算符是否正确,并且确认公式引用的单元格所包含均为有效的数值。

二、数据排序

在 Excel 2010 中,排序是指数据行依照某种属性的递增或递减规律重新排列,该属性称为关键字,递增或递减规律称为升序或降序。

1. 单关键字的简单排序

在实际工作中,按照一列数据排序是经常的事,如按数值的大小、文本、数字、日期和时间等进行升序或降序排序。简单的方法是:先选中要排序列的任一单元格,再单击"数据"选项卡"排序和筛选"命令组中的"排序"按钮 或者 即可完成升序或降序的排列(也可单击"开始"选项卡"编辑"命令组的"排序"按钮 或者 即可完成升序或降序的排列)。

2. 多关键字的复杂排序

如果要将一组数据按照"总分"从高到低排序,在"总分"相同的情况下,再按照"数学"从高到低排序。此时,总分称为主要关键字,数学称为次要关键字,这时就要打开排序对话框进行排序,操作步骤如下:

(1)选择工作表中要进行排序的数据清单中的任一单元格。

(2)单击"数据"选项卡"排序和筛选"组中的 按钮,弹出"排序"对话框(如图 5-20 所示)。

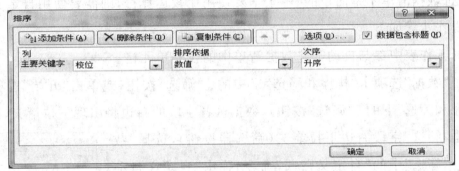

图 5-20 "排序"对话框

(3)单击"主要关键字"下拉列表框右边的选择排序字段"总分",然后设置排序依据为"数值"和次序为"降序"。

(4)单击"添加条件"按钮,然后再单击"次要关键字"下拉列表框右边的选择排序字段"数学",设置排序依据为"数值"和次序为"降序"。

(5)单击"确定"按钮即可将数据重新排列。

提示:

排序第二种方法:单击"开始"选项卡"编辑"组"排序和筛选"按钮下拉列表中"自定义排序"选项,打开"排序"选项对话框进行排序。

可以对排序方向、方法及是否区分大小写进行设置。

3. Excel 排序规则

(1)数字:按从最小的负数到最大的正数进行排序。

(2)日期:按从最早的日期到最晚的日期进行排序。

(3)文本:字母、数字、文本按从左到右的顺序逐字符进行排序。

(4)逻辑:在逻辑值中,FALSE 排在 TRUE 之前。

(5)错误:所有错误值的优先级相同。

(6)空白单元格:无论是按升序还是按降序排序,空白单元格总是放在最后。

三、数据筛选

Excel 中的筛选是指让某些符合条件的数据记录显示出来,而暂时隐藏不符合条件的数据记录,筛选出来的数据使工作表整齐有条理。Excel 中的筛选分为自动筛选、自定义筛选和高级筛选等方式。

1. 自动筛选

对工作表中数据记录进行自动筛选的操作步骤如下。

(1)选择工作表中参与自动筛选数据清单中的任一单元格。

(2)单击"数据"选项卡"排序和筛选"组中的 ▼ "筛选"按钮(或单击"开始"选项卡"编辑"命令组"排序和筛选"下的 ▼ "筛选"按钮),数据区各字段的右边将出现下拉箭头(筛选器)。

(3)单击筛选字段右边下拉箭头(筛选器按钮),取消全选,再单击需要显示的数值。

2. 自定义筛选

如果筛选数据清单不是简单的"等于",要使用比较运算符,则需要使用自定义筛选方式进行筛选,操作步骤如下。

(1)选择工作表中参与自动筛选数据清单中的任一单元格。

(2)单击"数据"选项卡"排序和筛选"组中的 ▼ "筛选"按钮(或单击"开始"选项卡"编辑"命令组"排序和筛选"下的 ▼ "筛选"按钮),数据区各字段的右边将出现下拉箭头(筛选器)。

(3)单击"筛选"字段右边下拉箭头(筛选器按钮),选择"数字筛选或文本筛选"中的"自定义筛选"命令,弹出"自定义自动筛选方式"对话框(如图 5-21 所示)。

(4)在对话框中设置筛选条件及条件连接方式。

(5)单击"确定"按钮,工作表中只显示符合条件的数据记录。

图 5-21 "自定义自动筛选方式"对话框

提示:

(1)如果只是按某一列进行筛选,只需单击该列字段右边的下拉箭头(筛选器按钮)。

(2)筛选只是将不满足条件的记录暂时隐藏,并未删除该记录。

(3)筛选完成后,包含筛选条件字段旁边的筛选箭头将变为蓝色,其余的仍为黑色。

3. 高级筛选

自动筛选对一列数据最多只能应用两个条件,不能实现多个条件或多列数据"或"条件的筛选。高级筛选可以匹配较为复杂的"与""或"条件的数据。

高级筛选可以设置行与行之间的"或"关系条件,也可以对一个特定的列指定三个以上的条件,还可以指定计算条件,这些都是它比自动筛选优越的地方。高级筛选的条件区域应该至少有两行,第一行用来放置列标题,下面的行则放置筛选条件,需要注意的是,这里的列标题一定要与数据清单中的列标题完全一样。在条件区域的筛选条件设置中,同一行上的条件认为是"与"条件,而不同行上的条件认为是"或"条件。

对工作表中数据记录进行高级筛选操作步骤如下。

(1)在工作表中输入条件标志和筛选条件,建立条件区域(如图5-22所示)。

图 5-22　筛选条件区域　　　　图 5-23　"高级筛选"对话框

(2)选择要筛选的单元格区域。

(3)单击"数据"选项卡"排序和筛选"组中的 ▼ 高级 "高级"按钮,弹出"高级筛选"对话框(如图5-23所示)。

(4)在"高级筛选"对话框中选择筛选方式,确认筛选列表区域和条件区域。

(5)单击"确定"按钮,此时工作表中只显示符合条件的数据记录。

提示:

(1)进行高级筛选前,要先创建条件区域,条件区域至少包含两行,一行放置取自数据列表中作为条件标志的字段,另一行放置筛选条件,创建时要确保条件区域与数据列表之间至少留一行空白单元格。

(2)筛选前选择的单元格区域将自动出现在"高级筛选"对话框的"列表区域"中,如果选择的区域不合适,也可以单击对话框中"列表区域"右侧的按钮,在工作表数据列表中重新拖动,确定新的列表区域。

(3)在筛选条件中,"与"关系条件写在同一行,"或"关系条件写在不同行,各条件中间不能有空行。

(4)在"高级筛选"对话框中,选择"在原有区域显示筛选结果"单选钮将只在原区域显示符合条件的记录;"将筛选结果复制到其他位置"则可以将符合条件的记录复制到指定位置显示而原表保持不变;"选择不重复的记录"复选框表示筛选结果列表中不再显示重复的记录。

4.取消筛选

(1)如果要在数据清单中取消对某一列进行的筛选,则单击该列字段名右端的下拉箭头,再单击"全选"复选框。

(2)如果要在数据清单中取消对所有列进行的筛选,则在"数据"选项卡上的"排序和筛选"组中单击 ▼ 清除 "清除"按钮将取消对所有列进行的筛选。

(3)如果要撤销数据清单中的筛选箭头,则在"数据"选项卡上的"排序和筛选"组中单击"筛选"按钮,将删除选择区域中字段旁边的筛选箭头,所有数据恢复显示。

四、分类汇总

在Excel 2010中,可以根据某个字段将所有的记录分类,把字段值相同的连续记录作为一类,得到每一类的统计信息。进行分类汇总之后,可以对清单进行分级显示。

分类汇总是对数据表进行统计分析的一种方法,对于数据量大的表格,按照一定的条件对数据进行汇总,可增加表格的可读性并提供结果进行分析。

分类汇总有简单分类汇总和嵌套分类汇总两类。进行分类汇总的数据表每一列的第一行必须有列标签(标题),该区域不可有任何的空白行或空白列,其次在分类汇总前必须对分类字段的列进行排序。

在数据的统计分析中,分类汇总是经常使用的。其主要操作是将同类数据汇总在一起,对这些同类数据进行求和、求均值、计数、求最大值、求最小值等运算。

1. 分类汇总

进行分类汇总的操作步骤如下。

(1)首先对分类字段进行排序,如性别。

(2)选择数据区域任一单元格。

(3)在"数据"选项卡上的"分级显示"组中,单击"分类汇总",显示"分类汇总"对话框(如图 5-24 所示)。

(4)在"分类字段"下拉列表框中选择进行分类的字段名,如性别。

(5)在"汇总方式"下拉列表框中选择汇总方式,如求平均值。

(6)在"选定汇总项"列表框中选择汇总字段,可选一个或多个,如总分。

(7)单击"确定"按钮,完成分类汇总(如图 5-25 所示),单击展开或折叠明细数据按钮,可分级显示数据。

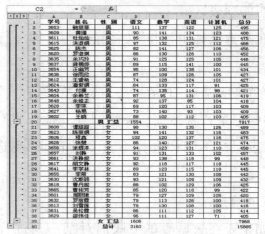

图 5-24 "分类汇总"对话框　　　　　图 5-25 分类汇总结果

2. 嵌套分类汇总

用于对多个分类字段进行汇总。第一次分类汇总(简单分类汇总)操作后,再次打开"分类汇总"对话框,重设"分类字段""汇总方式"及"选定汇总项",一定要取消"替换当前分类汇总"复选框前的勾"√",再单击"确定"按钮即可。

3. 清除汇总

单击"数据"选项卡"分级显示"组中的  按钮,在弹出的"分类汇总"对话框中单击"全部删除"按钮,可以取消分类汇总的结果,恢复原来的数据。

【例1】 在 Excel 2010 中,下列计算工作表中 A1 到 A6 单元格中数据之和的公式中,错误的是 （　　）

  A. ＝A1＋A2＋A3＋A4＋A5＋A6

  B. ＝SUM(A1:A6)

  C. ＝(A1＋A2＋A3＋A4＋A5＋A6)

  D. ＝SUM(A1＋A6)

【答案】 D

【解析】 在 Excel 2010 中进行数据计算有两种方式:使用自定义公式和使用函数。使用公式求和的方法是:在单元格中先输入等号"＝",然后输入所要求和的单元格地址以及运算符号"＋",最后按 Enter 键。使用求和函数 SUM() 也可以对连续区域单元格内的数字进行求和运算,函数括号内填写"起始单元格地址:结束单元格地址",当然函数前也必须输入等号"＝"。本题求 A1 到 A6 单元格中数据的和,可以使用函数"＝SUM(A1:A6)",而使用函数计算"＝SUM(A1＋A6)"是错误的。

【例2】 在 Excel 中,在 A1 中输入＝COUNT("c1",120,23),其函数值为 （　　）

  A. 120   B. 23   C. 2   D. 3

【答案】 C

【解析】 COUNT() 函数,求各参数中数值型数据的个数,"c1",120,23 数值型数据只有 120 和 23 两个。

【例3】 在 Excel 2010 中,若在 A2 单元格中输入"＝56≥57"则显示结果为 （　　）

  A. ＝56＜57   B. 56＞57   C. TRUE   D. FALSE

【答案】 D

【解析】 在 Excel 2010 中,比较运算符:用于比较两个值结果为一个逻辑值,不是"TRUE"就是"FALSE"。包括:＝、＞、＜、＞＝、＜＝、＜＞,分别为等于、大于、小于、大于等于、小于等于、不等于。

【例4】 在 Excel 2010 中,以下关于工作表数据排序的说法,正确的是 （　　）

  A. 一次只能对一列数据进行排序

  B. 可以对任意列进行排序

  C. 既可以按升序也可以按降序进行排序

  D. 只能对数值型数据进行排序

【答案】 C

【解析】 在 Excel 2010 中,单击"数据"选项卡"排序和筛选"组中的"排序"按钮,在弹出的"排序"对话框中选择关键字及次序,可以对一列或多列数据进行升序或降序排列。排序依据可以使用的数据类型有数字、字母、日期和逻辑值。

【例5】 在对某个工作表进行分类汇总之前,必须先 （   ）

    A. 设置筛选条件   B. 使用数据记录单

    C. 按分类字段对数据进行排序   D. 不需要任何操作

【答案】 C

【解析】 分类汇总是指对数据使用多种方式进行分类统计,在分类汇总之前必须按分类字段对数据进行排序,否则分类汇总将出现错误的结果。

第五节　制作数据图表

▶知识框架

制作数据图表 {
创建图表
常见图表类型
更改图表的布局或样式
}

▶知识要点

在 Excel 2010 中,可以将工作表中的数据制作成各种类型图表,从而更直观地表示数据,方便我们查看数据的差异、图案和预测趋势。图表是与生成它的工作表数据相链接的,当工作表数据发生变化时,图表也将自动更新。图表主要由图表区、绘图区、图表标题、数据标志、坐标轴、网络线、图例、数据表等元素组成。常见的图表类型有柱形图、条形图、面积图、折线图、饼图、曲面图、雷达图、气泡图等。

根据存放位置的不同,图表可以分为嵌入式图表和图表工作表两种。嵌入式图表和创建图表的数据源放置在同一张工作表中,打印的时候将与数据表同时打印;图表工作表是工作簿中具有特定工作表名称的独立工作表,打印的时候将与数据表分开打印。

一、创建图表

创建图表的操作步骤如下:

(1)打开工作簿,选择工作表中要创建图表的单元格区域。

(2)从"插入"选项卡"图表"组中选择要建立的图表类型即可。

提示:

(1)选择工作表中要创建图表的单元格区域,直接按 F11 可以快速创建图表工作表。

(2)默认图表工作表的表名为 Chart1、Chart2……

二、常见图表类型

Excel 为用户提供了不同的图表类型,使用时要根据工作需要选择,以最合适、最有效的方式展现工作表的数据特点。常见的 11 类图表类型的功能特点如表 5-4 所示。

表 5-4　常见图表类型的功能特点

图表名称	功能特点
柱形图	显示一段时间内数据的变化或者描述各项之间的比较。主要反映几个序列之间的差异,或者各序列随时间的变化情况
条形图	描述各个项之间的差别情况。纵轴为分类,横轴为数值,突出了数值的比较,淡化了随时间的变化
折线图	以等间隔显示数据的变化趋势,强调随时间的变化速率
饼图	显示数据系列中每一项占该系列数值总和的比例关系。一般只显示一个数据系列(若有几个系列同时被选中,也只选其中一个),多用于突出某种比例
XY 散点图	既可用来比较几个数据系列中的数值,也可将两组数值显示为 XY 坐标系中的一个系列。它的 X 轴、Y 轴都表示数值,没有分类。XY 散点图多用于科学数据
面积图	强调数值的变化量。通过绘制值的总和,还可以显示部分和整体的关系
圆环图	类似于饼图,也用来显示部分与整体之间的关系,但是,圆环图可以包含多个数据系列。圆环图中的每一个环代表一个数据系列
雷达图	每个分类都拥有自己的数值坐标轴,这些坐标轴由中点向外辐射。找出每个系列在各个坐标轴上的点,并由折线将同一系列中的值连接起来。它更适合表示一个系列的整体值,而不是各个数据点的情况,除此之外,还可以用来表示比较若干数据系列的总和值
曲面图	类似于拓扑图形。当需要寻找两组数据之间的最佳组合时,使用曲面图,曲面图中的颜色和图案用来指示在同一取值范围内的区域
气泡图	它是一种特殊的 XY(散点)图。数据标记的大小标示出数据组中每三个变化量的值
圆锥、圆柱和棱锥	圆锥、圆柱和棱锥数据标记可以使三维柱形图和条形图产生很好的效果

三、更改图表的布局或样式

创建图表后,Excel 显示"图表工具"选项卡,包括设计、布局和格式三个功能区,三个功能区实现的功能如表 5-5 所示。用户可以快速地为图表应用提供预定的布局、样式,还可以根据需要自定义布局和样式,改变图表上的文本和数字格式,更改图表中各个元素的布局和样式。

表 5-5　图表工具各功能区及对应功能

功能区名称	实现功能
设计	对图表的数据源、图表布局、图表样式及图表位置进行修改
布局	对图表各类标签、坐标轴、网格线、绘图区进行修改;还可以根据图表添加趋势线、误差线等对图表进行分析
格式	对图表形状样式、艺术字样式、排列及大小等进行设置

▶典型例题

【例1】 在 Excel 中,下列有关嵌入式图表的表述中错误的是 ( )

A. 对生成后的图表进行编辑时,首先要激活图表

B. 图表生成后不能改变图表类型,如由三维图表变为二维图表

C. 表格数据修改后,相应的图表数据也随之变化

D. 图表生成后可以向图表中添加新的数据

【答案】 B

【解析】 本题主要考察嵌入式图表的相关知识点。图表生成以后,不仅可以对原有的数据表格进行修改,而且还可以更改图表的类型,所以选项 B 错误。

【例2】 在 Excel 2010 中,下列有关图表操作的表述中正确的是 ( )

A. 创建的图表只能放在含有创建图表数据的工作表之中

B. 图表建立之后,不允许再向图表中添加数据,若要添加只能重新建立

C. 图表建立后,可改变其大小、位置等,但不能改变其类型,如由柱形图改为饼图

D. 若要修饰图表,必须先选定图表,将其激活

【答案】 D

【解析】 本题主要考察图表的相关操作。创建的图表不仅可以放在含有创建图表数据的工作表中,而且还可以另存于单独的工作表中,所以选项 A 错误。图表建立后,可以对图表进行修改,既可以向表中添加数据,而且也能对图表的大小、位置类型等进行修改,所以选项 B、C 错误。要对图表操作,必须选择图表。

第六节　打印工作表

▶知识框架

```
                ┌ 页面设置 ┐
    打印工作表  ┤ 分页符    │
                └ 打印工作表┘
```

▶知识要点

在 Excel 中打印输出工作表的操作流程与在 Word 中相同。

一、页面设置

页面设置主要包括设置纸张大小、页边距、页眉、页脚、打印标题和打印区域等。单击

"页面布局"选项卡"页面设置"组右下角的 按钮,弹出"页面设置"对话框,其中包含"页面""页边距""页眉/页脚"和"工作表"四个选项卡。

1."页面"选项卡

在"页面设置"对话框的"页面"选项卡(如图 5-26 所示)中可以设置打印方向、缩放比例、纸张大小和起始页码等。如果工作表的内容略多于一页,可以选择"调整为"单选钮,并设置为"1 页宽,1 页高",这样可以把内容打印在一页纸上。

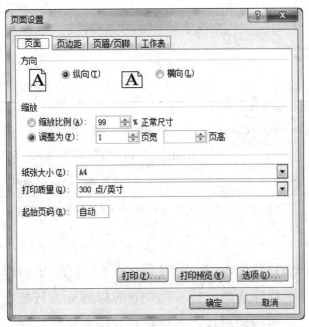

图 5-26 "页面设置"对话框"页面"选项卡

2."页边距"选项卡

在"页面设置"对话框的"页边距"选项卡(如图 5-27 所示)中可以设置上、下、左、右页边距,还可以选择"水平"和"垂直"复选框设置表格水平居中和垂直居中。

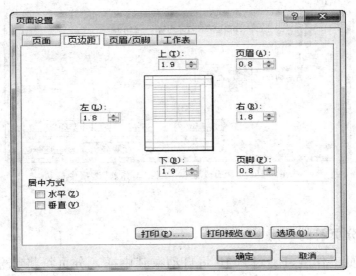

图 5-27 "页面设置"对话框"页边距"选项卡

3."页眉/页脚"选项卡

页眉/页脚是固定于每张工作表中的一些内容。可以在"页面设置"对话框的"页眉/页脚"选项卡(如图 5-28 所示)中从"页眉"或"页脚"下拉列表框中选择系统提供的页眉或页脚,也可以单击"自定义页眉"或"自定义页脚"按钮,在弹出的"页眉"或"页脚"对话框中自行设计页眉或页脚。

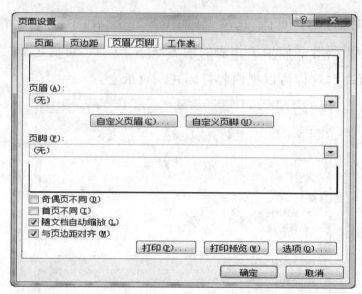

图 5-28 "页面设置"对话框"页眉/页脚"选项卡

4."工作表"选项卡

在"页面设置"对话框的"工作表"选项卡(如图 5-29 所示)中可以设置打印区域、打印标题、打印顺序以及其他一些特殊选项。Excel 2010 的标题分为行标题和列标题两种,行标题出现在表格每一页的顶部,列标题出现在表格每一页的左边。

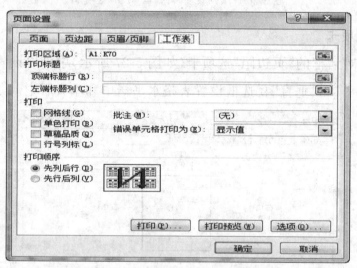

图 5-29 "页面设置"对话框"工作表"选项卡

二、分页符

1. Excel 2010 分页符的作用

如果要打印多页工作表,Excel 2010 将自动在其中插入分页符将其分成多页。

在工作表中插入分页符,主要起到强制分页的作用。如相邻的两个表格,为使预览和打印时上一个表和下一个表的一部分不会打印在同一页上,可在第一个表的后面插入一个分页符,第一个表就单独成了一页,紧接着第二个表就会变成第二页。

2. 查看分页

在"视图"选项卡上的"工作簿视图"组中,单击"分页预览",自动分页符显示为虚线,手动插入的分页符显示为实线。

3. 插入分页符

(1)插入水平分页符。

单击要插入分页符处下一行的行号,在"页面布局"选项卡上的"页面设置"组中,单击"分隔符",在列表中选择"插入分页符"。

(2)插入垂直分页符。

单击要插入分页符处右边一列的列标,在"页面布局"选项卡上的"页面设置"组中,单击"分隔符",在列表中选择"插入分页符"。

4. 移动分页符

只有在分页预览中才能移动分页符。鼠标指向分页符,鼠标变成→(水平)箭头或↓(垂直)箭头,然后按下鼠标左键拖动鼠标,即可实现分隔符的移动。如果移动了 Excel 自动设置的分页符,将使其变成人工设置的分页符。

5. 删除分页符

如果要删除人工设置的水平或垂直分页符,可单击水平分页符下方或垂直分页符右侧的单元格,然后在"页面布局"选项卡上的"页面设置"组中,单击"分隔符",在列表中选择"删除分页符"命令。

如果要删除工作表中所有人工设置的分页符,可在其下一级菜单中选择"重设所有分页符"命令。

三、打印工作表

经过预览确认工作表没有问题后,就可以进行打印了。在打印之前,确保连接好打印机并选择需要打印的工作表为当前工作表,按以下步骤打印:

(1)选择"文件"选项卡中的"打印"命令。

(2)设置打印机等相应的参数后,单击 ▦ 按钮,即可按设置的内容进行打印。

提示:

(1)设置"打印区域":如不需要打印整个工作表,可在"打印区域"右侧可输入框中输入或选择需打印工作表区域。

(2)每一页上都打印行、列标志:如果要使每一页上都重复打印行标志,则单击图中的"顶端标题行"编辑框,然后输入列标志所在行的行号;如果要使每一页上都重复打印列标志,则单击"左端标题列"编辑框,然后输入列标志所在列的列号。当然,也可以单击"顶端标题行"和"左端标题列"右端到工作表中进行选择。

(3)每页都打印行号和列标:选中如图 5-29 所示中的"行号列标"复选框即可。

(4)选中如图 5-29 所示中的"网格线"复选框,则工作表中的表格线可以打印出来。

(5)如果在打印的过程中,发现打印效果最不理想,可以单击"打印"窗格中的"页面设置"链接,在出现的"页面设置"对话框中进行设置调整。

▶**典型例题**

【例1】 在 Excel 2010 中,以下不是"页面设置"功能能完成的操作是 （ ）

A. 设置纸张大小   B. 设置打印标题

C. 设置表格边框   D. 设置页眉页脚

【答案】 C

【解析】 在 Excel 2010 中,"页面设置"对话框中包含"页面""页边距""页眉/页脚"和"工作表"四个选项卡,可以完成设置纸张大小、页边距、页眉、页脚、打印标题和打印区域等操作。设置表格边框线需要打开"设置单元格格式"对话框的"边框"选项卡进行设置。

【例2】 在 Excel 2010 中,设置"打印标题"可以在_____选项卡中实现。 （ ）

A. 页面布局   B. 插入   C. 数据   D. 视图

【答案】 A

【解析】 在 Excel 2010 中,单击"页面布局"选项卡"页面设置"组中的"打印标题"按钮,弹出"页面设置"对话框,在对话框的"工作表"选项卡中可以进行设置。

第五章 电子表格处理软件(Excel)应用课时作业

一、是非选择题(本大题共 15 小题,每小题 1 分,共 15 分。对每小题做出选择,对的选 A,错的选 B)

1. 在 Excel 2010 中,使用工具按钮可以将 C5 和 D9 两个单元格的内容一次复制到区域 A8:
   A9 中。 (A B)

2. 在 Excel 2010 工作表的单元格内输入=3/5,单元格中显示数值五分之三。 (A B)

3. 在 Excel 2010 中,序列"甲、乙、丙"可以直接利用自动填充快速输入。 (A B)

4. 在 Excel 2010 中,所有操作都可以使用"撤销"按钮撤销。 (A B)

5. 在 Excel 2010 中,使用鼠标拖动选定单元格边框线可以完成单元格移动。 (A B)

6. 在 Excel 2010 中,输入函数时直接输入函数名不需要以"="开头。 (A B)

7. 在 Excel 2010 中,单元格内字符串超过该单元格显示宽度时,该字符串可能占用其左侧
   单元格空间而全部显示出来。 (A B)

8. 函数"=INT(−51.8)"的返回值是−51。 (A B)

9. 在 Excel 2010 输入分数时,应该先输入 0 和一个空格,然后再输入构成分数的字符。 (A B)

10. 在 Excel 2010 中,可以引用其他工作簿中单元格的数据。 (A B)

11. 在对 Excel 2010 某单元格中输入公式"=5*−8",回车确认后单元格显示−40。 (A B)

12. 已知工作表单元格 K6 中的公式为"=F6*$D$4",在第三行处插入一行后单元格 K7
    中的公式为"=F7*$D$5"。 (A B)

13. 可以选择不相邻的单元格区域来生成图表。 (A B)

14. 图表中的单个对象是无法编辑的,只能对图表整体进行编辑。 (A B)

15. 在 Excel 2010 中,合并单元格操作不会丢失数据。 (A B)

二、单项选择题(本大题共 20 小题,每小题 2 分,共 40 分)

16. 双击工作表标签后可以进行的操作是 ( )
    A. 工作表重命名　　　　　　　　　　B. 复制工作表
    C. 移动工作表　　　　　　　　　　　D. 标签改颜色

17. 在 Excel 2010"页面设置"对话框中,可以完成的操作是 ( )
    A. 复制工作簿　　　　　　　　　　　B. 改变页边距
    C. 选择所有工作簿　　　　　　　　　D. 绘制图表

18. 用鼠标拖动_____可以快速填充单元格。 ( )
    A. 单元格边框　　　B. 填充柄　　　C. 列号　　　D. 工作表标签

19. 如果想将一单元格中公式计算的结果复制到另一单元格中,应选择 ( )
    A."插入"功能区　　　　　　　　　　B."页面布局"功能区
    C."开始"功能区　　　　　　　　　　D."视图"功能区

20. 在 Excel 2010 中,执行"删除单元格"操作后 （　　）

  A. 选定单元格中的格式被删除

  B. 选定单元格中的内容被删除

  C. 选定单元格中的批注被删除

  D. 选定单元格中的内容、格式、批注连同单元格本身一并删除

21. 快速输入当前日期使用的快捷键是 （　　）

  A. Ctrl+'   B. Ctrl+;   C. Ctrl+,   D. Ctrl+:

22. 在 Excel 2010 中,可以使单元格 A2 显示 0.2 的输入选项是 （　　）

  A. 1/5.   B. "1/5"   C. ="1/5"   D. =1/5

23. 在 Excel 2010 中,预览工作表打印效果选择的命令是 （　　）

  A. "文件"选项卡中的"打印"命令   B. "文件"选项卡中的"预览"命令

  C. "视图"选项卡中的"预览"命令   D. "页面布局"选项卡中的"预览"命令

24. 删除人工插入的分页符选择的"删除分页符"命令所在选项卡是 （　　）

  A. 文件   B. 插入   C. 开始   D. 页面布局

25. 在 Excel 2010 中,若 C1 单元格中的公式为"=A1+B2"将其复制到 E5 单元格,则 E5 元格中的公式是 （　　）

  A. =C3+A4   B. =C5+D6   C. =C3+D4   D. =A3+B4

26. 要将 123 作为文本数据输入到单元格 A1 内,最快捷的输入方法是 （　　）

  A. '123

  B. ="123"

  C. "123"

  D. 先输入 123,再在"设置单元格格式",对话框中进行设置

27. 某区域是由 A1、A2、A3、B1、B2 和 B3 六个单元格组成的,使用的区域标识为 （　　）

  A. A1:B3   B. A3:B1   C. B3:A1   D. A1:B1

28. 在 Excel 2010 工作表中插入单元格,正确的操作是 （　　）

  A. 选择"插入"选项卡"表格"组"插入"列表中的"插入单元格"命令

  B. 选择"开始"选项卡"单元格"组"粘贴"命令

  C. 选择"开始"选项卡"单元格"组"编辑"列表中的"选择性粘贴"命令

  D. 选择"开始"选项卡"单元格"组"插入"列表中的"插入单元格"命令

29. 单元格中的数字 0.38 被格式化为 38% 形式后 （　　）

  A. 单元格显示 38%,编辑栏显示 0.38   B. 单元格显示 0.38,编辑栏显示 38%

  C. 单元格和编辑栏都显示 38%   D. 以上都有可能

30. 单击工作表中的_____可以选取所有单元格。 （　　）

  A. 行号   B. 列号   C. 工作表标签   D. 全选按钮

31. 在"记录单"中增加记录的命令是 （　　）

    A. 新建　　　　　　B. 条件　　　　　　C. 下一条　　　　　　D. 上一条

32. 在 Excel 2010 中,已知 A1 单元格中有公式"＝B1＋C1",将 B1 复制到 D1,将 C1 移动至 E1,则 A1 中的公式调整为 （　　）

    A. ＝B1＋C1　　　　B. ＝B1＋E1　　　　C. ＝D1＋C1　　　　D. ＝D1＋E1

33. 假设某工作簿有 16 张工作表:它们的标签分别为 Sheet1 至 Sheet16,若当前工作表为 Sheet5,将该表复制到 Sheet8 之前,则复制的表标签名为 （　　）

    A. Sheet5(2)　　　　B. Sheet7　　　　C. Sheet7(2)　　　　D. Sheet8(2)

34. Excel 2010 工作簿中既有工作表又有图表,选择"保存"操作时 （　　）

    A. 只保存其中的工作表　　　　　　　　B. 只保存其中的图表

    C. 将工作表和图表保存到一个文件中　　D. 将工作表和图表保存到两个文件中

35. 选择"开始"选项卡"剪贴板"组中的"选择性粘贴"命令 （　　）

    A. 可以只复制单元格中的数值,而不复制单元格中的其他内容(如公式等)

    B. 只能复制单元格中的数值,不能复制单元格中的其他内容

    C. 和"粘贴"命令的功能完全相同

    D. 这个命令在剪贴板非空的任何情况下都能使用

三、不定项选择题(本大题共 10 题,每小题 3 分,共 30 分)

36. 下列操作中可以选取工作表中的一段连续单元格的是 （　　）

    A. 单击单元格后按住鼠标左键拖曳　　B. 单击行号

    C. 按住 Alt 键后分别单击两个单元格　　D. 按住 Shift 键后分别单击两个单元格

37. 下列选项中,可以使用自动填充操作进行快速输入的有 （　　）

    A. 1,2,3,…　　　　　　　　　　　　B. 星期一、星期二、星期三……

    C. 1 月、2 月、3 月……　　　　　　　D. A1、B1、C1……

38. 下列单元格地址正确的表示形式有 （　　）

    A. F$2　　　　　　B. $B$3　　　　　　C. 6G　　　　　　D. M45

39. 进行单元格的"选择性粘贴"时,可以选择的选项有 （　　）

    A. 公式　　　　　　B. 数值　　　　　　C. 格式　　　　　　D. 批注

40. 下面＿＿＿＿＿＿属于"设置单元格格式"对话框中"数字"标签的功能。 （　　）

    A. 文本　　　　　　B. 货币　　　　　　C. 日期　　　　　　D. 分数

41. Excel 进行"查找"时,可以选择的"范围"有 （　　）

    A. 整行　　　　　　B. 整列　　　　　　C. 工作表　　　　　　D. 工作簿

42. Excel 的"文本控制"栏包括的选项有 （　　）

    A. 自动换行　　　　B. 缩小字体填充　　C. 增加行高　　　　D. 合并单元格

43. 单元格的"垂直对齐"方式一般有 （　　）

    A. 靠上　　　　　　B. 居中　　　　　　C. 靠下　　　　　　D. 分散对齐

44. 在 Excel 2010 中,序列包括 （　　）

    A. 等差序列　　　　　B. 等比序列　　　　C. 日期序列　　　　D. 自动填充序列

45. 关于分类汇总,下列说法正确的有 （　　）

    A. 分类汇总前要确保每一列的第一行都具有标题

    B. 分类汇总的区域中,每一列的数据含义要相同

    C. 分类汇总的区域中不能有空白行

    D. 分类汇总是指统计单元格区域中相同数据的个数

四、填空题(本大题共 15 空,每空 2 分,共 30 分)

46. 在 Excel 2010 中,求乘积的函数是_____。

47. 在 Excel 2010 单元格里输入数据时,数值是靠_____对齐的。

48. 在 Excel 2010 中,工作簿文件的默认扩展名是_____。

49. 在 Excel 2010 中,将单元格 C5 中的公式"＝A3＋＄C＄3"复制到 C6 中,C6 中的公式为_____。

50. 在 Excel 2010 中,公式"＝＄C3＋E＄3"中单元格地址的引用方式是_____引用。

51. 在 Excel 2010 中,单击_____选项卡中的"冻结窗格"按钮可以将工作表冻结,便于查看。

52. 在 Excel 2010 中,位于第二行第三列单元格的相对地址是_____。

53. 在 Excel 2010 中,左上角是 B2,右下角是 E5 之间的所有单元格可以表示为_____。

54. 在 Excel 2010 工作簿中同时选择多张不连续工作表,可以在按住_____键的同时依次单击各工作标签。

55. 在单元格 D3 中输入 1900,在单元格 D4 中输入 1902,选择单元格 D3 并向下拖动填充柄到 D7,D7 中的内容是_____。

56. 在 Excel 2010 中选择图表后,按下_____键可以删除图表。

57. 在 Excel 2010 中,求 B2～D8 和 C4～F6 两交叉区域平均值的公式为_____。

58. 在 Excel 2010 中插入工作表的快捷键是_____。

59. 将 31 267 以科学记数法的形式显示结果是_____。

60. 在"分类汇总"对话框中单击_____按钮,可以删除分类汇总。

五、简答题(本大题共 2 小题,每小题 4 分,共 8 分)

61. 写出单元格相对引用和绝对引用的概念。

62. "图表工具"包含哪三个选项卡,各有什么功能?

六、模拟操作题(本大题共 3 小题,每小题 9 分,共 27 分)

63. 下表是在 Excel 中创建的一张统计表,根据要求答题。

(1)计算各位同学的总分(总分=语文+数学+英语+计算机)。

(2)计算机各班各科的平均分数。

(3)对每位学生进行全校排位(分数相同位次相同)。

第 63 题表

	A	B	C	D	E	F	G	H
1	高三期中考试成绩							
2	班级	姓名	语文	数学	英语	计算机	总分	排位
3	一	伍宇燕	106	118	128	116		
4	三	艾雯	104	122	125	117		
5	八	彭灵灵	104	119	128	110		
6	九	付安	106	103	134	105		
7	二	江秀珍	93	111	139	103		
8	四	陈娟	109	108	122	100		
9	六	吴建荣	90	126	116	107		
10	八	张灼	105	104	114	115		
11	七	刘雯	101	107	121	108		
12	九	吴小龙	96	133	106	102		
13	二	徐萱瑞	88	115	114	118		
14	三	舒宇	91	129	98	117		
15	一	刘满婷	110	96	125	103		
16	四	罗淑如	79	129	121	101		
17	五	黄文芳	94	88	123	124		
18	六	沈漫青	99	100	128	100		
19	九	张雅文	95	100	126	105		
20	八	付青青	91	134	92	106		
21	七	段兆东	97	120	103	99		
22	一	沈翠婷	89	120	118	88		
23	五	陈兰婷	91	99	124	99		
24	九	汪清	89	99	119	103		
25	七	李琛	90	93	121	101		
26	五	高慧	99	85	121	99		
27	三	张孔乐	99	89	118	97		

	A	B	C	D	E	F	G	H
28	九	江瑶奇	78	100	126	98		
29	五	程丽莎	102	104	108	88		
30	四	郑苏满	80	106	120	94		
31	一	江艳玲	85	110	104	90		
32	五	占紫平	79	107	113	85		
33	九	沈怡涛	83	124	82	93		

64. 对如下表所示内容按要求完成下列操作效果。

(1)对该成绩数据表按"语文成绩"从高到低排列,若语文相同,则按"数学成绩"从高到低排列。

(2)筛选出性别为"女"且语文成绩大于 591 的记录。

第 64 题表

A	B	C	D	E	F	G	H	I	J
班级编号	学号	姓名	性别	语文	数学	英语	物理	化学	总分
1	100011	鄢小武	男	583	543	664	618	569	2977
2	100012	江旧强	男	466	591	511	671	569	2808
3	100013	廖大标	男	591	559	581	635	563	2929
1	100014	黄懋	男	534	564	625	548	541	2812
2	100015	程新	女	591	485	476	633	575	2760
3	100016	叶武良	男	632	485	548	566	569	2800
4	100017	林文健	男	649	499	523	579	541	2791
5	100018	艾日文	男	496	538	553	528	652	2767
6	100019	张小杰	男	457	567	678	445	555	2702
1	100020	张大华	男	519	596	480	596	625	2816
2	100021	韩文渊	男	575	596	585	580	541	2877
3	100022	陈新选	男	519	570	519	700	526	2834
4	100023	林文星	男	624	509	657	589	546	2925

65. 某学校计算机一班 10 份消费统计表如下表所示,按下列要求写出具体操作步骤。

(1)将 A1:F1 单元格区域合并并居中,并将标题设置为:宋体,加粗,字号 10。

(2)使用公式计算出生活费支出合计,并将其设置为小数位保留 2 位。

第 65 题表

	A	B	C	D	E	F
1	计算机一班 10 月份学生消费统计表					
2	序号	姓名	性别	伙食费	学习用具费	生活费支出合计
3	1	何津	男	430	80	
4	2	周丹	女	361	78	
5	3	王雯	女	310	70	
6	4	鲁欢	男	405	68	
7	5	鲁磊	男	396	75	
8	6	何静	女	345	85	

第六章　多媒体软件应用

▶考纲要求

(1)了解多媒体的基本概念;理解多媒体文件的格式;掌握多媒体素材的获取方法。

(2)掌握对图像进行简单加工处理的方法。

(3)掌握对音频和视频进行简单编辑加工的方法。

第一节　获取多媒体素材

▶知识框架

获取多媒体素材 { 多媒体相关知识　获取屏幕图像　获取音频和视频素材 }

▶知识要点

一、多媒体相关知识

1. 媒体与多媒体技术(如图 6-1 所示)

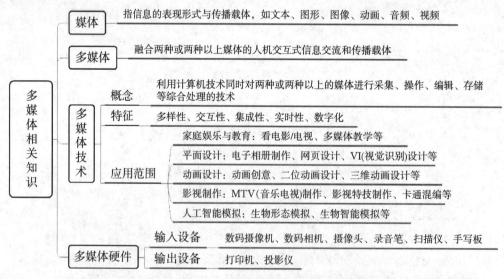

图 6-1　多媒体相关知识

(1)媒体:指信息的表现形式与传播载体,如文本、图形、图像、动画、音频和视频等。

(2)多媒体:融合两种或两种以上媒体的人机交互式信息交流和传播载体。

(3)多媒体技术。

①定义：利用计算机技术同时对两种或两种以上的媒体进行采集、操作、编辑、存储等综合处理的技术。

②多媒体技术的特征：多样性、交互性、集成性、实时性、数字化。

多样性：指信息媒体的多样性。

交互性：指用户与计算机之间能进行双向沟通交互操作，为用户提供了更加有效地控制和使用信息的手段，从而实现人对信息的主动选择和控制。

集成性：指以计算机为中心综合处理多种信息媒体，包括信息媒体的集成和处理这些媒体的设备的集成。

实时性：多种媒体同步交互作用，一起随时间变化，集成为一个有意义的有机整体。

数字化：各种媒体以数字形式存在。

③多媒体技术的应用范围。

家庭娱乐与教育：电子书、看电影/电视、听音乐、玩游戏、多媒体教学、仿真工艺过程、远程教育、远程诊断、远程手术操作等。

平面设计：数码照片处理、电子相册制作、包装设计、商标设计、招贴海报设计、广告设计、装饰装潢设计、网页设计、VI 设计、插画设计、字体设计等。

动画设计：动画创意、二维动画设计、三维动画设计等。

影视制作：影视广告、专题片设计、宣传片制作、MTV 制作、影视特技制作、卡通混编特技制作等。

人工智能模拟：生物形态模拟、生物智能模拟、人类行为智能模拟等。

(4)常见的多媒体硬件设备（如图 6-2 所示）。

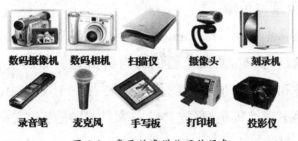

图 6-2　常见的多媒体硬件设备

2. 常见媒体文件的格式（如图 6-3 所示）

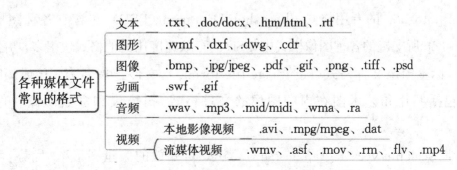

图 6-3　各种媒体文件常见的扩展名

(1)常见文本素材的文件扩展名:.txt、.htm/html、.doc/docx、.rtf。

①.txt:纯文本文件,除字体、字号、字形修饰外,没有图形、图像及特殊打印格式的文本。主要用于编写程序源代码、供其他文字处理软件使用。

②.htm/html:超文本文件,用超链接的方法,将各种不同空间的文字信息组织在一起的网状文本。用 HTML 标记进行格式编排的文档称为 HTML 文档,HTML 文档必须具有正确的格式才能被浏览器正确识别和解释。日常浏览的网页就属于超文本。

③.doc/docx:Microsoft Office Word 文档采用的默认格式,使用 Word 进行文档的编辑。

④.rtf:RTF 是 rich text format 的缩写,意即多文本格式。这是一种类似.doc/docx 格式的文件,有很好的兼容性,写字板默认保存的文件类型。

(2)常见图像文件的格式。

①BMP:是英文 bitmap(位图)的简写,Windows 中的标准图像文件格式,一种与设备无关、格式最原始和最通用的静态图像文件,支持多种图像的存储,常见的各种图形图像软件都能对其进行处理。它几乎不进行压缩,其文件容量大,适合保存原始图像素材。

②JPG/JPEG :JPEG 是 joint photographic experts group(联合图像专家组)的缩写,采用 JPEG 有损压缩标准,支持 24 位颜色,采用有损压缩方式去除冗余的图像和彩色数据,在获取极高压缩率的同时能展现丰富生动的图像,即用最少的磁盘空间得到较好的图像质量,适合在网络(Internet)上传输,广泛用于彩色传真、静止图像、电话会议、印刷及新闻图片的传送。

③GIF:GIF 是英文 graphics interchange format(图形交换格式)的缩写。采用无损压缩,文件容量小,支持动态、单色透明效果和渐显方式(在图像传输过程中,用户可以先看到图像的大致轮廓,然后随着传输过程的继续而逐步看清图像中的细节部分),缺点是颜色数太少,最多为 256 色,适合网络传输。

④PDF:PDF 是英文 portable document format(便携式文档格式)的缩写。支持跨平台上多媒体集成的信息出版和发布,尤其是提供对网络信息发布的支持。可以将文字、字形、格式、颜色及独立于设备和分辨率的图形图像等封装在一个文件中。该格式文件还可以包含超文本链接、声音和动态影像等信息,支持特长文件,集成度和安全可靠性都较高,用于制作公文、电子图书、产品说明、公司文告、网络资料等。

⑤PNG 是 portable network graphics(可移植网络图形格式)的缩写,采用无损压缩方式来减少文件大小,显示速度很快,支持透明图像的制作,缺点是不支持动画效果。

⑥PSD:Photoshop 的专用格式 Photoshop Document(PSD),包含有各种图层、通道、遮罩。在 Photoshop 所支持的各种图像格式中,PSD 的存取速度比其他格式快很多,功能也很强大。

⑦TIFF,标签图像文件格式(tag image file format),文件扩展名为.tiff 或.tif,是一种主要用来存储包括照片和艺术图在内的图像的文件格式,扫描仪和多数图像软件都支持此格式。

⑧SVG 是 scalable vector graphics 缩写,意思“可缩放的矢量图形”。优势:可以任意放大图形显示,不会以牺牲图像质量为代价;字在 SVG 图像中保留可编辑和可搜寻的状态;

SVG 文件小,下载快。SVG 的开发将会为 Web 提供新的图像标准。

(3)常见音频文件类型、特点和主要用途。

①WAV:微软公司开发的一种声音文件格式,未经压缩,文件比较大,不适合在网络上传输,适合保存原始音频素材。

②MID/MIDI:MIDI(musical instrument digital interface 乐器数字接口),音乐数据文件,文件较小。MID 文件并不是一段录制好的声音,而是记录声音的信息,然后再告诉声卡如何再现音乐的一组指令。MID 文件主要用于乐曲创作、与电子乐器的数据交互等。

③MP3:有损压缩,压缩率比较高(最高 1∶12),音质要次于 CD 格式或 WAV 格式的声音文件,文件较小,适合网络应用。

④WMA (Windows Media Audio):来自微软,压缩率比较高(1∶18),音质要强于 MP3 格式,生成的文件大小只有相应 MP3 文件的一半;WMA 的另一个优点是内容提供商可以加入防拷贝保护,内置了版权保护技术,如可限制播放时间和播放次数甚至播放的机器等等;适合在网络上在线播放。

⑤RealAudio:RA、RM、RMX 主要适用于在网络上的在线音乐欣赏,可以随网络带宽的不同而改变声音的质量,在保证大多数人听到流畅声音的前提下,令带宽较富裕的听众获得较好的音质。

⑥AMR(adaptive multi-rate,自适应多速率编码):主要用于移动设备的音频,压缩比比较大,音质比较差,由于多用于人声、通话,效果还是很不错的。

(4)常用视频文件格式。

视频格式可以分为适合本地播放的影像视频和适合在网络中播放的流媒体影像视频。本地影像视频在播放的稳定性和播放画面质量上比较优秀,一般保存在 VCD、DVD 光盘上。网络流媒体影像视频广泛应用于 VOD(视频点播)、网络演示、远程教育、网络视频广告等互联网信息服务领域。

①本地影像视频。

AVI:微软公司采用的标准视频文件格式,AVI(audio video interleaved,音频视频交错格式),将视频音频交错混合在一起,AVI 文件主要使用有损方法,压缩比较高。AVI 信息主要应用在多媒体光盘上,用来保存电视、电影等各种影像信息。一般视频采集直接存储的文件为 AVI 格式。

MPEG/ MPG:MPEG(motion picture experts group,运动图像专家组),采用 MPEG 有损压缩标准,压缩率很高,是视频电影的主要格式。

DAT:DAT(data audio tape,数字录音带)是 VCD 使用的视频文件格式,采用 MPEG 压缩标准压缩而成,DAT 文件也是 MPG 格式的,用于 VCD 光盘制作。

②流媒体格式。

用户不用等到所有内容都下载到硬盘上才能开始浏览,在经过一段启动延时后就能开始观看。

a. 微软公司(对应播放器 Windows Media Player)。

ASF(advanced streaming format):微软公司推出的一种视频格式,使用了 MPEG-4 的压缩算法,压缩率和图像的质量较高。除了进行网络视频流播放和本地直接播放,还可以将图形、声音和动画数据组合成一个 ASF 格式文件。

WMV:微软推出的视频文件格式,具有可本地或网络回放、可扩充的媒体类型、部件下载、可伸缩的媒体类型、流的优先级化、多语言支持、环境独立性、丰富的流间关系以及扩展性等优点,采用独立编码方式并且可以直接在网上实时观看视频节目。

b. Real Networks 公司(对应播放器是 Real Player)。

RM 格式:是 Real Networks 公司开发的一种流媒体视频文件格式,它主要包含 Real-Audio、Real Video 和 Real Flash 三部分。Real Media 可根据网络数据传输速率的不同而采用不同的压缩率,用于在低速率的网络上实时传输视频。

c. 苹果公司(对应播放器是 Quick Time Player)。

MOV:美国 Apple 公司开发的一种视频格式,具有较高的压缩比率和较完美的视频清晰度,最大的特点还是跨平台性,不仅能支持 macOS,同样也支持 Windows 系列。

d. 其他。

FLV:Macromedia 公司开发的流媒体视频格式,文件极小、加载速度极快,因此目前国内外主流的视频网站都使用这种格式的视频供观众在线观看。

3GP:一般适用于手机,文件比较小,但分辨率相对低,画质较差,画面流畅一般。

MP4:MPEG-4(ISO/IEC 14496)是基于第二代压缩编码技术制定的国际标准,它以视听媒体对象为基本单元,采用基于内容的压缩编码,以实现数字视音频、图形合成应用及交互式多媒体的集成。

3. 常见媒体素材的获取(如图 6-4 所示)

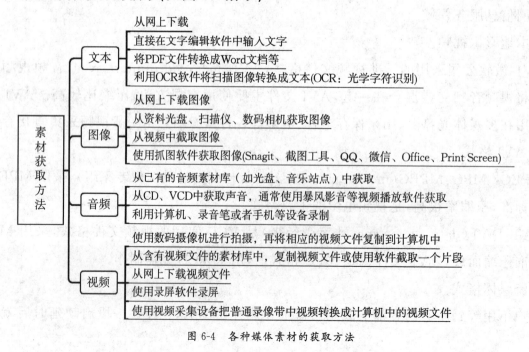

图 6-4 各种媒体素材的获取方法

二、获取屏幕图像

两种图像获取工具如图 6-5 所示。

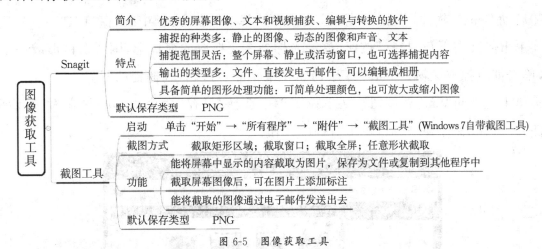

图 6-5　图像获取工具

1. Snagit 软件的使用

Snagit 是一款优秀的屏幕图像、文本和视频捕获、编辑与转换的软件。其特点有：①捕捉的种类多。不仅可以捕捉静止的图像，而且可获得动态的图像和声音，另外还可在选中的范围内只获取文本。②捕捉范围灵活。可以选择整个屏幕、某个静止或活动窗口，也可自己选择捕捉内容。③输出的类型多。可以以文件的形式输出，也可把捕捉的内容直接发电子邮件，还可编辑成相册。④具备简单的图形处理功能。利用它的过滤功能可以将图形的颜色进行简单处理，也可以对图像进行放大或缩小。

（1）利用 Snagit 软件截取图像的一部分（如图 6-6 所示）。

①以浏览方式打开要截取的图像。

②启动 Snagit 软件，单击"图像"选项，选择"基本捕获方案"中的"区域"选项（或"范围"）。

③单击界面右下角"捕捉"按钮，按住鼠标左键拖动，选择需要捕捉的区域范围，确定后释放鼠标左键，同时打开 Snagit 编辑器，可以看到捕捉的图像。

④单击左上角"Snagit 按钮"，从下拉菜单中选择"保存"命令，打开"另存为"对话框，输入文件名，选择"保存类型"后，单击"保存"按钮。

图 6-6　Snagit 软件截取图像区域

(2)利用 Snagit 软件抓取窗口（如图 6-7 所示）。

①打开要抓取的窗口。

②启动 Snagit 软件，单击"图像"选项，选择"基本捕获方案"中的"窗口"选项。

③单击界面右下角"捕捉"按钮，移动光标到需要抓取的窗口上，围绕窗口形成一个红色边框，单击即可抓取该窗口，同时打开 Snagit 编辑器，可以看到捕捉的图像。

④单击左上角"Snagit 按钮"，从下拉菜单中选择"保存"命令，打开"另存为"对话框，输入文件名，选择"保存类型"后，单击"保存"按钮。

图 6-7　Snagit 软件抓取窗口

(3)将捕获对象插入 Word 文档（如图 6-8 所示）。

在 Snagit 主界面单击"配置文件"→"省时配置"→"插入到 Word 带边框"选项，切换到 Word 文档编辑状态，将光标定位到要插入图片的位置，再打开要截取图像的窗口，按下 Print Screen 捕获键或单击"捕获"按钮，此时移动鼠标到需要抓取的窗口对象上，抓取一个区域对象。

注：在 Word 2010 窗口，在"插入"选项卡"插图"组中，单击"屏幕截图"按钮，选择"屏幕剪辑"，也可以将捕获对象插入 Word 文档。

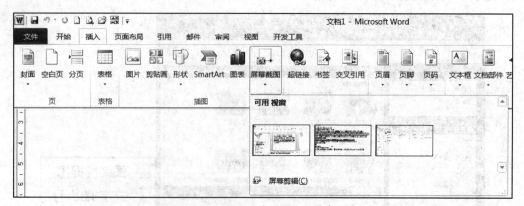

图 6-8　Word 2010 窗口插入"屏幕截图"

(4)设置"延时菜单"选项（如图 6-9 所示）。

在 Snagit 主界面单击"捕捉"→"定时设置"→"启用延时/计划捕捉"，设置延迟捕捉的时间,就可以在对象操作设定的时间后再进行捕捉。

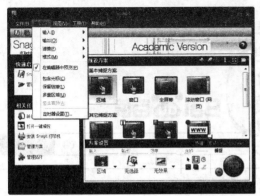

图 6-9　Snagit 的"定时设置"

2. Windows"截图工具"的使用

截图工具是 Windows 7 中自带的一款用于截取屏幕图像的工具,使用该工具能够将屏幕中显示的内容截取为图片,并保存为文件或复制应用到其他程序中。单击"开始"→"所有程序"→"附件"→"截图工具",可启动截图工具,有四种截图模式:任意格式截图、矩形截图、窗口截图、全屏幕截图(如图 6-10 所示)。截取屏幕图像后,利用常用工具栏上的"笔"和"荧光笔"按钮可以在图片上添加标注,用"橡皮擦"按钮可以擦去错误的标注。单击"发送截图"按钮,则可以将截取的屏幕图像通过电子邮件发送出去。

图 6-10　截图工具的四种"截图模式"

利用 Windows"截图工具"进行"矩形截图":

(1)单击"开始"→"所有程序"→"附件"→"截图工具",启动截图工具。

(2)单击"新建"菜单→"矩形截图"命令,拖动鼠标选取要截取的范围。

(3)单击"文件"菜单→"保存"命令,打开"另存为"对话框,输入文件名,选择保存路径和类型,单击"保存"按钮。

三、获取音频和视频素材

1. 音频素材的获取

(1)从网上下载音乐。

①利用百度搜索引擎下载。

用浏览器打开百度搜索引擎页面,单击"更多"选择"音乐"选项(如图 6-11 所示),打开"千千音乐"页面,如在搜索文本框中输入关键词"百花香"(如图 6-12 所示),单击"搜索"即可搜索出相关音乐链接。

图 6-11　百度搜索引擎页面

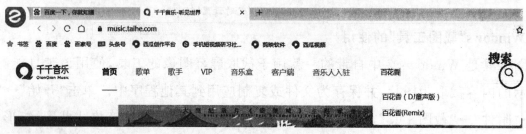

图 6-12　"千千音乐"首页页面

单击音乐链接后面的"播放"按钮,进入播放页面,然后单击"下载"。下载歌曲需要安装"千千音乐"手机客户端。如图 6-13、6-14 所示。

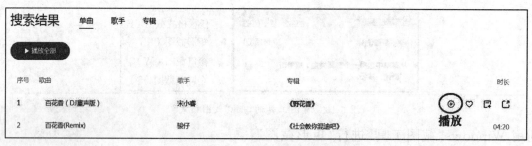

图 6-13　"千千音乐"搜索结果页面

图 6-14　"千千音乐"播放页面

②利用音频播放工具下载音乐。

QQ 音乐是腾讯公司推出的网络音乐平台,是一款音乐播放器,为用户提供方便流畅的在线音乐和丰富多彩的音乐社区服务。QQ 音乐支持乐库在线试听、卡拉 OK 歌词模式、最流行新歌在线首发、手机铃声下载、音乐管理等功能(如图 6-15 所示)。其他常见的音乐播放器有：百度音乐（千千音乐）、酷狗音乐、酷我音乐、Winamp等。

利用音频播放工具如QQ音乐、酷狗音乐等也可以下载音乐，如图6-16所示。

图6-15　利用QQ音乐下载音乐

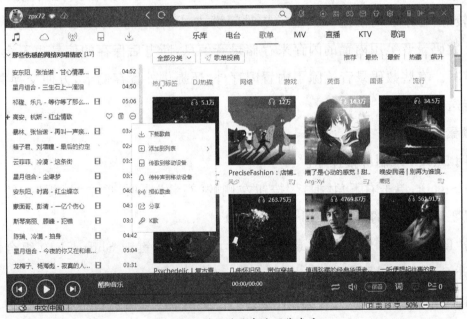

图6-16　利用酷狗音乐下载音乐

（2）使用"录音机"录制声音。

在计算机中，用于声音采集和处理的硬件设备主要有声卡、话筒、音箱、耳机、录音卡座等。在声卡上一般有话筒输入（mic）、线路输入（line）和扬声器输出（SPK）接口，话筒、音箱应分别接在声卡的（mic）和SPK接口上，从录音机等设备上录音时，还需将录音机的线路输出（line out）连接到声卡的线路输入接口上。

①单击"开始"→"所有程序"→"附件"→"录音机"，打开"录音机"窗口，单击"开始录制"（如图6-17所示），对着麦克风讲话就可以录音。

②录制结束，单击"停止录制"（如图6-17所示），打开"另存为"对话框，在"文件名"框中

键入要保存录制的声音的文件名,单击"保存"按钮,录制的声音保存为 WMA 格式音频文件。

图 6-17 "录音机"录制声音

如果要继续录制音频,在"另存为"对话框中单击"取消"按钮,然后单击"继续录制"按钮,则可在原先录制的基础上继续录制声音。如图 6-18 所示。

图 6-18 继续录制声音

（3）数码录音笔。

数码录音笔是通过数字音频存储的方式来记录声音的便携式录音设备。一般还具有多种功能,如激光笔功能、FM 调频、MP3 播放等。

数码录音笔通常标明有 SP、LP 等录音模式,SP 表示短时间模式,这种方式压缩率不高,音质比较好,但录音时间短;LP 表示长时间模式,压缩率高,音质会有一定的降低,但录音时间长。数码录音笔用内置的闪存来存储录音信息,断电后保存的信息也不会丢失,并且可以反复擦写。有些数码录音笔除了内置闪存外,还提供外置存储卡,方便交换共享录音内容及资料传送。

2. 视频素材的获取

（1）使用 Snagit 录制屏幕操作。

①打开 Snagit,单击右下角"捕捉"按钮左侧的"视频"选项,单击"捕捉"按钮,按下鼠标并拖动设置要录制屏幕的区域（如图 6-19 所示）。

②单击"REC"按钮,开始录制;录制完成后,按"停止"键或 Shift＋F10 组合键,则结束录制,并打开 Snagit 编辑器窗口。

③单击"文件"菜单中的"另存为"命令,打开"另存为"对话框,键入要保存的文件名,文件类型自动选择为.mp4,单击"保存"按钮即可保存录制的视频（如图 6-20 所示）。

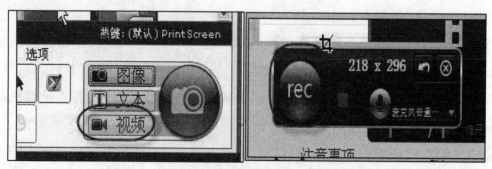

图 6-19 设置录制屏幕的区域

在录制过程中,按"暂停"按钮或 Shift＋F9 组合键,则暂停录制;按"停止"键或 Shift＋

F10 组合键,则结束录制,并打开 Snagit 编辑器窗口。

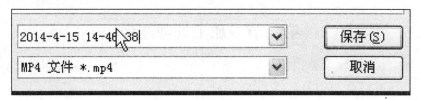

图 6-20　保存录制的视频

(2)从网上下载视频素材。

视频网站(如优酷网、土豆网、酷 6 网)的视频资源可以在线观看,也可以分享到微博、微信或 QQ 空间,一般不能直接下载,如果要下载这些视频资源,通常需要下载该视频网站客户端软件,然后利用客户端软件搜索视频文件,再下载保存视频文件。

一些视频客户端软件还具有转换视频格式的"转码"功能,如优酷客户端可以将 FLV 格式的视频文件转换为 MP4 格式、3GP 格式、AVI 格式。

▶典型例题

【例1】 (2018 年真题)下列文件格式,未经压缩并适合保存原始音频素材的是 (　　)

A. MPG　　　　　　B. MP3　　　　　　C. WMA　　　　　　D. WAV

【答案】 D

【解析】 本题考查音频文件的格式及其特点。MPG 与 MPEG 是动态图像即视频文件格式,MP3、WMA 和 WAV 都是音频文件格式,MP3、WMA 都是有损压缩,只有 WAV 未经压缩,适合保存原始音频素材。

【例2】 (2018 年真题)下列属于图像文件格式的是 (　　)

A. XLS　　　　　　B. JPEG　　　　　　C. PNG　　　　　　D. WAV

【答案】 BC

【解析】 本题考查图像文件的格式。JPEG 和 PNG 都是图像文件格式,XLS 是 Excel 2003 版电子表格文件格式,WAV 是音频文件格式。

【例3】 (2020 年真题)OCR 技术主要运用于 (　　)

A. 自动识别文字　　　　　　B. 语音转换成文字

C. 视频编辑　　　　　　D. 声音编辑

【答案】 A

【解析】 OCR 是英文 optical character recognition 的缩写,意思是光学字符识别,也可简单地称为文字识别,是文字自动输入的一种方法。它通过扫描和摄像等光学输入方式获取纸张上的文字图像信息,利用各种模式识别算法分析文字形态特征,将图像信息翻译成计算机文字。通过 OCR 技术可令文字输入工作变得更加轻松快捷。

第二节 加工处理图像

```
                        ┌ 图像处理术语
                        │ Windows Live 照片库
        加工处理图像 ┤
                        │ 美图秀秀软件的应用
                        └ ACDSee 的使用
```

▶知识要点

一、图像处理术语

1. 图像从处理方式上可分为位图和矢量图

位图由像素组成,先由扫描仪、数码相机等输入设备捕捉实际画面产生的数字影像信息,再在计算机内再将图像数据存储成文件。矢量图由图元组成,是根据几何特性来绘制图形,文件容量较小,扩展名有.wmf、.emf 等,与位图最大的区别是,矢量图不受分辨率的影响,在印刷时,可以任意放大或缩小图形而不会影响出图的清晰度。位图与矢量图的对比如表 6-1 所示。

表 6-1　位图与矢量图对比

类型	组成	优点	缺点	制作工具
点阵图像	像素	只要有足够多的不同色彩的像素,就可以制作出色彩丰富的图像,逼真地表现自然界的景象	缩放和旋转容易失真,同时文件容量较大	Photoshop、画图等
矢量图像	图元	文件容量较小,在进行放大、缩小或旋转等操作时图像不会失真	不易制作色彩变化太多的图像	Flash、CorelDraw 等

2. 影响图像显示的主要参数

(1)图像分辨率:每英寸图像含有的像素数,单位 dpi。通常情况下,图像的分辨率越高,图像就越清晰,印刷的质量也就越好,文件占用的存储空间也越大。

(2)色彩深度(又叫色彩位数),即位图中要用多少个二进制位来表示每个像素的颜色。常用有 1 位(单色)、2 位(4 色)、4 位(16 色)、8 位(256 色)、16 位(增强色)、24 位和 32 位(真彩色)等。

(3)显示器分辨率:是指显示器所能显示的像素的多少。由于屏幕上的点、线和面都是由像素组成的,显示器可显示的像素越多,画面就越精细,同样的屏幕区域内能显示的信息也越多,所以分辨率是个非常重要的性能指标。

（4）显示深度：显示器上每个点用于显示颜色的二进制位数。

3. 图像处理相关术语（如图 6-21 所示）

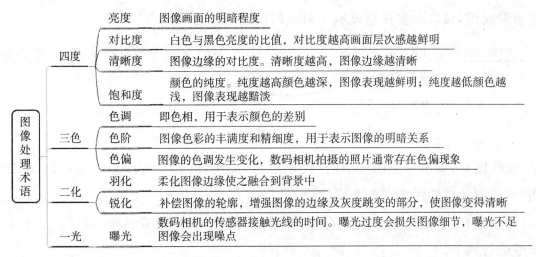

图 6-21　图像处理术语

图像处理术语
- 四度
  - 亮度　图像画面的明暗程度
  - 对比度　白色与黑色亮度的比值，对比度越高画面层次感越鲜明
  - 清晰度　图像边缘的对比。清晰度越高，图像边缘越清晰
  - 饱和度　颜色的纯度。纯度越高颜色越深，图像表现越鲜明；纯度越低颜色越浅，图像表现越黯淡
- 三色
  - 色调　即色相，用于表示颜色的差别
  - 色阶　图像色彩的丰满度和精细度，用于表示图像的明暗关系
  - 色偏　图像的色调发生变化，数码相机拍摄的照片通常存在色偏现象
- 二化
  - 羽化　柔化图像边缘使之融合到背景中
  - 锐化　补偿图像的轮廓，增强图像的边缘及灰度跳变的部分，使图像变得清晰
- 一光
  - 曝光　数码相机的传感器接触光线的时间。曝光过度会损失图像细节，曝光不足图像会出现噪点

二、Windows Live 照片库

Windows 7 系统中如果没有安装照片库，可以到 Windows Live 下载中心去下载。安装 Windows Live 照片库后，系统会将内置的"图片"和"视频"文件夹中的媒体文件添加到照片库中，也可以将其他文件夹中的照片导入 Windows Live 照片库中。

1. 浏览照片库

（1）单击"开始"→"所有程序"→"Windows Live 照片库"命令，打开"Windows Live 照片库"窗口（如图 6-22 所示）。

（2）启动软件后，系统会将内置的"图片"和"视频"文件夹中的媒体文件添加到照片库中，也可以将其他文件夹中的照片导入照片库中。

（3）在左侧窗格中选择"所有照片和视频"列表中的"我的图片"选项，显示该文件夹中的图片。

（4）双击要查看的图片，进入照片浏览窗口。单击"关闭文件"返回照片库窗口。

图 6-22　Windows Live 照片库窗口

2. 使用照片库编辑图片（如图 6-23 所示）

启动"Windows Live 照片库"，打开要编辑的图片，单击窗口上方的"修复"按钮，出现图片完整查看视图，窗口右侧窗格显示了对应的图片调整选项。

（1）旋转图片→"校正照片"按钮　　　　　（6）设置照片黑白效果→"黑白效果"按钮

（2）调整曝光→"调整曝光"按钮　　使用照片库编辑图片　　（5）消除红眼→"修复红眼"按钮

（3）调整颜色→"调整颜色"按钮　　　　　（4）剪裁图片→"剪裁照片"按钮

图 6-23　Windows Live 照片库"编辑图片"功能

（1）旋转图片：单击修复面板中的"校正照片"按钮，借助参考线左右拖动滑块对图片进行微调，直至图片中的影像正立在照片中。

（2）调整曝光：单击修复面板中的"调整曝光"按钮，展开调节界面，对照片的亮度、对比度阴影等进行调节。

（3）调整颜色：单击修复面板中的"调整颜色"按钮，展开调节界面，对照片的色温、色调以及饱和度进行调节。

（4）剪裁图片：单击修复面板中的"剪裁照片"按钮，拖动框体上的 8 个控点，可以调节剪裁框的大小，单击剪裁框中央可移动剪裁框的位置，单击"应用剪裁"按钮即可进行剪裁。

（5）消除红眼：单击修复面板中"修复红眼"按钮，用鼠标框选人物的瞳孔部分，放开鼠标后即可解决红眼现象。

（6）设置照片黑白效果：单击修复面板中的"黑白效果"按钮，选择一种预设的黑白效果（黑白、棕褐色调、蓝绿色调、橙色滤镜、黄色滤镜、红色滤镜），会让照片产生近似老照片的效果（如图 6-24 所示）。

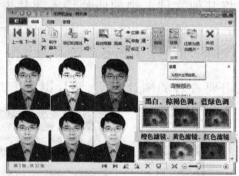

图 6-24　Windows Live 照片库窗口"效果"界面

三、美图秀秀软件的应用

美图秀秀是一款图片处理软件，操作非常简单，独有的图片特效、美容、拼图、场景、边框、饰品等功能（如图 6-25 所示），加上每天更新的精选素材，可以制作出影楼级照片，还能制作出个性 GIF 动态图片、搞怪 QQ 表情等，可以一键将美图分享至微博或 QQ 空间，即时与好友分享。美图秀秀的部分功能如图 6-26 所示。

图 6-25　美图秀秀的选项卡

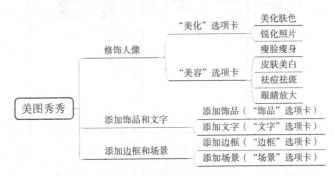

图 6-26　美图秀秀

1. 修饰人像

(1)美化肤色:①启动美图秀秀并打开要修饰的图片。②在"美化"选项卡中选择"热门"特效,使用透明度为 80% 的"粉红佳人",可让人物的气色更红润。③单击"应用"按钮(如图 6-27 所示)。

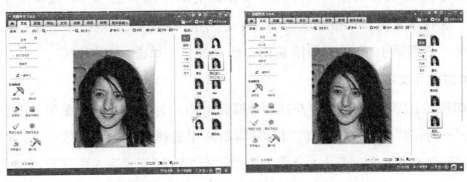

图 6-27　美图秀秀"美化肤色"和"锐化照片"

(2)锐化照片:①启动美图秀秀并打开要修饰的图片。②在"美化"选项卡中选择"基础"特效,使用透明度为 50% 的"锐化",让人物的轮廓和五官更清晰。③单击"应用"按钮。

(3)瘦脸瘦身:①启动美图秀秀并打开要修饰的图片。②在"美容"选项卡单击"瘦脸瘦身"按钮。③在编辑窗口首先调整画笔大小,让画笔稍微大一点;单击并拖动鼠标左键,沿着脸部轮廓两侧小心的向内拉伸,即可快速瘦脸。④再把画笔调小一点,稍微调整脸部的轮廓和嘴巴。⑤单击"应用"按钮(如图 6-28 所示)。

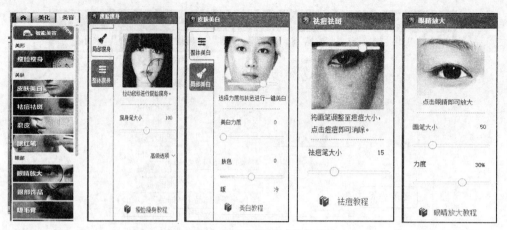

图 6-28　美图秀秀"美容"选项卡

（4）美白设置：①启动美图秀秀并打开要修饰的图片。②在"美容"选项卡中单击"皮肤美白"，调整美白力度及肤色，让人物的皮肤看起来更加白皙。③单击"应用"按钮。

（5）局部祛斑：①启动美图秀秀并打开要修饰的图片。②在"美容"选项卡中单击"祛痘祛斑"按钮。③在编辑窗口调整"祛痘笔大小"，在照片中人物脸部的斑点上单击鼠标，斑点即可消失。④单击"应用"按钮。

（6）眼睛变大：①启动美图秀秀并打开要修饰的图片。②在"美容"选项卡中单击"眼睛放大"按钮。③在编辑窗口调整画笔合适大小。对准人物的一只眼睛单击鼠标，即可增大人物眼睛，在另一只眼睛上单击，让眼睛显得自然有神。④单击"应用"按钮。

2. 添加饰品和文字

（1）添加饰品：①启动美图秀秀并打开要修饰的图片。②在"饰品"选项卡中单击"静态饰品"→"配饰"→"首饰"选项，在右侧的"首饰"素材库中选择需要的头饰效果，将其添加到照片中的合适位置，调整旋转角度及大小。③在"配饰"→"花朵"素材列表中选择所需的花朵，将其添加到照片中的合适位置，调整旋转角度及大小。④单击"应用"按钮（如图 6-29 所示）。

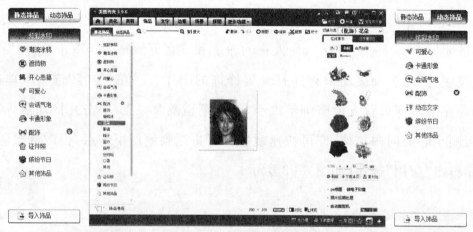

图 6-29　美图秀秀"饰品"选项卡

（2）添加文字：①启动美图秀秀并打开要修饰的图片。②在"文字"选项卡左侧，选择"漫画文字"，然后在右侧"漫画文字"素材库中选择一种文字模板，在打开的"漫画文字编辑框"中输入所需要的文字，设置字体、颜色，调整文字模板的位置及大小。③单击"预览"按钮，满意后单击"保存"或"分享到 QQ"按钮（如图 6-30 所示）。

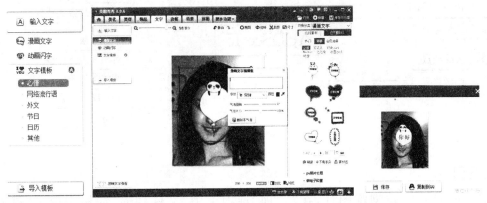

图 6-30　美图秀秀"文字"选项卡添加"漫画文字"或"动画闪字"

3. 添加边框和场景

使用美图秀秀对照片进行处理时，可以为照片添加精美的边框以及场景效果，从而使照片更具有观赏性。边框有简单边框、轻松边框、文字边框、撕边边框、炫彩边框、纹理边框、动画边框等七类，场景有静态场景、动画场景、抠图换背景等三类。如图 6-31 所示。

（1）添加边框：启动美图秀秀并打开要修饰的图片；在"边框"选项卡左侧选择一种边框样式，然后从右侧的列表中选择一种模板，设置边框透明度、颜色等；单击"确定"按钮。

（2）添加场景：启动美图秀秀并打开要修饰的图片；在"场景"选项卡左侧选择一种场景样式，然后从右侧的列表中选择一种模板，单击"确定"按钮。

图 6-31　美图秀秀"边框""场景""拼图"和"更多功能"

美图秀秀"拼图"选项卡有四种拼图模式：自由拼图、模版拼图、海报拼图、图片拼接，可将多张图片拼成一张图片一次晒出来。"更多功能"中有九格切图、摇头娃娃和闪图动态等效果。

四、ACDSee 的使用

ACDSee 是一款数字图像处理软件，它广泛应用于图片的获取、浏览、优化和与他人的分享，可以进行去除红眼、图片修复、锐化、曝光调整、旋转、镜像等特殊效果处理，以及对图片文件进行批量处理（如图 6-32 所示）。ACDSee 还能处理常用的视频文件。ACDSee 提供了四种模式：管理模式、查看模式、编辑模式以及 online 模式。

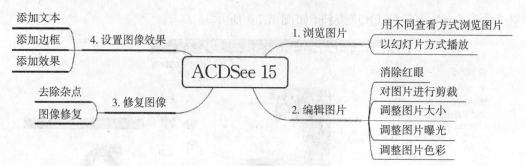

图 6-32 ACDSee 知识框架

1. 浏览图片

（1）用不同查看方式浏览图片：在"管理"选项卡中"文件列表"窗格中单击"查看"下拉列表，选择图片浏览方式（如图 6-33 所示）。

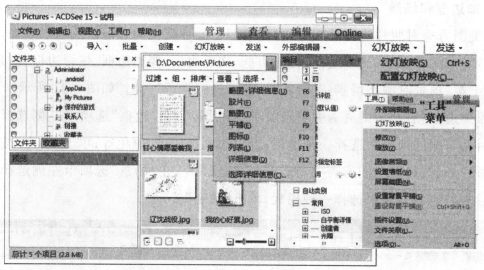

图 6-33 ACDSee"查看"下拉列表与"工具"菜单

（2）以幻灯片方式播放：ACDSee 能以幻灯片的方式来连续播放图片，使用幻灯片自动播放当前文件夹中的图片的方法有：

①在"管理"选项卡，单击"幻灯放映"按钮。

②在"查看"选项卡中单击"工具"菜单→"幻灯放映"命令。

2. 编辑图片（如图 6-34 所示）

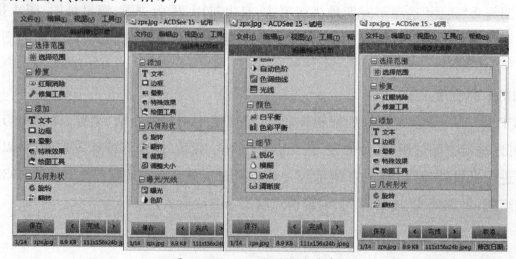

图 6-34 ACDSee"编辑模式菜单"

（1）消除红眼：①在 ACDSee 窗口中单击"编辑"选项卡，在左侧窗格出现"编辑模式菜单"面板。②单击"修复"列表中的"红眼消除"，打开"红眼消除"面板。③单击图片的红眼，出现一个轮廓，可以通过鼠标滚轮调整大小，直到红眼消除；再通过调整"调暗"值来调整眼睛的明暗。④单击"完成"按钮，保存并返回"编辑模式菜单"。

（2）对图片进行剪裁：①在 ACDSee 窗口中单击"编辑"选项卡，在左侧窗格出现"编辑模式菜单"面板。②单击"几何形状"列表中的"裁剪"，打开"裁剪"面板。③用鼠标拖动调整裁剪框及控制点，可调整裁剪框位置和大小。④单击"完成"按钮，保存并返回"编辑模式菜单"。

（3）调整图片大小：①在 ACDSee 窗口中单击"编辑"选项卡，在左侧窗格出现"编辑模式菜单"面板。②单击"几何形状"列表中的"调整大小"，打开"调整大小"面板。③选择"像素、百分比、实际/打印大小"中的一项并设置参数。④单击"完成"按钮，保存并返回"编辑模式菜单"。

（4）调整图片曝光：①在 ACDSee 窗口中单击"编辑"选项卡，在左侧窗格出现"编辑模式菜单"面板。②单击"几何形状"列表中的"曝光"，打开"曝光"面板。③可以调整当前图片的"曝光""对比度""填充光线"等选项值。④单击"完成"按钮，保存并返回"编辑模式菜单"。

（5）调整图片色彩：①在 ACDSee 窗口中单击"编辑"选项卡，在左侧窗格出现"编辑模式菜单"面板。②单击"颜色"列表中的"色彩平衡"，打开"颜色平衡"面板。③调整图片的饱和度、色调、亮度以及红、绿、蓝等颜色值。④单击"完成"按钮，保存并返回"编辑模式菜单"。

3. 修复图像

（1）去除杂点：①在 ACDSee 窗口中单击"编辑"选项卡，在左侧窗格出现"编辑模式菜单"面板。②单击"细节"列表中的"杂点"，打开"杂点"面板。③选中"祛除斑点"→"平滑图像"单选按钮或者从"消除中间值杂点"选项中选择。④单击"完成"按钮，保存并返回"编辑模式菜单"。

（2）图像修复：①在 ACDSee 窗口中单击"编辑"选项卡，在左侧窗格出现"编辑模式菜单"面板。②单击"修复"列表中的"修复工具"，打开"修复工具"面板。③选中"克隆"单选按钮，用鼠标拖动滑块调整"笔尖宽度"和"羽化"程度，然后在照片中右击要克隆的区域，在有污渍的区域按住鼠标左键进行涂抹，即可去掉这些污渍。④单击"完成"按钮，保存并返回"编辑模式菜单"。

4. 设置图像效果

（1）添加文本：①在 ACDSee 窗口中单击"编辑"选项卡，在左侧窗格出现"编辑模式菜单"面板。②单击"添加"列表中的"文本"，打开"添加文本"面板。③在文本框中输入文字，然后设置文本的字体格式、阴影等效果。④单击"完成"按钮，保存并返回"编辑模式菜单"。

（2）添加边框：①在 ACDSee 窗口中单击"编辑"选项卡，在左侧窗格出现"编辑模式菜单"面板。②单击"添加"列表中的"边框"，打开"边框"面板。③设置边框的大小、颜色、边缘是否规则以及边框的效果等。④单击"完成"按钮，保存并返回"编辑模式菜单"。

（3）添加效果：①在 ACDSee 窗口中单击"编辑"选项卡，在左侧窗格出现"编辑模式菜单"面板。②单击"添加"列表中的"特殊效果"，打开"效果"面板。③选择一种效果（"艺术"→"浮雕"），打开相应效果面板，设置好相应参数选项。④单击"完成"按钮，保存并返回"编辑模式菜单"。

▶典型例题

【例1】 (2019年真题)对比度是指投影图像最亮和最暗区域之间的比率,比值越大,从黑到白的渐变层次就越少。　　　　　　　　　　　　　　(A　B)(对的选A,错的选B)

【答案】 B

【解析】 对比度指白色与黑色亮度的比值,对比度越高画面层次感越鲜明。

【例2】 (2019年真题)下列不能处理图像的软件是　　　　　　　　　　　　　　　　(　　)

　　A. 美图秀秀　　　　B. Gold Wave　　　　C. Snagit　　　　D. Photoshop

【答案】 B

【解析】 美图秀秀是美图网研发的一款免费图片处理软件,具有自由拼图、模版拼图、海报拼图、图片拼接等拼图模式,能制作 GIF 动态图片、搞怪 QQ 表情等。Gold Wave 是一个功能强大的数字音乐编辑器,体积小巧、功能强大,是一个集声音编辑、播放、录制和音频格式转换的音频工具。Snagit 是一款优秀的屏幕图像、文本和视频捕获、编辑与转换的软件。Photoshop 是一款功能强大的平面图像编辑工具。

【例3】 (2019年真题)_____即色调,用于表示颜色的深浅程度。

【答案】 色相

【解析】 色调即色相,用于表示颜色的差别。饱和度即颜色的纯度,用于表示颜色的深浅程度。纯度越高,颜色越深,图像表现越鲜明;纯度越低,颜色越浅,图像表现越黯淡。

【例4】 (2020年真题)下列与音频文件存储大小无关的是　　　　　　　　　　　　(　　)

　　A. 采样频率　　　　B. 压缩编码　　　　C. 量化精度　　　　D. 播放速度

【答案】 D

【解析】 采样频率指计算机单位时间内能够采集多少个信号样本,单位为赫兹(Hz)。采样频率越高,获得的波形质量越好,占用存储空间也就越大。时长相同时,未经压缩的 WAV 音频文件大,而压缩的 MP3、WMA 文件小。量化精度就是记录每次采样值的二进制数的位数,即采样位数,通常有 8 bits 或 16 bits 两种,采样位数越大,所能记录声音的变化度就越细腻,相应的数据量就越大。音频文件的大小还跟时长与声道数有关,声道数是指处理的声音是单声道还是立体声。

【例5】 (2020年真题)图像分辨率指图像中存储的信息量,通常以每英寸的_____来衡量。

【答案】 像素数(PPI)

【解析】 数码图像有两大类,一类是矢量图,另一类是点阵图(位图)。矢量图由点线面体构成,放大和缩小时不会引起图形失真。点阵图由像素组成,是通过摄像机、数码相机或扫描仪等设备获得,是以每英寸的像素数(PPI)来衡量。图像分辨率也用"水平像素数×垂直像素数"表示,图像分辨率又叫作图像大小、图像尺寸、像素尺寸和记录分辨率,"大小"和"尺寸"既指像素的多少(数量大小),又可以指画面的尺寸(边长或面积的大小)。

第三节　加工处理音频与视频

▶**知识框架**

加工处理音频与视频 {
制作配音解说——加工处理音频
使用"Windows Live 影音制作"制作电影
音频与视频相关软件
}

▶**知识要点**

一、制作配音解说——加工处理音频

1．编辑音频文件

（1）打开 Audition CS6，单击"文件"菜单→"打开"命令，弹出"打开文件"对话框，选择要编辑的音乐文件，单击"打开"按钮，在波形方式（单轨编辑）下打开该文件。

（2）按下鼠标拖动，选取要删除的片段，按 Del 键，可删除选中片段。

（3）选择开头一小段合适的声音波形，单击"收藏夹"菜单→"淡入"命令，被选中的声音波形出现淡入效果；用同样的方法，在声音结尾处制作"淡出"效果。

（4）保存修改后的音乐文件。

2．录制解说

（1）准备好录音设备及解说词后，在波形方式下单击播放面板中的"录音"按钮，这时可以边解说边录制声音。

（2）选择一段长度为 1 s 左右的噪声波形，执行"效果"→"降噪/恢复"→"捕捉噪声样本"命令，获取噪声样本。

（3）选择要做降噪处理的全部波形，再次执行"效果"→"降噪/恢复"→"降噪（处理）"命令，对全部声音文件进行降噪处理。

（4）保存解说词录音。

3．制作配音解说

（1）单击 Audition 界面上的"多轨合成"按钮，打开"新建多轨项目"对话框，输入混音项目名称，单击"确定"按钮，创建项目。

（2）右击第 1 个轨道波形区域，插入已经录制的解说文件，在第 2 个轨道上插入"背景音乐.mp3"文件，分别调整两个声音文件到合适位置，出现配音解说的效果。

（3）选中"背景音乐"多余的声音波形，按 Del 键删除，删除后的音乐应略长于解说词，最后将结尾部分的背景音乐波形做淡出处理。

（4）在播放的同时，通过旋钮调整第 2 轨道上"背景音乐.mp3"的音量到合适大小。

（5）单击"文件"→"导出"→"多轨缩混"→"整个项目"命令，弹出"多轨缩混"对话框，将上述配音解说保存为 MP3 格式声音文件。

二、使用"Windows Live 影音制作"制作电影

使用"Windows Live 影音制作"创建新的影音文件，制作出电影片段，需要事先准备好要制作电影的图片、音频以及视频素材等。如图 6-35 所示。

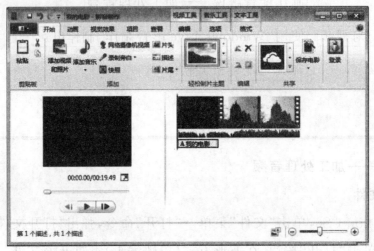

图 6-35　"Windows Live 影音制作"窗口

1. 导入电影素材

（1）打开 Windows Live 影音制作，单击"影音制作"按钮，在弹出的窗口中选择"新建项目"命令，新建一个项目（项目扩展名为.wlmp）。

（2）单击"将视频或照片拖放到此处或单击以进行浏览"链接，打开"添加视频和照片"对话框，选中准备好的图片，单击"确定"按钮，添加静态图片素材。

（3）在"开始"功能区"添加"组中，单击不同的功能按钮，可以添加视频，音频、图片等影音素材，把所需要的素材添加完毕后，便可以进行电影制作了。

2. 制作电影

（1）添加电影片头和片尾：将插入点定位在影片的开始位置，在"开始"功能区"添加"组中单击"片头"按钮，在工作区左侧窗格中输入电影名字，如"青岛老建筑欣赏"，编辑字体格式及片头的播放和动画效果；用同样方法添加片尾。

（2）添加字幕：在工作区右侧窗格选择图片或视频，在"开始"功能区"添加"组中单击"字幕"按钮（或"描述"），在左侧窗格中输入字幕。

（3）添加背景音乐：在"开始"功能区"添加"组中单击"添加音乐"按钮，选择"添加音乐"选项，打开"添加音乐"对话框，选择要添加的背景音乐"老建筑解说.mp3"，为整个电影添加背景配音解说，添加的背景音乐应与片长等长。

3. 设置电影动画效果

（1）在"编辑"功能区中设置视频的淡入淡出效果、播放速度和播放时长，也可以切换到"视觉效果"功能区，设置素材的播放效果。

（2）如果影音中包含音乐，可以在"选项"功能区中设置音乐的音量、淡入淡出效果以及播放的起止时间等。

（3）影片往往是由多个剪辑连接起来的，直接播放会显得生硬，不流畅。为使照片、视频之间平稳过渡，先选中要设置过渡的素材，在"动画"功能区中设置"过渡特技"或"平移和缩放"动画效果，还可以设置动画的播放时间。

4. 保存电影

电影制作好后，单击"影音制作"按钮，在弹出的菜单中选择"保存电影"，从展开的菜单中选择要保存的选项，如"高清晰度""标准清晰度"等，打开"保存电影"对话框，输入电影名后单击"保存"按钮，保存为 WMV 格式的视频文件。

三、音频与视频相关软件（如图 6-36 所示）

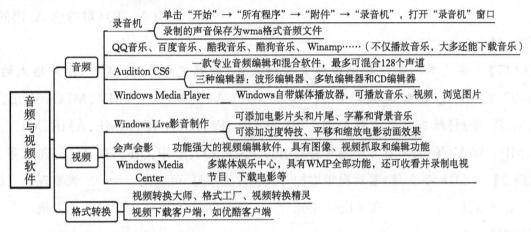

图 6-36　音频与视频相关软件

1. Adobe Audition CS6 简介

Adobe Audition 是一款专业音频编辑和混合软件，原名为 Cool Edit Pro，被 Adobe 公司收购后，改名为 Adobe Audition。Audition 专为进行音频和视频工作的专业人员设计，可提供先进的音频混合控制和效果处理功能。Audition 最多混合 128 个声道，可提供灵活的工作流程并且使用简便。无论是要录制音乐、无线电广播，还是为影像配音，Audition 中丰富的工具均可为用户提供充足动力。

2. Windows Media Player 简介

Windows Media Player 是一款 Windows 系统自带的播放器，通过 Windows Media Player 计算机将变身为媒体工具，支持多媒体的刻录、翻录、流媒体传送、观看、倾听等。用户可以自定义布局，以喜欢的方式欣赏音频和照片，可以使用其他设备播放，从在线商店下载音乐和视频，并且同步到手机或存储卡中。

3. Windows Media Center 简介

Windows Media Center 是一个多媒体娱乐中心，它是一种运行于 Windows 7 和 Windows 8 操作系统上的多媒体应用程序。它除了能够提供 Windows Media Player 的全部功能之外，还在娱乐功能上进行了全新的打造，用户可以在计算机甚至是电视上享受丰富多彩的数字娱乐,包括以电影幻灯片形式观看图片、浏览并播放音乐、播放 DVD、收看并录制电视节目、下载电影、放映家庭视频等。

4. 会声会影简介

会声会影是一个功能强大的视频编辑软件,具有图像、视频抓取和编辑功能,可以抓取和转换画面文件,并提供 100 多种的视频编辑功能与效果,可导出多种常见的视频格式。软件主要特点是操作简单,适合家庭日常使用,提供完整的影片编辑流程解决方案。它不仅具有家庭或个人所需的影片剪辑功能,甚至可以挑战专业级的影片剪辑软件。

▶典型例题

【例1】 (2018年真题)格式工厂不仅能转换音频和视频文件格式,也能转换图片文件格式。 (A B)(对的选 A,错的选 B)

【答案】 A

【解析】 格式工厂是一款免费格式转换软件,能够完成音频,视频,图片格式的转换。格式工厂可将所有类型视频转换到 MP4、3GP、AVI、MKV、WMV、MPG、VOB、FLV、SWF、MOV 等;将所有类型音频转到 MP3、WMA、FLAC、AAC、MMF、AMR、M4A、M4R、OGG、MP2、WAV 等;将所有类型图片转到 JPG、PNG、ICO、BMP、GIF、TIF、PCX、TGA 等。

【例2】 (2018年真题)要对视频增加音效和片头字幕,可以用_____来实现。 ( )

    A. Excel   B. Photoshop   C. 会声会影   D. 录音机

【答案】 C

【解析】 Excel 是电子表格软件,Photoshop 是图像处理软件,会声会影是功能强大的视频编辑软件,录音机是 Windows 系统附件自带的录制音频工具。

【例3】 (2018年真题)下列软件中,可以实现视频格式转换的是 ( )

    A. Premiere   B. 千千静听   C. 暴风影音   D. Word

【答案】 AC

【解析】 Premiere 简称 Pr,是由 Adobe 公司开发的一款视频编辑软件,广泛应用于广告制作和电视节目制作。千千静听是一款音乐播放软件,2006 年被百度收购,一度改名为百度音乐,2015 年百度音乐与太合音乐集团合并共同建立一个互联网音乐机构,2018 年百度音乐变身为"千千音乐",同时启用全新的 logo 和域名。千千音乐是中国音乐门户之一,拥有正版高品质音乐,权威音乐榜单,新歌速递,契合用户需求的主题电台,人性化的歌曲搜索。暴风影音是一款视频播放器,可兼容大多数的视频和音频格式。暴风影音还具有格式转换、视频压缩和视频片段截取功能。

第六章　多媒体软件应用课时作业

一、是非选择题(本大题共 15 小题,每小题 1 分,共 15 分。对每小题做出选择,对的选 A,错的选 B)

1. 不同来源的信息在计算机中归根结底都用二进制数字表示。　　　　　　　　　(A　B)

2. 摄像头、数码相机、扫描仪和投影仪都是常用的多媒体输入设备。　　　　　　(A　B)

3. HTML 文档即使出现错误格式,浏览器也能正确识别和解释。　　　　　　　　(A　B)

4. 数码照片处理、包装设计、专题片设计、商标设计、广告设计、装饰装潢设计等都属于多媒体平面设计应用领域。　　　　　　　　　　　　　　　　　　　　　　(A　B)

5. 用户无论下载何种资源,都必须按提供方对媒体素材使用的规定及要求进行使用,以保护资源作者的利益。　　　　　　　　　　　　　　　　　　　　　　　　　(A　B)

6. 在 Windows Live 照片库中,单击图片,即可打开照片浏览窗口以查看该图片。　(A　B)

7. 视频文件格式包括 AVI、MPEG、ASF、WMV、3GP、FLV、WMA、WAV 等。　(A　B)

8. 利用 ACDSee 调整图片大小时,必须保持原始图片的纵横比。　　　　　　　　(A　B)

9. 在美图秀秀"美容"选项卡单击"瘦脸瘦身"按钮,单击并拖动鼠标左键,沿着脸部轮廓两侧小心地向外拉伸,即可快速瘦脸。　　　　　　　　　　　　　　　　　(A　B)

10. ACDSee 不仅可以处理图像,而且还能处理常用的视频文件。　　　　　　　　(A　B)

11. 在 Adobe Audition CS6 的波形编辑器、多轨编辑器或 CD 编辑器模式下都可以录制声音。

　　　　　　　　　　　　　　　　　　　　　　　　　　　　　　　　　　　(A　B)

12. 通过麦克风录制原声时,设置麦克风的音量越大,录制好的音频就越清晰,越便于后面的音效处理。　　　　　　　　　　　　　　　　　　　　　　　　　　　　　(A　B)

13. 系统自带 Windows Media Player 可以播放音频、视频,不能浏览欣赏照片。　(A　B)

14. 用 Windows Live 影音制作软件可将照片和视频等素材合成为电影片段,并可以编辑、添加声音文件。　　　　　　　　　　　　　　　　　　　　　　　　　　　　　(A　B)

15. 视频转换大师(WinMPG Video Convert)只能转换视频格式,不能转换音频格式。　(A　B)

二、单项选择题(本大题共 20 小题,每小题 2 分,共 40 分)

16. 在"物理仿真实验室"学习软件中,用户能够使用软件提供的各种实验设备和材料,随心所欲地操作,进行各种物理实验。这主要体现了多媒体技术的　　　　　　(　　)

　　A. 交互性　　　　　　B. 实时性　　　　　　C. 集成性　　　　　　D. 多样性

17. 下列关于文本文件的说法中不正确的是　　　　　　　　　　　　　　　　　(　　)

　　A. 纯文本文件 TXT 是记事本默认保存的文件类型

　　B. 富文本文件 RTF 是写字板默认保存的文件类型

　　C. 记事本、写字板、Word 都可创建 HTM/HTML 类型文件

　　D. DOC/DOCX 是 Microsoft Office Word 文档采用的默认格式

18. 下列关于 BMP 格式图像的说法不正确的是 （　　）

A. Windows 中的标准图像文件格式,包含的图像信息较丰富,但文件容量大

B. 常见的图形图像软件都能对其进行编辑处理

C. 利用压缩格式存储图像数据,解码速度快,且支持多种图像的存储

D. 适合保存原始图像素材

19. 在"画图"工具中,不能打开的文件类型是 （　　）

A. .jpeg   B. .xlsx   C. .bmp   D. .gif

20. 小明在家遇到学习问题,他想通过 QQ 视频聊天的方式向老师请教,可是 QQ 提示"没有检测到视频设备"。请问他应安装配置设备是 （　　）

A. 摄像头   B. 鼠标   C. 扫描仪   D. 打印机

21. 要使用 Windows 自带附件中的"录音机"进行录音,计算机必须安装 （　　）

A. 麦克风   B. 耳机   C. 3D 打印机   D. CD-ROM

22. 利用 OCR 光学字符识别软件可以快速地从图像中识别出字符,从而得到文本文件。那么 OCR 软件能识别下列_____文件。 （　　）

①example.tif　②example.avi　③example.wav　④example.bmp

A. ②④   B. ①③   C. ②③   D. ①④

23. 以下类型的文件中,不经过压缩的图像文件格式是 （　　）

A. JPG   B. PNG   C. JPEG   D. BMP

24. 下列关于 GIF 格式图像的说法不正确是 （　　）

A. 支持动态和单色透明效果   B. 采用有损压缩,文件容量小

C. 适合网络传输   D. 颜色数太少,最多为 256 色

25. 以下软件中,不属于视频播放软件的是 （　　）

A. Winamp   B. Media Player

C. QuickTime Player   D. Real Player

26. 下列选项中都是视频文件格式的是 （　　）

A. AVI、DAT、MIDI   B. MP3、MP4、AVI

C. DAT、BMP、WMA   D. AVI、RM、MPEG

27. 下列关于"Windows Live 照片库"的说法错误的是 （　　）

A. 使用 Windows Live 照片库可以对图片进行剪裁

B. 使用 Windows Live 照片库可以直接使用照片发送电子邮件

C. 使用 Windows Live 照片库在保存照片之前可以还原为原始照片

D. 使用 Windows Live 照片库可以给照片添加背景音乐

28. 要制作一个城市老建筑的配音解说,需要先录制一段解说词,再给解说词配上音乐。可以用_____来实现。 （　　）

A. 美图秀秀   B. Windows Live 照片库

C. ACDSee 15   D. Audition CS6

29. 用户想在计算机上收看并录制电视节目,应该选用的软件是 （　　）

    A. Windows Media Player　　　　　　　　　B. Windows Media Center

    C. Adobe Premiere CS3　　　　　　　　　　D. Window Live 影音制作

30. 某学生用麦克风录制了一段 WAV 格式的音乐,由于文件容量太大,不方便携带。正常播放音乐的前提下,要把文件容量变小,建议该学生使用的最好办法是 （　　）

    A. 应用压缩软件,使音乐容量变小

    B. 应用音频工具软件将文件转换成 MP3 格式

    C. 应用音频编辑软件剪掉其中的一部分

    D. 应用音频编辑工具将音乐的音量变小

31. 下列文件格式中既可以存储静态图像,又可以存储功画的是 （　　）

    A. BMP　　　　　　B. JPG　　　　　　C. TIF　　　　　　D. GIF

32. 下列软件中具有漫画文字功能的是 （　　）

    A. ACDSee　　　　　　　　　　　　B. Windows Live 照片库

    C. Snagit　　　　　　　　　　　　　D. 美图秀秀

33. 补偿图像的轮廓,增强图像的边缘及灰度跳变的部分,使图像变得清晰指的是 （　　）

    A. 羽化　　　　　　B. 锐化　　　　　　C. 曝光补偿　　　　D. 色偏

34. 使用 ACDSee 浏览图像时,可以设置以_____方式来连续播放图像。 （　　）

    A. 幻灯片　　　　　B. 缩略图　　　　　C. 大图标　　　　　D. 小图标

35. 下列对视频格式文件的描述中,不正确的是 （　　）

    A. AVI 格式可以将视频和音频交织在一起进行同步播放,而且文件体积非常小

    B. AVI 是微软公司采用的标准视频文件格式,图像质量好

    C. AVI 格式可以跨多个平台使用,其缺点是体积过于庞大

    D. AVI 格式是一般视频采集直接存储的视频文件格式

三、不定项选择题(本大题共 10 小题,每小题 3 分,共 30 分)

36. 在电脑上进行语音视频聊天,必须要配备 （　　）

    A. 摄像头　　　　　B. 录音机　　　　　C. 扫描仪　　　　　D. 麦克风

37. 下列关于"截图工具"的说法正确的是 （　　）

    A. 是 Windows 7 系统中自带的一款用于截取屏幕图像的工具

    B. 截取图片可保存为文件,也可复制粘贴到其他应用程序,但不能通过电子邮件发送

    C. 利用工具栏上的"笔"和"荧光笔"按钮可在截取图片上添加标注

    D. 用"橡皮擦"按钮可以擦去在图片上添加的错误标注

38. 下列关于"Snagit 软件"的说法正确的是 （　　）

    A. 可以捕捉静止的图像、动态的图像和声音,另外还可以在选中的范围内只获取文本

    B. 可以捕捉选择整个屏幕,某个静止或活动窗口,也可以自己选择捕捉内容

    C. 捕捉的内容可以以文件的形式输出,也可以直接发电子邮件,还可以编辑成相册

    D. 捕捉的种类多,但不具备简单的图像处理功能

39. 下列选项中属于本地影像视频格式的是 （　　）

    A. MPEG　　　　　　　B. AVI　　　　　　　C. WMV　　　　　　　D. DAT

40. 在 ACDSee 的"曝光"面板中,可以调整当前图片的 （　　）

    A. 曝光　　　　　　　B. 色调　　　　　　　C. 饱和度　　　　　　D. 填充光线

41. 关于美图秀秀修饰图片的说法中正确的是 （　　）

    A. 既可以添加静态饰品,又可以添加动态饰品

    B. 既可以添加漫画文字,又可以添加动画闪字

    C. 既可以添加简单边框,又可以添加动画边框

    D. 既可以添加静态场景,又可以添加动画场景

42. 下列有关 DVD 光盘与 VCD 光盘的描述中,正确的是 （　　）

    A. DVD 光盘的图像分辨率比 VCD 光盘高

    B. DVD 光盘的图像质量比 VCD 光盘好

    C. DVD 光盘的记录容量比 VCD 光盘大

    D. DVD 光盘的直径比 VCD 光盘大

43. 常用的视频文件可利用下列＿＿＿＿＿＿＿软件对其重新进行剪裁和编辑。 （　　）

    A. Corel Video Studio　　　　　　　B. Windows Movie maker

    C. Adobe Premiere CS3　　　　　　　D. Photoshop CS3

44. 下列图像文件的格式中采用无损压缩的是 （　　）

    A. BMP　　　　　　　B. JPEG/JPG　　　　　C. PNG　　　　　　　D. GIF

45. 下列选项中,能够播放音频的软件是 （　　）

    A. Winmap　　　　　　　　　　　　　B. ACDSee

    C. Quick Time　　　　　　　　　　　D. Windows Media Player

四、填空题(本大题共 15 空,每空 2 分,共 30 分)

46. ＿＿＿＿＿＿＿即图像色彩的丰满度和精细度,用于表示图像的明暗关系。

47. 使用 Windows Live 照片库"修复面板"中的＿＿＿＿＿＿＿功能,可以让照片库自动分析并对照片进行处理。

48. 美图秀秀提供了自由拼图、模版拼图、海报拼图和＿＿＿＿＿＿＿等经典拼图模式,一次拼接多种图片。

49. Windows 7 自带的"录音机"软件录制的声音文件的格式是＿＿＿＿＿＿＿。

50. 利用 Snagit 录屏的视频文件保存格式是＿＿＿＿＿＿＿。

51. 使用"截图工具"中的这一＿＿＿＿＿＿＿＿＿＿截图方式与专业图形软件的抠图功能类似。

52. 在 Snagit 主界面单击"捕获"→＿＿＿＿＿＿＿＿＿＿→"启用延迟/计划捕获",设置延迟捕获的时间,就可以在对象操作设定的时间后再进行捕获。

53. 数码录音笔是通过＿＿＿＿＿＿＿的方式来记录声音的便携式录音设备。

54. 多媒体应用技术中,VOD 指的是＿＿＿＿＿＿＿。

55. 录制声音最简单的方法是使用 Windows 系统中自带的＿＿＿＿＿＿＿软件进行录制。

56. Windows 7 系统中如果没有安装 Windows Live 照片库,可以到 _____ 去下载。

57. ACDSee 15 主界面除了主菜单外,还包括"管理""查看""编辑"和 _____ 选项卡。

58. 从计算机屏幕上抓取动态操作过程叫 _____。

59. 由美国 Apple 公司开发,能跨平台性播放的视频格式是 _____。

60. _____ 是指转换音频或视频格式。

五、简答题(本大题共 2 小题,每小题 4 分,共 8 分)

61. 获取视频素材有哪些方法?

62. 分别列举常见的图像文件、声音文件、视频文件的格式。

六、模拟操作题(本大题共 3 小题,每小题 9 分,共 27 分)

63. 简述用 Windows 自带的"录音机"录制声音的流程。

64. 使用 ACDSee 15 对照片进行下列处理:(1)裁剪图像中的人物,横向、限制裁剪比例为 5×7。(2)给图像添加"百叶窗"艺术效果,保存处理后照片。

65. 使用 Adobe Audition CS6 制作一个《再别康桥》诗歌配音朗诵。(要求:①截取 D:\再别康桥配乐.mp3 中间部分作为背景音乐,并添加淡入/淡出效果;②对录制的诗歌朗诵进行降噪处理。)

第七章　演示文稿软件(PowerPoint)应用

▶考纲要求

(1)理解演示文稿的基本概念;了解演示文稿窗口界面的结构及名称;掌握用多种方法新建演示文稿;掌握编辑、保存、浏览演示文稿;掌握幻灯片的插入、复制、移动和删除操作。

(2)掌握幻灯片版式的更换;了解幻灯片母版的作用;掌握幻灯片模板、背景、配色方案的设置。

(3)掌握插入、编辑剪贴画、艺术字、自选图形等内置对象;掌握在幻灯片中插入图片、音频、视频等外部对象;掌握在幻灯片中建立表格和图表;掌握动作按钮的创建;掌握幻灯片动画方案的设置;掌握幻灯片超链接的设置。

(4)掌握演示文稿放映方式的设置;掌握演示文稿打包功能;了解幻灯片切换方式的设置。

第一节　PowerPoint 入门

▶知识框架

PowerPoint 入门
- PowerPoint 基本操作
- PowerPoint 2010 窗口
- 演示文稿基本操作
- 幻灯片基本操作
- PowerPoint 2010 视图

▶知识要点

一、PowerPoint 基本操作

由 PowerPoint 创建的文件称为演示文稿,每个演示文稿由若干张幻灯片构成,每张幻灯片都由一些对象组成,这些对象包括文本对象(如标题文字、项目列表、文字说明等)、可视化对象(包括图片、剪贴画、图表等),以及多媒体对象(包括视频、音频、动画等)。

1. 启动 PowerPoint 2010 的常用方法

(1)单击"开始"按钮,在弹出的"开始"菜单中指向"所有程序",选择"Microsoft Office"子菜单中的"Microsoft PowerPoint 2010"命令。

(2)双击桌面上 PowerPoint 的快捷方式图标。

(3)单击"开始"按钮,在搜索框中输入"PowerPnt.EXE",按 Enter 键。

(4)在"计算机"窗口中双击一个 PowerPoint 演示文稿,可以启动 PowerPoint 2010 并显示该演示文稿内容。

2. 退出 PowerPoint 2010

(1)选择"文件"选项卡中的"退出"命令。

(2)单击 PowerPoint 2010 窗口标题栏中的关闭按钮。

(3)单击 PowerPoint 2010 窗口的控制图标,从弹出的控制菜单中选择"关闭"命令。

(4)按下组合键 Alt＋F4。

如果演示文稿尚未保存,退出时系统会弹出对话框(如图 7-1 所示),选择"保存"则存盘退出,选择"不保存"则退出但不存盘,选择"取消"则取消保存操作。

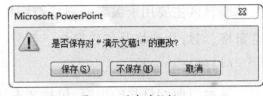

图 7-1　退出对话框

选择"文件"选项卡中的"关闭"命令,只能关闭当前正在编辑的演示文稿窗口,并不退出 PowerPoint 2010 程序。

二、PowerPoint 2010 窗口

PowerPoint 2010 窗口由快速访问工具栏、标题栏、功能区、幻灯片/大纲浏览窗格、幻灯片窗格、备注窗格、视图按钮、显示比例按钮、滚动条和状态栏等元素组成(如图 7-2 所示)。用鼠标拖动分隔线可以调整窗口各区域的窗格的大小。

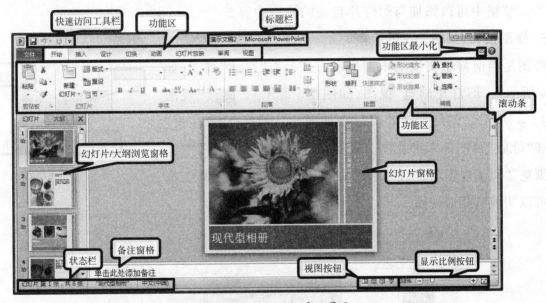

图 7-2　PowerPoint 窗口界面

1. 标题栏

标题栏位于窗口最上方,显示当前演示文稿文件名,最左边是控制菜单图标,最右边有"最小化"按钮、"最大化/还原"按钮和"关闭"按钮。首次启动 PowerPoint 2010 自动新建的空白演示文稿名为"演示文稿 1",以后建立的依次为"演示文稿 2""演示文稿 3"等。

2. 快速访问工具栏

快速访问工具栏位于标题栏左边,包含一组使用频率较高的工具按钮,通常有"保存"

"撤销"和"恢复"等按钮。

3. 功能区

功能区位于标题栏下方,由 9 个选项卡和包含在选项卡中的命令按钮组成。通常有"文件""开始""插入""设计""切换""动画""幻灯片放映""审阅""视图"等 9 个不同类别的选项卡。在每一个选项卡中,命令以工具按钮的形式被分类放置在不同的功能组中显示,每个功能组中又包含若干个相关的命令按钮。

4. 演示文稿编辑区

编辑区主要用于编辑或浏览幻灯片内容。在普通视图中,该区域被分成幻灯片/大纲浏览窗格、幻灯片窗格及备注窗格三部分。拖动窗格之间的分隔线可以调整各窗格的大小。

(1)幻灯片窗格。

显示当前幻灯片的内容,包括文本、图片、表格等对象。可以直接编辑幻灯片的内容。

(2)幻灯片/大纲浏览窗格。

幻灯片/大纲浏览窗格上方有"幻灯片"和"大纲"两个选项卡。"幻灯片"选项卡显示幻灯片窗格中显示的幻灯片的缩略图,可以拖动缩略图重新排列演示文稿中的幻灯片,也可以在"幻灯片"选项卡上添加或删除幻灯片。"大纲"选项卡显示各个幻灯片的标题与正文信息,可在"大纲"选项卡中直接编辑幻灯片标题和正文信息。

(3)备注窗格。

备注窗格中可以添加与幻灯片有关的注释内容。

5. 视图按钮(如图 7-3 所示)

视图是当前演示文稿的不同显示方式。有"普通"视图(如图 7-4 所示)、"幻灯片浏览"视图(如图 7-5 所示)、"阅读"视图(如图 7-6 所示)、"幻灯片放映"视图(如图 7-7 所示)、"备注页"视图和"母版"视图等六种视图。视图按钮共有"普通视图""幻灯片浏览""阅读视图"和"幻灯片放映"等四个按钮,单击某个按钮就可以切换到相应视图。

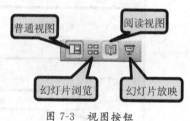

图 7-3 视图按钮

图 7-4 按"普通视图"方式浏览幻灯片

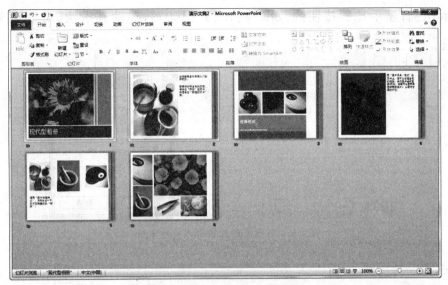

图 7-5　按"幻灯片浏览"方式浏览幻灯片

图 7-6　按"阅读视图"方式浏览幻灯片

图 7-7　按"幻灯片放映"方式浏览幻灯片

6. 显示比例按钮

显示比例按钮位于视图按钮右侧,单击该按钮,可以在弹出的"显示比例"对话框中选择幻灯片的显示比例;显示比例按钮的范围为:10%～400%,拖动其滑块,可以调节显示比例。
如图 7-8 所示。

图 7-8　显示比例及显示比例对话框

7. 状态栏

状态栏位于窗口底部左侧,在"普通"视图中,主要显示当前幻灯片的序号、当前演示文稿幻灯片的总数、采用的幻灯片主题和使用的语言等信息。在"幻灯片浏览"视图中,只显示当前视图、幻灯片主题和使用的语言,如图 7-9 所示。

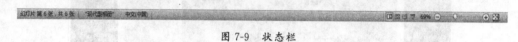

图 7-9　状态栏

三、演示文稿基本操作

创建演示文稿主要有以下几种方式:创建空白演示文稿、根据主题、根据模板、根据现有演示文稿创建。

主题是事先设计好的一组演示文稿的样式框架,主题规定了演示文稿的外观样式,包括母版、配色、文字格式等设置。

模板是预先设计好的演示文稿样本,包括多张幻灯片,表达特定提示内容,所有幻灯片主题相同,以保证整个演示文稿外观一致。

使用现有演示文稿方式,可以根据现有演示文稿的风格样式建立新演示文稿,新演示文稿的风格样式与现有演示文稿完全一样。

1. 创建演示文稿方法

(1)单击"快速访问工具栏"中的"新建"按钮,可以直接建立一个包含一张默认版式幻灯片的空白演示文稿(如图 7-10 所示)。

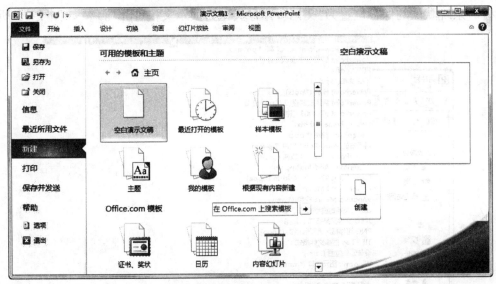

图 7-10　创建空白演示文稿

（2）单击"可用的模板和主题"中的"创建"按钮，可以新建基于所选模板的空白演示文稿。

（3）单击"可用的模板和主题"中的"主题"按钮，在主题列表中选择一个主题，单击"创建"按钮。

（4）单击"可用的模板和主题"中的"样本模板"按钮，在样本模板列表中选择一个模板，单击"创建"按钮。

（5）单击"可用的模板和主题"中的"根据现有演示文稿新建"按钮，在出现的"根据现有演示文稿新建"对话框中选择一个合适的演示文稿，单击"新建"按钮。

2. 使用 PowerPoint 自带模板创建一个演示文稿操作步骤

（1）选择"文件"选项中的"新建"命令，单击"样本模板"按钮，在"样本模板"中选择"现代型相册"（如图 7-11 所示）。

（2）单击"创建"按钮。

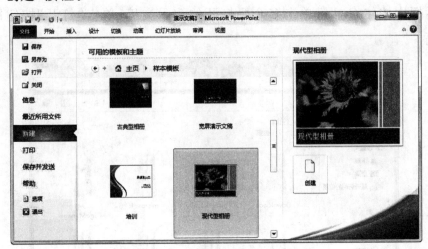

图 7-11　创建"现代型相册"演示文稿

3. 保存演示文稿

演示文稿首次制作完成后，选择"文件"选项中的"保存"命令（或者单击"快速访问工具栏"中的"保存按钮"），在弹出的"另存为"对话框中为文稿选择要保存的位置、输入文件名后，单击"保存"按钮完成保存。系统默认的保存位置为"文档",保存类型为演示文稿(.pptx)。如图 7-12 所示。

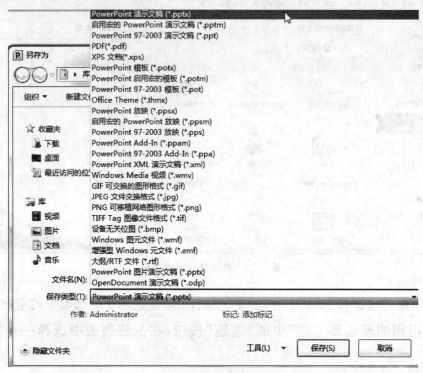

图 7-12 "另存为"对话框

4. 打开演示文稿(如图 7-13 所示)

选择"文件"选项卡中的"打开"命令(或者单击"快速访问工具栏"中的"打开"按钮),在弹出的"打开"对话框中选择要打开的演示文稿后,单击"打开"按钮即可打开选择的演示文稿。

选择 PowerPoint 2010 窗口"文件"选项卡"最近所用文件"列表中的演示文稿名,可以打开最近使用过的演示文稿。

PowerPoint 可以同时打开多个演示文稿,选择"文件"选项卡中的"打开"命令,在弹出的"打开"对话框中按住 Ctrl 键单击多个要打开的演示文稿,单击"打开"按钮即可同时打开多个演示文稿。

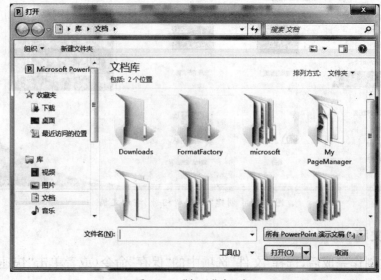

图 7-13 "打开"对话框

5. 关闭演示文稿

常用关闭演示文稿的方法：

（1）单击"文件"选项卡，在弹出的"文件"菜单中选择"关闭"命令，则可关闭演示文稿，但不退出 PowerPoint。

（2）单击 PowerPoint 窗口右上角的"关闭"按钮，则可关闭演示文稿并退出 PowerPoint。

（3）右击任务栏上 PowerPoint 图标，在弹出的快捷菜单中选择"关闭窗口"命令，则可关闭演示文稿并退出 PowerPoint。

（4）双击左上角 PowerPoint 图标。

四、幻灯片基本操作

1. 选择幻灯片

在"幻灯片浏览"视图下，窗口中以缩略图方式显示全部幻灯片，因此我们可以看到全部幻灯片。

在幻灯片浏览视图、普通视图的"幻灯片/大纲"选项卡中，单击要选择的幻灯片即可选择幻灯片。

选择多张连续幻灯片：先选择第一张幻灯片，按住 Shift 键再单击最后一张幻灯片。

选择多张不连续幻灯片：先选择第一张幻灯片，按住 Ctrl 键再逐个单击要选择的幻灯片。

2. 插入幻灯片

常用的插入幻灯片方式有两种：插入新幻灯片和插入当前幻灯片的副本。

（1）插入新幻灯片。

方法一：

①在幻灯片浏览视图、普通视图的"幻灯片/大纲"选项卡中，选择要插入新幻灯片的前一张幻灯片。

②单击"开始"功能区"幻灯片"组中的"新建幻灯片"下拉按钮，在列表框中选择一种合适版式，即可插入一张指定版式的空幻灯片。

方法二：

快捷键：Ctrl＋M。

方法三：在普通视图的"幻灯片/大纲"选项卡中，选择要插入新幻灯片的前一张幻灯片，按 Enter 键。

（2）插入当前幻灯片的副本。

①在幻灯片浏览视图、普通视图的"幻灯片/大纲"选项卡中，选择要复制的目标幻灯片。

②单击"开始"功能区"幻灯片"组中的"新建幻灯片"下拉按钮，在列表中选择"复制所选幻灯片"，则在当前幻灯片之后插入与当前幻灯片完全相同的幻灯片。

（3）插入来自其他演示文稿文件的幻灯片。

可以采用重用幻灯片功能插入来自其他演示文稿的幻灯片。

①在幻灯片浏览视图、普通视图的"幻灯片/大纲"选项卡中，选择要插入新幻灯片的前一张幻灯片。

②单击"开始"功能区"幻灯片"组"新建幻灯片"命令，在列表中选择"重用幻灯片"命令，弹出"重用幻灯片"窗格（如图 7-14 所示）。

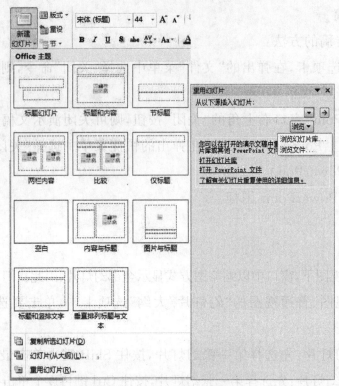

图 7-14 重用幻灯片弹出

③单击"重用幻灯片"窗格的"浏览"按钮,选择"浏览文件"命令,在弹出的"浏览"对话框中选择要插入的演示文稿,单击"打开"按钮(如图 7-15 所示)。

图 7-15 重用幻灯片

④单击"重用幻灯片"窗格中所需要的幻灯片即可。

3. 复制与移动幻灯片

方法一:

选择要复制的幻灯片,按住 Ctrl 键和鼠标左键拖动到目标位置,释放鼠标左键和 Ctrl 键即可完成复制操作。

选择要移动的幻灯片,按住鼠标左键拖动到目标位置,释放鼠标左键即可完成移动操作。

方法二:

选择要复制的幻灯片,单击"开始"功能区"剪贴板"组中的"复制"按钮,选择要复制到位置的前一张幻灯片,单击"开始"功能区"剪贴板"组中的"粘贴"按钮。

选择要移动的幻灯片,单击"开始"功能区"剪贴板"组中的"剪切"按钮,选择要移到位置的前一张幻灯片,单击"开始"功能区"剪贴板"组中的"粘贴"按钮。

4. 删除幻灯片

(1)选择要删除的幻灯片,右击鼠标,在弹出的快捷菜单(如图 7-16 所示)中选择"删除幻灯片"命令。

(2)选择要删除的幻灯片,按 Del 键即可删除幻灯片。

五、PowerPoint 2010 视图

PowerPoint 2010 有六种视图:"普通"视图、"幻灯片浏览"视图、"阅读"视图、"幻灯片放映"视图、"备注页"视图和"母版"视图等六种视图。

切换视图常用方法有两种:采用功能区命令和单击"视图"按钮。

"视图"按钮共有"普通视图""幻灯片浏览""阅读视图"和"幻灯片放映"等四个按钮,如图 7-17 所示。

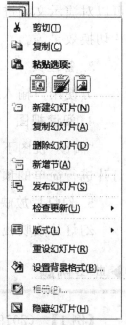

图 7-16　快捷菜单

"视图"功能区"演示文稿视图"组中有"普通视图"、"幻灯片浏览"视图、"阅读视图"和"备注页"视图,如图 7-18 所示。

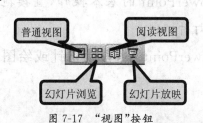

图 7-17　"视图"按钮

图 7-18　"视图"功能区

1. 普通视图

普通视图是 PowerPoint 2010 默认的视图方式。该视图有三个工作区域,左侧为"幻灯片/大纲"窗格,右侧为"幻灯片"窗格,以大视图方式显示当前幻灯片;底部为"备注"窗格。

选用"幻灯片"选项卡可显示幻灯片缩略图。

选用"大纲"选项卡只显示幻灯片文本。

在"幻灯片"窗格中可以添加文本,插入图片、表格、图表、文本框、电影、声音、超链接和动画。

"备注"窗格用于添加与每张幻灯片内容相关的备注,并且在播放演示文稿时将它们用作打印形式的参考资料,或者创建希望让观众以打印形式或在网页上看到的备注。

2. 幻灯片浏览视图

是以缩略图形式显示幻灯片的视图,能够在一个窗口中预览到文稿中的所有幻灯片,并可以对演示文稿进行编辑,包括调整幻灯片的顺序、添加/删除幻灯片等。也可以预览幻灯片切换效果等。

3. 备注页

方便用户输入或编辑备注页的内容。

4. 阅读视图

"阅读"视图下只保留幻灯片窗格、标题栏和状态栏,通常用于在幻灯片制作完成后对幻灯片进行简单的预览。

5. 幻灯片放映视图

幻灯片放映视图不能对幻灯片进行编辑;只有幻灯片放映视图才能全屏放映演示文稿。

▶ 典型例题

【例1】 (2019年真题)在 PowerPoint 的幻灯片浏览视图下,按住_____键并拖动某张幻灯片,可以复制此幻灯片。

【答案】 Ctrl

【解析】 本题主要考查 PowerPoint 的基本操作,直接拖动幻灯片则移动幻灯片,按住 Ctrl 键并拖动幻灯片则复制幻灯片。

【例2】 (2020年真题)PowerPoint 中,移动指针或绘图工具时,标尺上会显示它在幻灯片上的_____。

【答案】 位置

【解析】 本题主要考查 PowerPoint "视图"功能区中的命令,移动指针或绘图工具时,标尺上会显示它在幻灯片上的精确位置。

第二节　修饰演示文稿

▶**知识框架**

$$修饰演示文稿 \begin{cases} 幻灯片版式 \\ 幻灯片母版 \\ 设置幻灯片主题和背景 \end{cases}$$

▶**知识要点**

在 PowerPoint 演示文稿制作过程中，可以利用幻灯片"版式"和"设计"功能修饰演示文稿，还可以通过设计母版在所有幻灯片中插入相同对象，使制作的演示文稿风格一致、美观大方，增强演示效果。

一、幻灯片版式

在 PowerPoint 演示文稿制作过程中，通过使用幻灯片版式可以更为合理、简洁地完成对文字、图片的布局。

版式指幻灯片内容在幻灯片上的排列方式。PowerPoint 的版式有标题幻灯片、标题和内容、节标题、两栏内容、比较、仅标题、空白、内容与标题、图片与标题、标题和竖排文字、垂直排列标题与文本等 11 种幻灯片版式。

幻灯片默认的版式是"标题幻灯片"，如图 7-19 所示。

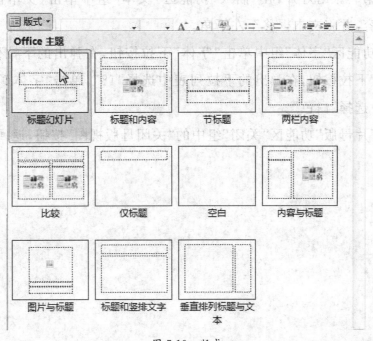

图 7-19　版式

幻灯片中带有虚线或影线的区域称为占位符，只有光标在其中闪烁时，才可以在其中输入字符,以及插入图片、动画、音频或视频等对象。

把第一张幻灯片版式由"标题幻灯片"改为"标题和内容"版式,在其后新建一张幻灯片,将其版式改为"比较"的操作步骤:

(1)在"幻灯片/大纲"浏览窗格中选择第一张幻灯片,单击"开始"功能区"幻灯片"组中的"版式"按钮,在弹出的下拉列表中选择"标题和内容"版式。

(2)单击标题区域,输入相应内容,单击文本区域,输入相应内容。

(3)单击"新建幻灯片"按钮,在弹出的下拉列表中选择"比较",输入相应的内容。

(4)单击"文件"选项卡,选择"另存为"命令,在弹出的"另存为"对话框中选择适当的保存路径,在"文件名"文本框中输入其文件名。

(5)单击"保存"按钮。

二、幻灯片母版

母版是指为标题、主要文本等占位符设定好格式的特殊幻灯片。母版主要包括幻灯片母版、讲义母版和备注母版三种。使用母版可以制作统一格式、统一标志的幻灯片。

幻灯片母版是存储有关应用设计模板信息的幻灯片,包括字形、占位符大小、位置、背景设计和配色方案,主要控制幻灯片中输入标题和文本的格式和类型。对母版所做的任何改动将应用于所有使用此母版的幻灯片。

1. 修改幻灯片母版的操作步骤

(1)单击"视图"功能区"母版视图"组中的"幻灯片母版"按钮,进入"幻灯片母版"编辑窗口(如图 7-20 所示)。

(2)单击选中第一张幻灯片,在"插入"功能区"文本"组中单击"文本框"按钮,在"文本框"中输入相应内容,并将文本框移至左下角。

(3)在"开始"功能区"字体"组中单击"字体"下拉按钮,在弹出的下拉列表中选择"华文行楷",单击"字号"下拉按钮,在弹出的下拉列表中选择"18",单击"字体颜色"下拉按钮,在弹出的下拉列表中选择"白色"。

(4)单击"幻灯片母版"功能区"关闭"组中的"关闭母版视图"按钮,返回幻灯片视图。

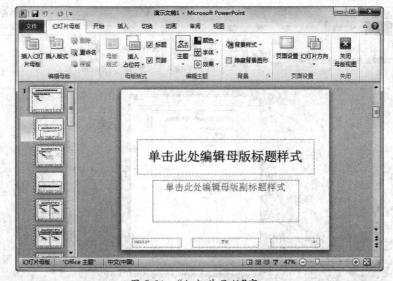

图 7-20 "幻灯片母版"窗口

2. 讲义母版和备注母版

窗口如图 7-21、7-22 所示。

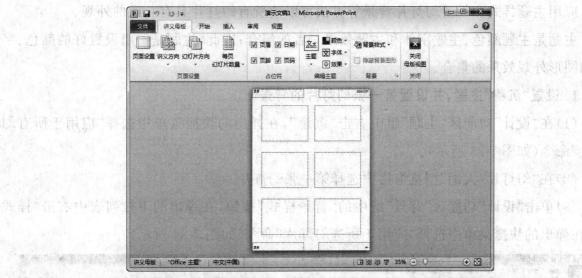

图 7-21 "讲义母版"窗口

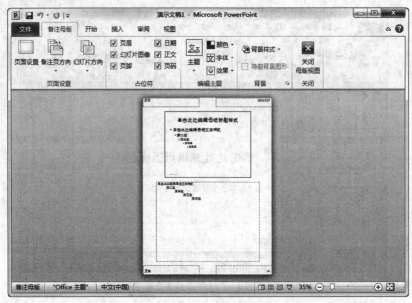

图 7-22 "备注母版"窗口

三、设置幻灯片主题和背景

应用主题样式和设置幻灯片背景等方法可以使所有幻灯片具有一致的外观。

主题是主题颜色、主题字体和主题效果三者的组合;因此,主题是一组设置好的颜色、字体和图形外观效果的集合。

1. 设置"沉稳"主题,并设置第一张幻灯片的背景

(1)在"设计"功能区"主题"组中右击"沉稳",在弹出的快捷菜单中选择"应用于所有幻灯片"命令(如图 7-23 所示)。

(2)在"幻灯片/大纲"浏览窗格中选择第一张幻灯片。

(3)单击"设计"功能区"背景"组中的"背景样式"按钮,在弹出的下拉列表中右击"样式9",在弹出的快捷菜单中选择"应用于所选幻灯片"命令(如图 7-24 所示)。

图 7-23 "设计"功能区"主题"组

图 7-24 "设计"功能区"背景"组

2. 使用指定图片作幻灯片背景的操作步骤

(1)在"幻灯片/大纲"浏览窗格中右击要设置背景的幻灯片,在弹出的快捷菜单中选择"设置背景格式"命令,弹出"设置背景格式"对话框(如图 7-25 所示)。

(2)选择"填充"选项,单击"图片或纹理填充"单选按钮,单击"文件"按钮,在弹出的"插入图片"对话框中选择所需的图片(如图 7-26 所示),单击"插入"按钮。

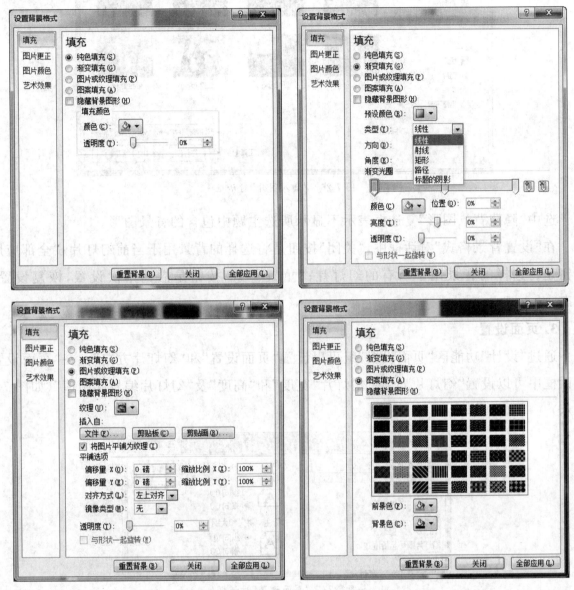

图 7-25 "设置背景格式"对话框

图 7-26　"插入图片"对话框

选中"隐藏背景图形"复选框表示不显示所选主题中包含的背景图形。

在"设置背景格式"对话框中，"关闭"按钮是将选择的背景用于当前幻灯片；"全部应用"按钮是将选择的背景用于所有的幻灯片；"重置背景"按钮是撤销本次设置，恢复设置前状态。

3. 页面设置

通过"设计"功能区"页面设置"组可以设置"页面设置"和"幻灯片方向"。在"页面设置"对话框中可以设置"幻灯片大小"、幻灯片"宽度"和"高度"及"幻灯片编号起始值"（如图 7-27 所示）。

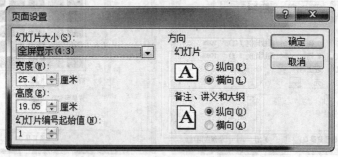

图 7-27　"页面设置"对话框

▶**典型例题**

【例】（2019 年真题）下列不属于 PowerPoint 母版类型的是　　　　　　　　　（　　）

　　A. 幻灯片母版　　　　B. 背景母版　　　　　C. 讲义母版　　　　　D. 备注母版

【答案】　B

【解析】　本题主要考查 PowerPoint 幻灯片母版的类型：幻灯片母版、讲义母版和备注母版。

第三节 编辑演示文稿对象

编辑演示文稿对象 { 插入对象
建立表格与图表
设置动画效果及超链接 }

▶知识要点

通过修饰演示文稿的外观风格,并对演示文稿中的对象(文字、图片、艺术字、形状、表格、声音、视频、动画等)进行编辑,可以发挥多种媒体的各自特点,使演示文稿更加生动、形象,提高它的吸引力和感染力,进一步增强播放演示的效果。

一、插入对象

1. 设置文字格式

将第一张幻灯片的标题设置为楷体、48号,加粗,对齐方式为左对齐,并设置适当的项目符号的操作步骤(如图7-28所示):

(1)选择第一张幻灯片标题内容。

(2)在"开始"功能区"字体"组"字体"下拉列表中选择"楷体",在"字号"下拉列表中选择"48",单击"加粗"按钮。

(3)在"段落"组中单击"左对齐"按钮,单击"项目符号"按钮,在弹出的下拉列表中选择适当的项目符号。

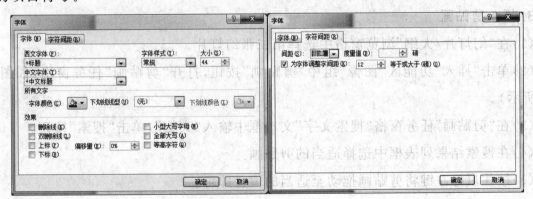

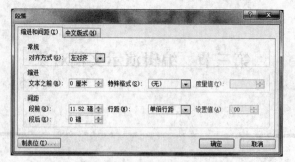

图 7-28 "字体"对话框和"段落"对话框

2. 插入艺术字

在第一张幻灯片中插入艺术字，艺术字内容为："保护您的爱车！"的操作步骤：

(1)在"幻灯片/大纲"浏览窗格选择第一张幻灯片。

(2)单击"插入"功能区"文本"组中的"艺术字"按钮（图 7-29、7-30 所示），在弹出的下拉列表中选择适当的艺术字样式。

(3)在艺术字编辑框中输入"保护您的爱车！"。

(4)按住鼠标左键拖动艺术字文字到适合的位置。

图 7-29 "插入"功能区

图 7-30 "绘图工具"→"格式"功能区

3. 插入剪贴画

(1)在"幻灯片/大纲"浏览窗格中选择第二张幻灯片。

(2)单击"插入"功能区"图像"组中"剪贴画"按钮，打开"剪贴画"任务窗格（如图 7-31、7-32所示）。

(3)在"剪贴画"任务窗格"搜索文字"文本框中输入"人物"，单击"搜索"按钮。

(4)在搜索结果列表框中选择适当的剪贴画。

(5)按住鼠标左键将剪贴画拖动至适当的位置即可。

图 7-31 "剪贴画"窗格

图 7-32 "图片工具→格式"功能区

4. 插入图片

(1)单击"插入"功能区"图像"组"图片"按钮,弹出"插入图片"对话框(如图 7-33 所示)。

(2)选择适当的图片,单击"插入"按钮。

(3)拖曳鼠标调整图片大小和位置。

可以插入的图形格式主要有 BMP、JPG、PNG、GIF、WMF 和 EMF 等,GIF 格式文件只是在幻灯片放映时才出现动画效果。

图 7-33 "插入图片"对话框

5. 插入 SmartArt 图形

SmartArt 图形是信息和观点的视觉表示形式。

在演示文稿第一页后面插入一页新幻灯片,将其版式设置为"标题和内容",插入一个 SmartArt 图形的操作步骤(如图 7-34、7-35、7-36 所示):

（1）在"幻灯片/大纲"浏览窗格中选择第一页幻灯片。

（2）单击"开始"功能区"幻灯片"组中的"新建幻灯片"按钮，在弹出的下拉列表中选择"标题和内容"。

（3）在"幻灯片/大纲"浏览窗格中选择第一页幻灯片的标题，单击"开始"功能区"剪贴板"组中的"复制"命令，在"幻灯片/大纲"浏览窗格中选择第二页幻灯片标题，单击"开始"功能区"剪贴板"组中的"粘贴"命令。

（4）单击"插入"功能区"插图"组中的"SmartArt"按钮，弹出"选择 SmartArt 图形"对话框。

（5）选择"关系"选项，选择"漏斗"选项，单击"确定"按钮。

（6）在"SmartArt 工具-设计"功能区"SmartArt 样式"组中选择适当的样式，单击"更改颜色"按钮，在弹出的下拉列表中选择适当的配色方案。

（7）在文字编辑窗口中输入对应文本，选择"擎力驰"字符，单击"开始"功能区"字体"组"字体颜色"下拉按钮，在弹出的下拉列表中选择"红色"。

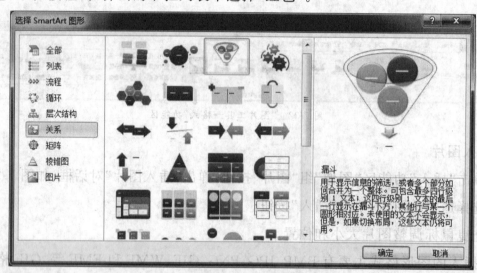

图 7-34 "选择 SmartArt 图形"对话框

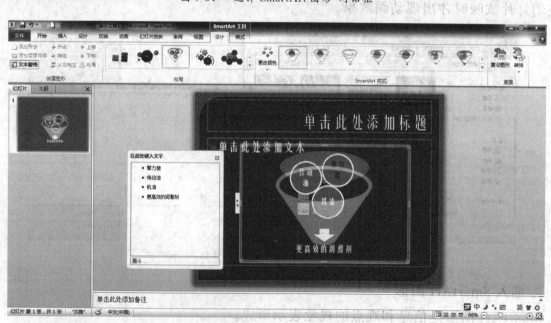

图 7-35 "SmartArt 工具"→"设计"功能区

图 7-36 "SmartArt 工具"→"格式"功能区

6. 插入声音

(1)在"幻灯片/大纲"浏览窗格中选择要插入音频的幻灯片。

(2)单击"插入"功能区"媒体"组中的"音频"按钮,在弹出的下拉菜单中选择"文件中的音频"命令。弹出"插入音频"对话框(如图 7-37 所示)。

(3)选择要插入的音频文件,单击"插入"按钮。

(4)在"播放"功能区"音频选项"组中"开始"下拉列表中选择"自动"即可自动播放(如图 7-38 所示)。

图 7-37 插入声音

图 7-38 "音频工具"→"播放"功能区

7. 插入视频

(1)在"幻灯片/大纲"浏览窗格中选择要插入视频的幻灯片。

(2)单击"插入"功能区"媒体"组中的"视频"按钮,在弹出的下拉菜单中选择"文件中的视频"命令。弹出"插入视频"对话框(如图 7-39 所示)。

(3)选择要插入的视频文件,单击"插入"按钮。

(4)在"播放"功能区"视频选项"组中"开始"下拉列表中选择"自动"即可自动播放(如图 7-40 所示)。

图 7-39 插入视频

图 7-40 "视频工具"→"播放"功能区

8. 插入页眉页脚

在第四页幻灯片中插入页脚,页脚内容:计算机应用基础,并设置自动更新日期的操作步骤(如图7-41所示):

(1)在"幻灯片/大纲"浏览窗格中选择第四页幻灯片。

(2)单击"插入"功能区"文本"组"页眉和页脚"按钮,弹出"页眉和页脚"对话框。

(3)选择"幻灯片"选项卡,勾选"日期和时间"复选框,单击"自动更新"单选按钮;勾选"页脚"复选框,在"页脚"文本框中输入"计算机应用基础"。

(4)单击"应用"按钮。

图 7-41 "页眉和页脚"对话框

二、建立表格与图表

1. 插入表格

在幻灯片中插入一个 2 行 5 列的表格的操作步骤(如图 7-42 所示):

(1)在"幻灯片/大纲"浏览窗格中选择需要插入表格的幻灯片。

(2)在"内容"区域单击"插入表格"按钮,弹出"插入表格"对话框。

(3)在"列数"数值框中输入"5",在"行数"数值框中输入"2"。

(4)单击"确定"按钮。

(5)在表格中输入相应的内容。

还可以单击"插入"功能区"表格"组中的"表格"下拉按钮,在弹出的下拉列表中选择"插入表格"命令实现插入表格操作。

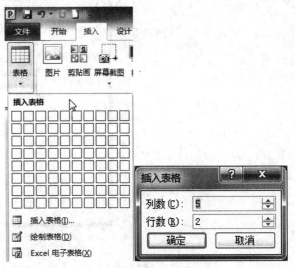

图 7-42 插入表格

2. 建立图表

在第四张幻灯片后插入一张新幻灯片,并在幻灯片中建立一个柱形图的操作步骤(如图 7-43 所示):

(1)在"幻灯片/大纲"浏览窗格中选择第四张幻灯片。

(2)单击"开始"功能区"幻灯片"组"新建幻灯片"按钮。

(3)在"内容"区域单击"插入图表"按钮,弹出"插入图表"对话框。

(4)选择适当的"柱形图"类型,单击"确定"按钮。

(5)在弹出的 Excel 表格中输入相应的数据。

(6)在图表区域右击一个柱形,在弹出的快捷菜单中选择"添加数据标签"命令。

(7)右击"数据标签",在弹出的快捷菜单中选择"设置数据标签格式"命令,弹出"设置数据标签格式"对话框。

(8)设置对应的格式,单击"确定"按钮。

(a)

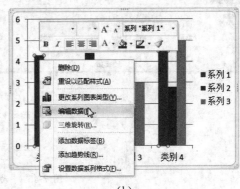

(b)

图 7-43 建立图表

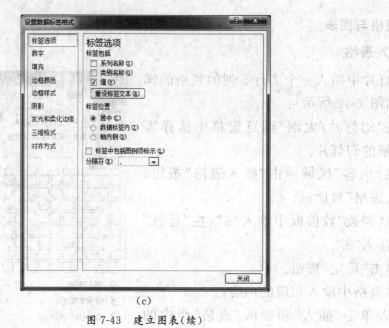

（c）

图 7-43　建立图表（续）

还可以单击"插入"功能区"插图"组中"图表"按钮实现建立图表操作。

三、设置动画效果及超链接

为使演示文稿更加生动，可以在幻灯片中给图形、图片、文本等对象设置动画效果。使用动作按钮和超链接，可以实现幻灯片之间、幻灯片与其他文件之间灵活地切换和跳转，实现幻灯片的交互功能。

1. 设置动画效果

把第一张幻灯片中的艺术字"保护您的爱车！"设置为"劈裂"效果动画，持续时间 2 s（如图 7-44、7-45 所示）的操作步骤：

（1）在"幻灯片/大纲"浏览窗格中选择第一张幻灯片。

（2）选择艺术字"保护您的爱车！"

（3）单击"动画"功能区"动画"组中的"劈裂"动画效果，在"计时"组"开始"下拉列表中选择"单击时"，在"持续时间"数值框中设置 2 s。

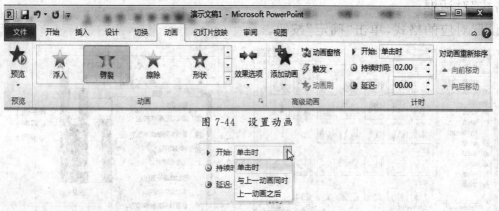

图 7-44　设置动画

图 7-45　"动画"开始选项

同一个对象可以设置多种动画效果。选择"动画"组中的"无"命令可以删除为幻灯片设置的动画。动画效果共有四种类型：进入、强调、退出、动作路径（如图 7-46 所示）。

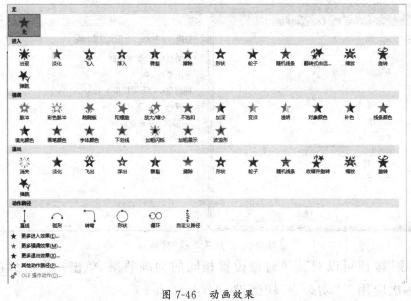

图 7-46　动画效果

　　动画效果在动画窗格列表框中按设置的先后顺序从上到下显示,在动画窗格列表框中拖动或单击上、下按钮可以改变选定对象的动画播放顺序。

　　在"动画窗格"中对应动画效果下拉列表中选择"删除"命令可以删除选定对象的动画(按 Delete 键也可以),单击"播放"按钮可以预览当前幻灯片的动画效果。如图 7-47 所示。

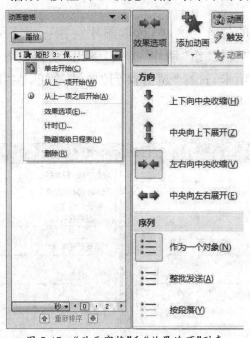

图 7-47　"动画窗格"和"效果选项"列表

　　在"效果选项"列表中可以选择动画的方向(如图 7-47 所示)。通过"效果"选项卡可以给动画添加声音,通过"计时"选项卡可以设置动画重复次数和速度(如图 7-48 所示)。

图 7-48 "效果选项"对话框

通过"动画刷"按钮可以对其他对象设置相同的动画效果,单击一次可以应用一次,双击"动画刷"可以多次应用。"动画刷"快捷键:Alt+Shift+C。

2. 创建动作

给演示文稿最后一张幻灯片创建一个返回第一页幻灯片的动作操作步骤:

(1)在"幻灯片/大纲"浏览窗格中选择最后一张幻灯片。

(2)单击"插入"功能区"图像"组"图片"按钮,在弹出的"插入图片"对话框中选择适当的图片,单击"插入"按钮。

(3)拖曳鼠标调整图片的位置与大小,选取图片。

(4)单击"插入"功能区"链接"组"动作"按钮,弹出"动作设置"对话框(如图 7-49 所示)。

(5)选择"单击鼠标"选项卡,选择"超链接到"单选按钮,在"超链接到"下拉列表中选择"第一张幻灯片"(如图 7-50 所示)。

(6)单击"确定"按钮。

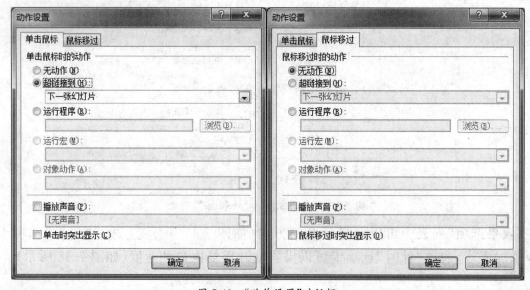

图 7-49 "动作设置"对话框

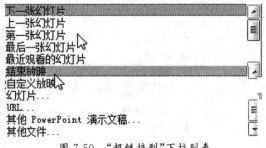

图 7-50 "超链接到"下拉列表

　　"超链接到"下拉列表中有多个选项,选择其中选项可以链接到当前演示文稿中的幻灯片,也可以链接到其他演示文稿中的幻灯片,甚至还可以链接到其他文件或应用程序。

　　选择"运行程序"并选择相应程序后,幻灯片放映时单击该链接可以打开指定应用程序。选择"播放声音"复选框可以设置单击链接时的声音。

　　通过"形状"组中的"动作按钮"给演示文稿最后一张幻灯片创建一个返回第一页幻灯片的动作操作步骤:

　　(1)在"幻灯片/大纲"浏览窗格中选择最后一张幻灯片。

　　(2)单击"插入"功能区"插图"组"形状"按钮,在弹出的下拉列表中选择"动作按钮"组中"动作按钮:第一张"命令(如图 7-51 所示)。

　　(3)在幻灯片底部,按住鼠标左键拖动到合适大小释放鼠标左键插入按钮,弹出"动作设置"对话框。

　　(4)单击"确定"按钮。

图 7-51 "形状"组中的"动作按钮"

3. 创建幻灯片的超链接

给第一页幻灯片中"机油等"三个字设置超链接的操作步骤:

(1)选取第一页幻灯片中"机油等"文本。

(2)单击"插入"功能区"链接"组"超链接"按钮,弹出"插入超链接"对话框(如图 7-52 所示)。

(3)选择"当前文件夹"选项,选择适当的 Word 文档。

(4)单击"确定"按钮。

图 7-52 "插入超链接"对话框

右击选中的对象,在弹出的快捷菜单中的"超链接"命令也可以建立超链接。如图 7-53 所示。

图 7-53　右击文本对象弹出的快捷菜单

　　超链接的链接范围很广,可以链接到其他幻灯片,也可以链接到图片、视频、音频等文件,甚至可以链接到 Internet。超链接插入后,作为链接点的文字颜色将发生变化且下方出现下划线(如图 7-54 所示)。

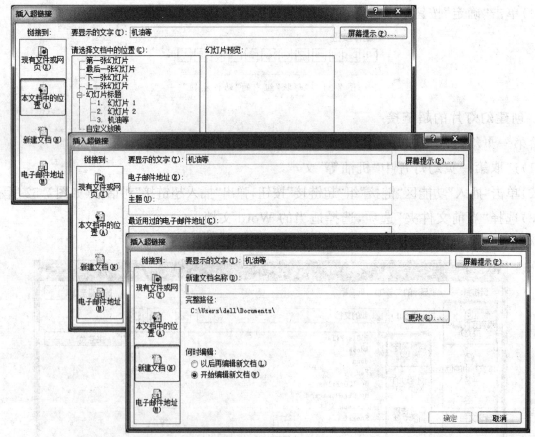

图 7-54　"插入超链接"对话框

【例1】 (2018年真题)PowerPoint中可以插入表格和图表。

(A B)(对的选A,错的选B)

【答案】 A

【解析】 本题主要考查PowerPoint中可以插入的对象:文字、图片、剪贴画、艺术字、形状、表格、声音、视频。

【例2】 (2018年真题)PowerPoint中,用_____工具可以在幻灯片中绘制图形。

【答案】 自选图形或形状

【解析】 本题主要考查PowerPoint插入功能区形状下拉列表中的图形样式,按住鼠标左键即可拖曳绘制相应的图形。

【例3】 (2020年真题)PowerPoint中,插入超链接,可以链接的有　　　　　　(　　)

A. 原有文件或网页　　　　　　　B. 本文档中的位置

C. 新建文档　　　　　　　　　　D. 电子邮件地址

【答案】 ABCD

【解析】 本题主要考查在PowerPoint中设置超链接,可以链接到文本、电子邮件、图片、网页、视频、声音、本文档中的幻灯片、其他文件等。

第四节　播放演示文稿

▶知识框架

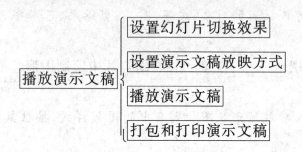

播放演示文稿 ⎰ 设置幻灯片切换效果
设置演示文稿放映方式
播放演示文稿
打包和打印演示文稿

▶知识要点

演示文稿播放是以幻灯片为单位的。在其他未安装 PowerPoint 或者 PowerPoint 版本较低的计算机上放映演示文稿,需要将演示文稿打包输出,播放时操作打包文件即可。

一、设置幻灯片切换效果

在演示文稿播放过程中,由一张幻灯片切换到另一张幻灯片时,可以设置多种不同的切换方式(如图 7-55 所示)。

为"客户汽车保养常识讲座"演示文稿的第一页幻灯片设置随机线条切换方式的操作步骤:

(1)打开"客户汽车保养常识讲座"演示文稿,选择第一页幻灯片。

(2)单击"切换"功能区"切换到此幻灯片"组"随机线条"按钮。

(3)单击"效果选项"按钮,在弹出的下拉列表中选择适当的效果选项。

(4)在"计时"组设置"持续时间"1 s,在"声音"下拉列表中选择"风铃",在"换片方式"区域勾选"单击鼠标时"复选框,勾选"设置自动换片时间"复选框,设置自动换片时间 5 s(如图 7-56 所示)。

图 7-55　"切换"功能区

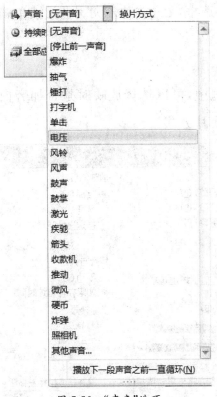

图 7-56 "声音"选项

同时选择"单击鼠标时"和"设置自动换片时间"复选框,播放演示文稿时单击鼠标或达到预定时间后都将换页。选择"切换至此幻灯片"组中的"无"按钮,可以删除为幻灯片设置的切换效果。在"切换"功能区"预览"组中单击"预览"按钮,可随时观看效果。单击"全部应用"按钮,则切换方式对所有幻灯片有效,否则只对当前幻灯片有效。

二、设置演示文稿放映方式

1. 三种放映类型

PowerPoint 提供三种不同的播放方式:

(1)演讲者放映(全屏幕):全屏显示演示文稿,演讲者对播放具有完全控制权,通常用于会议或报告会。

(2)观众自行浏览(窗口):以类似浏览器窗口的形式播放演示文稿,多用于观众在网络上浏览演示文稿。

(3)在展台浏览(全屏幕):展览会场或会议中自动播放演示文稿,播放时大多数菜单和命令都不可用,并且在每次播放完毕后自动地重新开始。

2. 设置放映方式

将演示文稿"客户汽车保养常识讲座"设置为"演讲者放映"的操作步骤:

(1)打开演示文稿"客户汽车保养常识讲座"。

(2)单击"幻灯片放映"功能区"设置"组"设置幻灯片放映"按钮,弹出"设置放映方式"对话框(如图 7-57 所示)。

(3)在"放映类型"区域单击"演讲者放映(全屏幕)"单选按钮,在"放映选项"区域勾选

"循环放映，按 Esc 键终止"复选框，在"放映幻灯片"区域单击"全部"单选按钮，在"换片方式"区域单击"手动"单选按钮。

（4）单击"确定"按钮。

在"设置放映方式"对话框中，可以选择放映时是否加旁白和动画，还可以有选择地放映演示文稿中的幻灯片并指定换片方式。

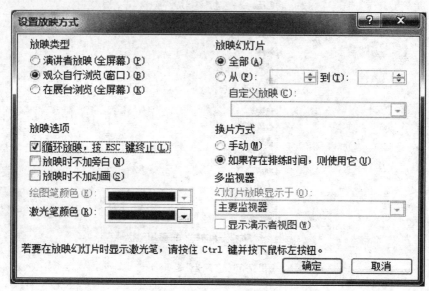

图 7-57 "设置放映方式"对话框

三、播放演示文稿

1. 幻灯片放映

幻灯片放映占据整个计算机屏幕，就像对演示文稿在进行真正的播放。在这种视图中，我们可以看到图形、时间、影片、动画元素以及在实际播放中的切换效果（如图 7-58 所示）。

单击"幻灯片放映"功能区中的"从头开始"按钮，即可从头放映制作好的演示文稿；单击"幻灯片放映"功能区中的"从当前幻灯片开始"按钮，即可从当前幻灯片开始放映演示文稿；单击视图切换按钮"幻灯片放映"，即可从当前幻灯片开始放映演示文稿。

从第一张幻灯片开始放映的快捷键为 F5；从当前幻灯片开始放映的快捷键为 Shift＋F5。

图 7-58 "幻灯片放映"功能区

2. 播放演示文稿第二页时，给文字下面画红线标记的操作步骤

（1）在播放第二页幻灯片时，右击鼠标，在弹出的快捷菜单中选择"指针选项"子菜单中"笔"命令。

（2）右击鼠标，在弹出的快捷菜单中选择"指针选项"子菜单中"墨迹颜色"子菜单中"红色"命令（如图 7-59 所示）。

（3）分别在"最优质""真诚""满意"文字下按住左键拖动鼠标进行画线。

（4）在空白处右击，在弹出的快捷菜单中选择"定位至幻灯片"子菜单中的"本店特色保养项目"。

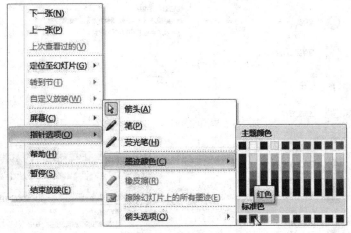

图 7-59　指针选项

在演示文稿播放时，还可以使用屏幕左下角的"幻灯片放映"工具栏上的"笔"添加画线。

使用"指针选项"菜单中的"橡皮擦"命令，可以擦除所画的画线。若要全部擦除，则单击"指针选项"子菜单中的"擦除幻灯片上的所有墨迹"命令。

四、打包和打印演示文稿

演示文稿制作完成后，为避免在拷贝时遗漏插入的声音文件、视频文件或原来机器上安装的特殊字体，我们可以使用 PowerPoint 2010 提供的"打包成 CD"，将演示文稿和相关配置文件打包成自动播放 CD 或复制到移动存储设备中，以便在没有安装 PowerPoint 2010 的计算机上播放。

1. 将"客户汽车保养常识讲座"演示文稿打包的操作步骤（如图 7-60 所示）

（1）打开"客户汽车保养常识讲座"演示文稿。

（2）选择"文件"选项卡中的"保存并发送"命令，选择"将演示文稿打包成 CD"选项，单击"打包成 CD"按钮，弹出"打包成 CD"对话框。

（3）在"将 CD 命名为"文本框中输入"客户汽车保养常识讲座"，单击"复制到文件夹"按钮，弹出"复制到文件夹"对话框。

（4）在"文件夹名称"文本框中输入"客户汽车保养常识讲座"，在"位置"文本框中输入"E:\"。

（5）单击"确定"按钮，返回"打包成 CD"对话框。

（6）单击"关闭"按钮。

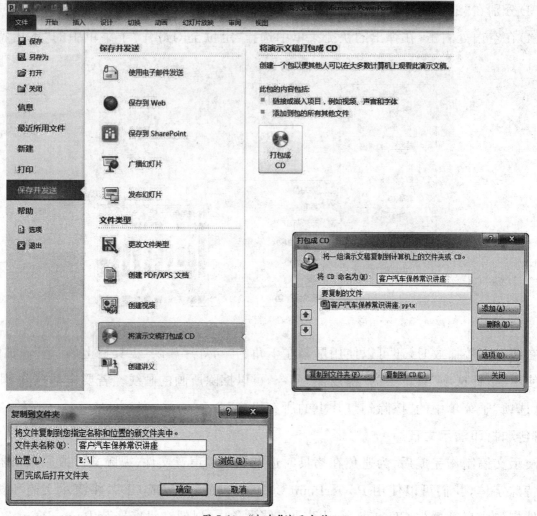

图 7-60 "打包"演示文稿

　　单击"选项"按钮,在弹出的"选项"对话框中可以设置是否包含链接的文件、是否包含嵌入的 TrueType 字体,还可以设置打开、修改演示文稿的密码(如图 7-61 所示)。

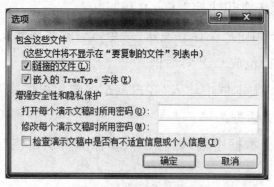

图 7-61 "选项"对话框

　　PowerPoint 2010 中,可以将多个演示文稿及支持文件复制到 CD 中。默认情况下,演示文稿将被按照添加的先后顺序刻录到 CD 中,从"打包成 CD"对话框的"要复制的文件"列表中选择一个演示文稿后,单击"向上"或"向下"按钮可以改变刻录顺序。

2. 用 PowerPoint Viewer 2010 播放打包文件(如图 7-62 所示)

要在未安装 Office 的计算机中播放 PowerPoint 2010 打包好的演示文稿,需要在计算机中安装 PowerPoint Viewer 2010 程序。操作步骤如下:

(1)单击"开始"按钮,指向"所有程序",选择"Microsoft PowerPoint Viewer"命令。

(2)在弹出的"Microsoft PowerPoint Viewer"对话框中选择"客户汽车保养常识讲座"演示文稿。

(3)单击"打开"按钮。

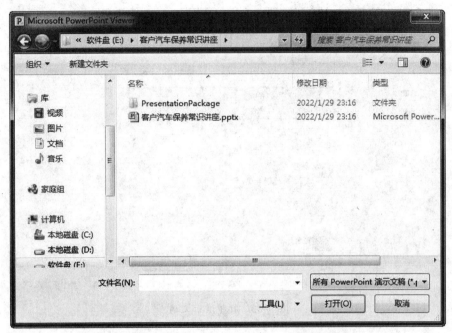

图 7-62　在 PowerPoint Viewer 中播放打包文件

使用 PowerPoint Viewer 可查看演示文稿,还支持打开受密码保护的演示文稿,但不能进行编辑。

3. 打印演示文稿(如图 7-63 所示)

将"客户汽车保养常识讲座"演示文稿 4 张幻灯片水平放置在一页张纸上并打印 5 份的操作步骤:

(1)单击"文件"选项卡"打印"命令。

(2)在"打印版式"下拉列表中选择"4 张水平放置的幻灯片"命令。

(3)在"打印机"下拉列表中选择适当的打印机。

(4)在"份数"数值框中输入"5",单击"打印"按钮。

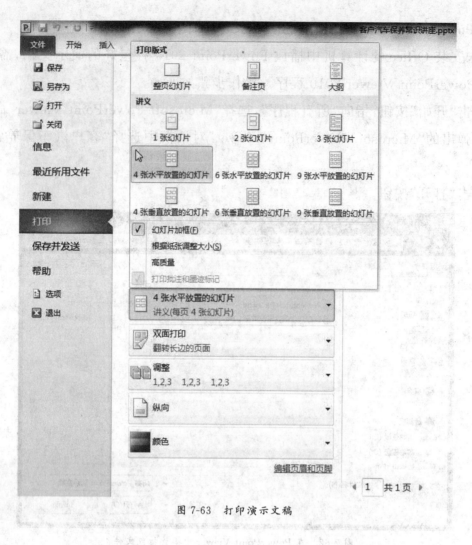

图 7-63 打印演示文稿

▶ **典型例题**

【例 1】（2019 年真题）在 PowerPoint 中可以按 F6 键进行幻灯片放映。

（A B）（对的选 A，错的选 B）

【答案】 B

【解析】 本题主要考查在 PowerPoint 中按 F5 键进行幻灯片放映。

【例 2】（2019 年真题）放映 PowerPoint 演示文稿时，可按_____键终止播放。（   ）

A. Delete   B. Ctrl＋E   C. Shift＋C   D. Esc

【答案】 D

【解析】 本题主要考查放映 PowerPoint 演示文稿时，按 Esc 键就可以终止播放。

【例 3】（2019 年真题）在 PowerPoint 中，关于幻灯片放映描述正确的是（   ）

A. 可以设置为观众自动浏览

B. 不能设置放映分辨率

C. 可以设置绘图笔颜色

D. 可以设置排练时间

【答案】 ACD

【解析】 本题主要考查 PowerPoint 放映功能区组成,可以设置放映分辨率。

【例4】 (2020年真题)PowerPoint 中,可将演示文稿打包成 CD,并设置密码。

(A　B)(对的选 A,错的选 B)

【答案】 A

【解析】 本题主要考查在 PowerPoint 中,可以将演示文稿打包成 CD,并可以设置打开演示文稿密码或修改演示文稿密码。

【例5】 (2020年真题)幻灯片放映时,按照预设时间自动连续播放应设置 （　　　）

A. 自定义放映　　　　　　　　　　B. 排练计时

C. 自定义动画　　　　　　　　　　D. 录制旁白

【答案】 B

【解析】 本题主要考查 PowerPoint 排练计时功能。

第七章 演示文稿软件(PowerPoint)应用课时作业

一、是非选择题(本大题共 15 小题,每小题 1 分,共 15 分。对每小题做出选择,对的选 A,错的选 B)

1. 在 PowerPoint 2010 中使用文本框,在空白幻灯片上即可输入文字。 (A B)

2. 播放 PowerPoint 2010 演示文稿时,可以在幻灯片上用笔写写画画。 (A B)

3. 在 PowerPoint 2010 中,幻灯片浏览视图下,不可以看到幻灯片的动画效果。 (A B)

4. 在 PowerPoint 2010 中,可以给一个对象设置多个动画效果。 (A B)

5. 幻灯片的复制、移动和删除一般是在普通视图下完成。 (A B)

6. 插入声音后,在幻灯片中出现小喇叭图标,删除该图标不会删除插入的声音。 (A B)

7. 在 PowerPoint 2010 中的"格式刷"工具可以快速设置相同动画。 (A B)

8. 对母版所做的任何改动将应用于所有使用此母版的幻灯片。 (A B)

9. PowerPoint 2010 幻灯片中不可以直接输入文本。 (A B)

10. 在 PowerPoint 2010 幻灯片中不可以插入图表。 (A B)

11. 在 PowerPoint 2010 的"幻灯片浏览视图"中,可以修改幻灯片的内容。 (A B)

12. 可以在演示文稿中通过设置超级链接,链接到幻灯片中的对象。 (A B)

13. 可以通过"打包"操作让演示文稿在没有安装 PowerPoint 的计算机上放映。 (A B)

14. 在 PowerPoint 2010 中,可以单独给某一张幻灯片设置不同的主题。 (A B)

15. 由 PowerPoint 2010 创建的文件称为演示文稿。 (A B)

二、单项选择题(本大题共 20 小题,每小题 2 分,共 40 分)

16. 如要终止幻灯片的放映,可直接按_____键。 ( )

    A. Alt+F4   B. Ctrl+F4   C. Esc   D. End

17. PowerPoint 2010 演示文稿文件默认的扩展名是 ( )

    A. .ppt   B. .potx   C. .pptx   D. .ppsx

18. 若要使幻灯片按规定的时间,实现连续自动播放,应进行 ( )

    A. 自定义放映   B. 幻灯片切换   C. 设置放映方式   D. 排练计时

19. 在没有安装 PowerPoint 2010 的计算机上直接放映的文件类型是 ( )

    A. .pptx   B. .ppsx   C. .potx   D. .pdf

20. PowerPoint 2010 新建文件的默认名称是 ( )

    A. 文档 1   B. 工作簿 1   C. 幻灯片 1   D. 演示文稿 1

21. PowerPoint 2010 默认视图是 ( )

    A. 大纲视图   B. 普通视图   C. 页面视图   D. 阅读视图

22. 从当前幻灯片开始放映幻灯片的快捷键是 ( )

    A. F5   B. Shift+F5   C. Ctrl+F5   D. F6

23. 按住_____键可以选择多张不连续的幻灯片。 （　　）

    A. Ctrl   B. Shift   C. Alt   D. Ctrl＋Alt

24. 在 PowerPoint 2010 中，_____功能区可以设置幻灯片的背景。 （　　）

    A. 插入   B. 开始   C. 设计   D. 动画

25. 在 PowerPoint 2010 中，添加新幻灯片的快捷键是 （　　）

    A. Ctrl＋N   B. Ctrl＋M   C. Ctrl＋S   D. Ctrl＋O

26. 在 PowerPoint 2010 中，超级链接的对象不可以是 （　　）

    A. 一个应用程序   B. 下一张幻灯片

    C. 其他演示文稿   D. 幻灯片中某一对象

27. 在 PowerPoint 2010 中_____功能区可以放映幻灯片。 （　　）

    A. 设计   B. 插入   C. 幻灯片放映   D. 动画

28. 在幻灯片中插入音频后，幻灯片中会出现 （　　）

    A. 喇叭图标   B. 超链接   C. 文字   D. 按钮

29. 在演示文稿的放映中要实现幻灯片的跳转，通过_____可以实现。 （　　）

    A. 自定义动画   B. 幻灯片切换   C. 自定义放映   D. 添加动作按钮

30. 给演示文稿中所有幻灯片中插入相同的对象，在_____中可以完成。 （　　）

    A. 普通视图   B. 母版视图

    C. 幻灯片浏览视图   D. 幻灯片放映视图

31. 要想在其他没有安装 PowerPoint 软件的电脑中也能播放演示文稿，应该将该演示文稿进行 （　　）

    A. 发布   B. 打包   C. 保存   D. 另存为

32. 要设置幻灯片的切换效果，应在_____功能区中操作。 （　　）

    A. 切换   B. 动画   C. 设计   D. 审阅

33. 要对幻灯片进行页面设置，可以在_____功能区中操作。 （　　）

    A. 开始   B. 插入   C. 幻灯片放映   D. 设计

34. 背景设置时，仅对当前幻灯片有效，应单击"设置背景格式"对话框中的 （　　）

    A. 取消   B. 关闭   C. 重置背景   D. 全部应用

35. 在 PowerPoint 2010 中，要设置幻灯片循环放映，应在_____功能区中进行设置。

                                                          （　　）

    A. 视图   B. 审阅   C. 设计   D. 幻灯片放映

三、不定项选择题（本大题共 10 小题，每小题 3 分，共 30 分）

36. 在 PowerPoint 2010 幻灯片浏览视图中，能完成 （　　）

    A. 复制幻灯片   B. 删除幻灯片

    C. 设置字体格式   D. 移动幻灯片

37. 下列属于幻灯片版式的是 （　　）

　　A. 标题幻灯片　　　　B. 两栏内容　　　　C. 节标题　　　　D. 空白

38. 下列属于 PowerPoint 2010 母版的是 （　　）

　　A. 幻灯片母版　　　　B. 阅读母版　　　　C. 讲义母版　　　　D. 备注母版

39. PowerPoint 2010 中可以设置的动画类型有 （　　）

　　A. 强调　　　　　　　B. 退出　　　　　　C. 动作路径　　　　D. 进入

40. PowerPoint 2010"切换"功能区可以设置 （　　）

　　A. 幻灯片换片方式　　　　　　　　　　　B. 持续时间

　　C. 幻灯片切换效果　　　　　　　　　　　D. 声音

41. PowerPoint 2010"页面设置"对话框可以设置 （　　）

　　A. 幻灯片大小　　　　　　　　　　　　　B. 宽度

　　C. 幻灯片编号起始值　　　　　　　　　　D. 纸张方向

42. 在 PowerPoint 2010"设置放映方式"对话框中可以设置 （　　）

　　A. 在展台浏览　　　B. 观众自行浏览　　C. 全屏幕浏览　　D. 演讲者放映

43. PowerPoint 2010 中能进行幻灯片放映操作有 （　　）

　　A. 单击"幻灯片放映"功能区"从头开始"命令

　　B. 单击"幻灯片放映"功能区"从当前幻灯片开始"命令

　　C. Shift＋F5

　　D. F5

44. PowerPoint 2010 可以保存的类型有 （　　）

　　A. .jpg　　　　　　　B. .wmv　　　　　　C. .pptx　　　　　　D. .ppsx

45. PowerPoint 2010 视频播放开始方式有 （　　）

　　A. 自动　　　　　　　B. 跨幻灯片播放　　C. 单击时　　　　　D. 鼠标移过

四、填空题（本大题共 15 空，每空 2 分，共 30 分）

46. 在开始菜单搜索框中输入_____可以启动 PowerPoint 2010。

47. PowerPoint 2010 中，幻灯片中出现的虚线或影线的区域称为_____。

48. PowerPoint 2010 默认幻灯片版式为_____。

49. 幻灯片内容在幻灯片上的排列方式称为_____。

50. 在 PowerPoint 2010 中，要在所有幻灯片中相同位置添加同一张图片，应使用幻灯片_____功能。

51. 把所有幻灯片设置成相同的切换效果，应单击"切换"功能区_____按钮。

52. 在 PowerPoint 2010 中"_____"选项卡可以进行页面设置。

53. 新建演示文稿快捷键是_____。

54. 要同时选择第 1,5～10 张幻灯片，应在_____视图下操作。

55. 勾选"_____"复选框表示不显示所选主题中包含的背景图形。

56. 在没有安装 PowerPoint 2010 的计算机上播放演示文稿,应对演示文稿进行_____操作。

57. 在 PowerPoint 2010 幻灯片浏览视图中选择多个不连续的幻灯片,应按_____键。

58. 每个演示文稿是由若干张_____组成的。

59. 幻灯片放映时,按 Esc 键可以_____。

60. 从当前幻灯片开始放映幻灯片的快捷键是_____。

五、简答题(本大题共 2 小题,每小题 4 分,共 8 分)

61. 简述启动 PowerPoint 2010 常用方法。

62. 简述 PowerPoint 2010 视图按钮。

六、模拟操作题(本大题共 3 小题,每小题 9 分,共 27 分)

63. 请写出对"北京冬奥会"演示文稿进行如下操作步骤。

(1)在所有幻灯片的右下角插入"北京冬奥会 2022 年"的字样。

(2)给第二张幻灯片应用"涡流"切换效果,4 s 后自动换片。

(3)将 E 盘中的冰雪之约.mp3 设置为幻灯片背景音乐,音乐一直循环播放,直到停止。

64. 按下列要求制作幻灯片。

(1)第一张幻灯片应用凤舞九天主题,并把版式更改为"内容与标题"。

(2)第二张幻灯片中插入图片"D:\高考加油.jpg"。

(3)给刚插入的图片设置"擦除"动画,与上一动画同时开始。

65. 按下列要求完成操作。

(1)第一张幻灯片标题中输入"2023,高考加油!"。

(2)将演示文稿"放映选项"设置为"循环放映,按 Esc 键终止"。

(3)将演示文稿打包到 D 盘根目录下。

附录一 Office 三大组件选项卡比较

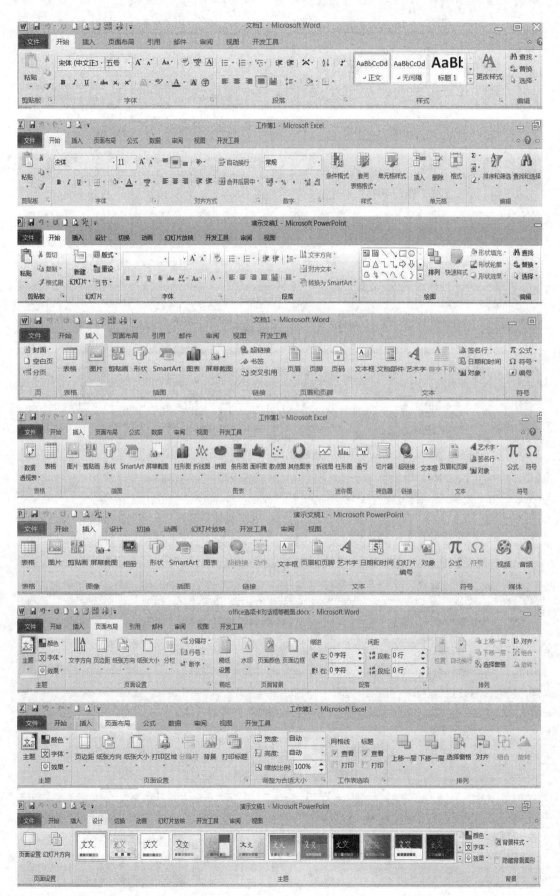

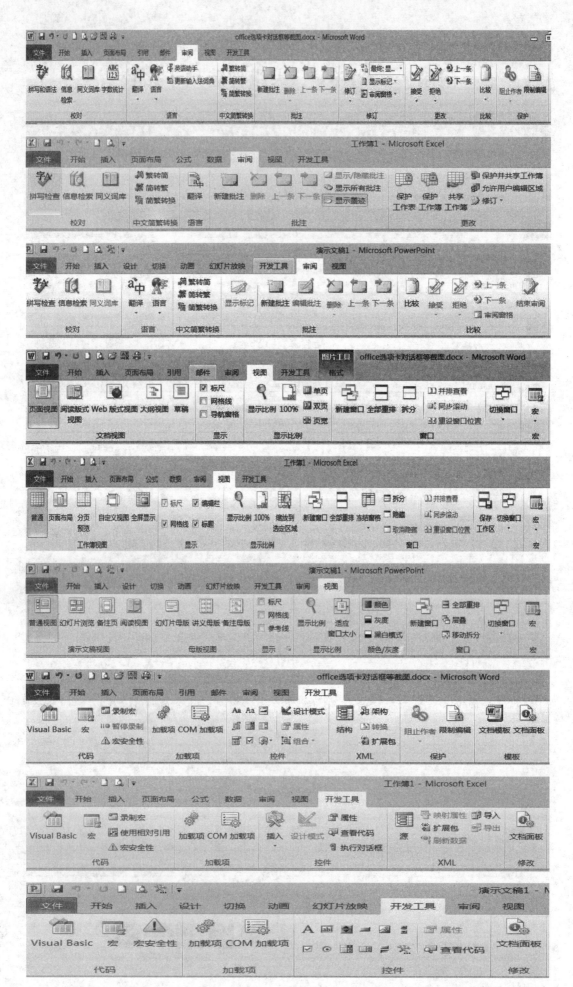

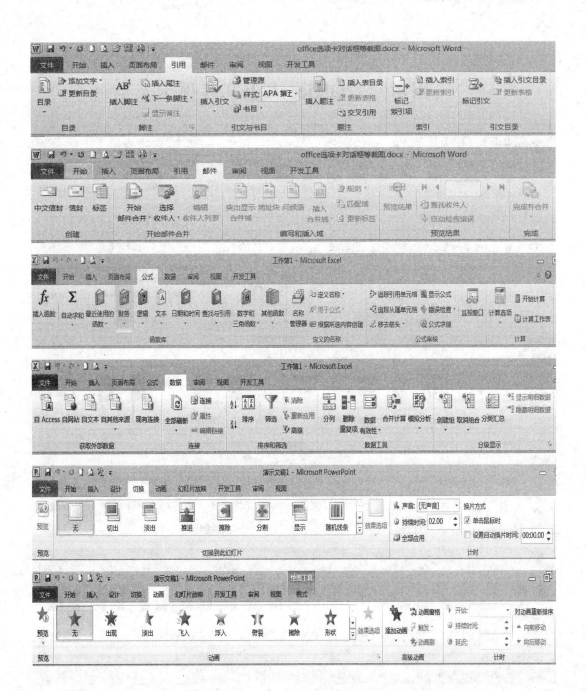

附录二 Office 上下文选项卡

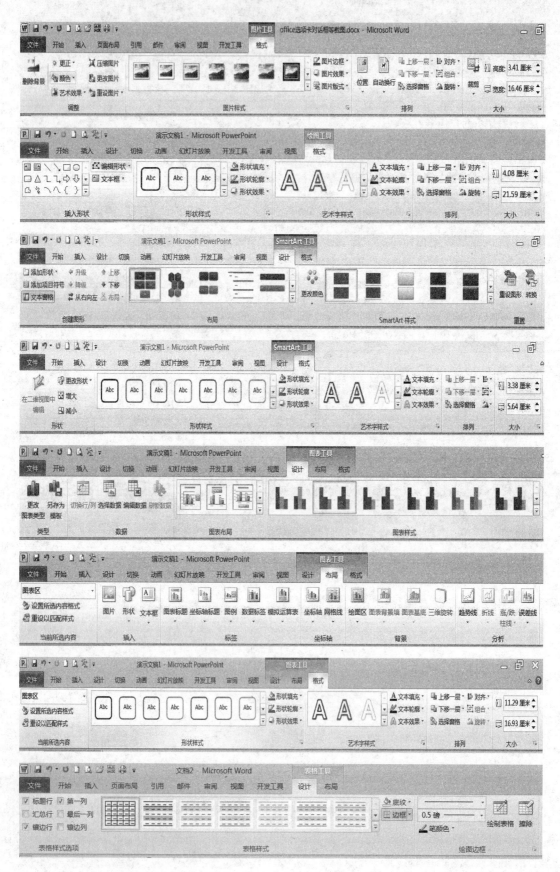

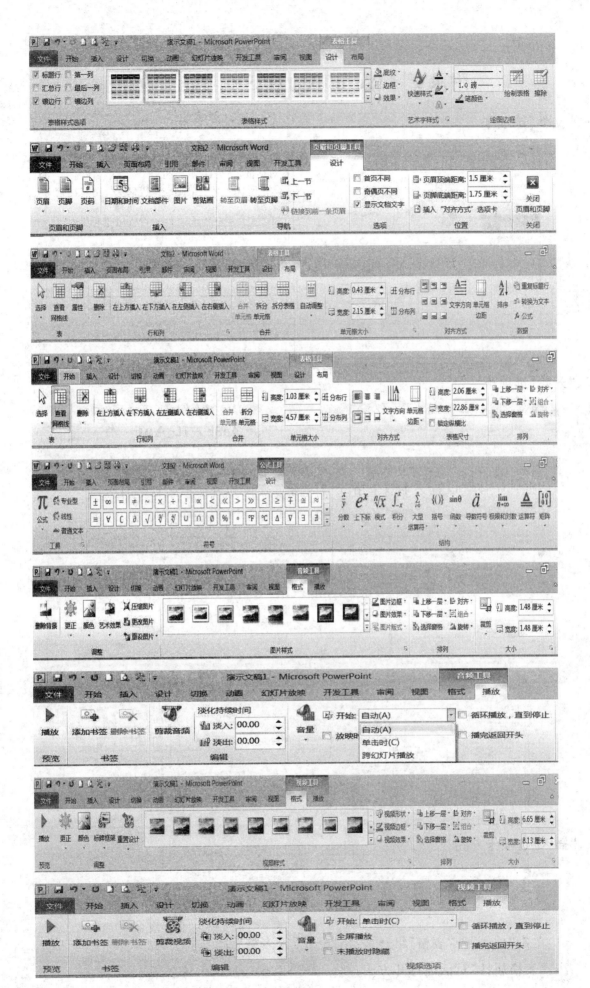

附录三　Word中的对话框与任务窗格

一、"文件"选项卡

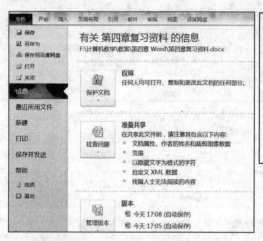

1.文件的打开、保存、新建、打印、"打开"对话框、"另存为"对话框

2."文件"→"信息"→"权限"→"保护文档"

3."文件"→"选项"→"Word选项"对话框

（1）在"保存"选项卡设置自动保存的时间

（2）在"显示"选项卡勾选"打印背景色

二、"开始"选项卡

对话框："字体""设置文本效果格式""段落""查找和替换""替换字体"

三、"插入"选项卡

（1）单击"插入"→"表格"组→"表格"→"插入表格"命令，打开"插入表格"对话框。

注："表格属性"对话框打开方法：

①在"表格工具"下"布局"选项卡"表"组中，单击"属性"按钮。

②在"表格工具"下"布局"选项卡中，单击"单元格大小"组右下角对话框启动按钮。

③右击表格，在弹出的快捷菜单中选择"表格属性"命令。

(2)单击"插入"→"插图"组→"图片"→打开"插入图片"对话框。

单击"插入"→"插图"组→"剪贴画"→打开"剪贴画"任务窗格。

（3）单击"插入"→"插图"组→"SmartArt"→打开"选择 SmartArt 图形"对话框。

单击"插入"→"插图"组→"图表"→打开"插入图表"对话框。

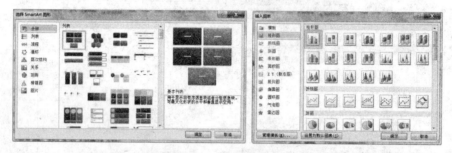

（4）单击"插入"→"链接"组→"超链接"→打开"插入超链接"对话框。

（5）单击"插入"→"页眉和页脚"组→"页码"→"设置页码格式"→打开"页码格式"对话框。

（6）单击"插入"→"文本"组→"首字下沉"→"首字下沉选项"→打开"首字下沉"对话框。

（7）单击"插入"→"文本"组→"日期和时间"→打开"日期和时间"对话框。

（8）单击"插入"→"文本"组→"对象"→"文件中的文字"→打开"插入文件"对话框（合并.doc、.docx 或.txt 文档或.rtf 文档）。

（9）单击"插入"→"符号"组→"符号"→"其他符号"→打开"符号"对话框。

四、"页面布局"选项卡

（1）在"页面布局"选项卡中,单击"页面设置"组右下角对话框启动按钮,打开"页面设置"对话框,有四个选项卡:页边距、纸张、版式、文档网络。

（2）在"页面布局"选项卡"页面设置"组中,单击"分栏"按钮,选择"更多分栏"命令打开"分栏"对话框。

（3）在"页面布局"选项卡"稿纸"组中,单击"稿纸设置"按钮,打开"稿纸设置"对话框。

（4）在"页面布局"选项卡"页面背景"组中,单击"水印"按钮,选择"自定义水印"命令,打开"水印"对话框。

（5）在"页面布局"选项卡"页面背景"组中,单击"页面颜色"按钮,选择"填充效果"命令,打开"填充效果"对话框,有四个选项卡:填充、纹理、图案、图片。

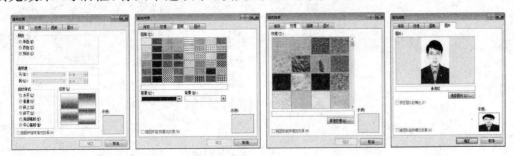

（6）在"页面布局"选项卡"页面背景"组中，单击"页面边框"按钮，打开"边框和底纹"对话框，有三个选项卡：边框、页面边框、底纹。

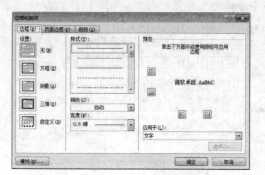 

附录四　Excel中的对话框与任务窗格

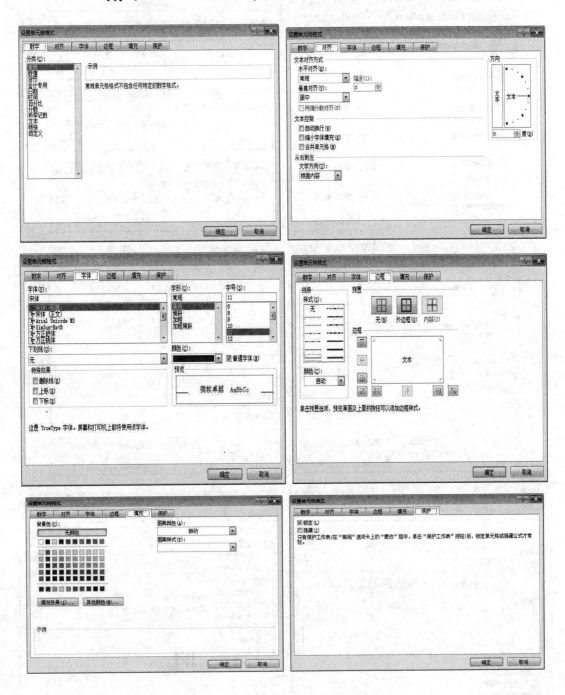

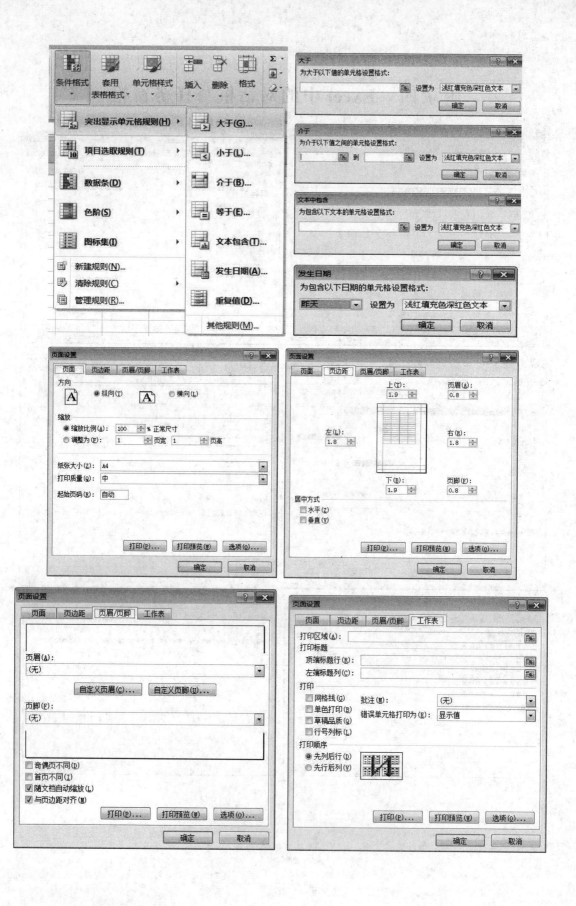

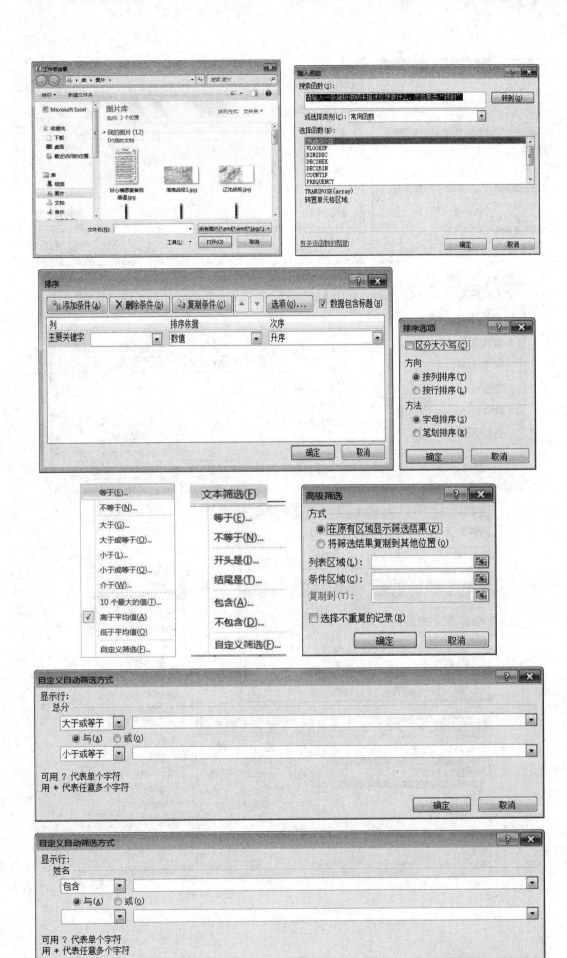

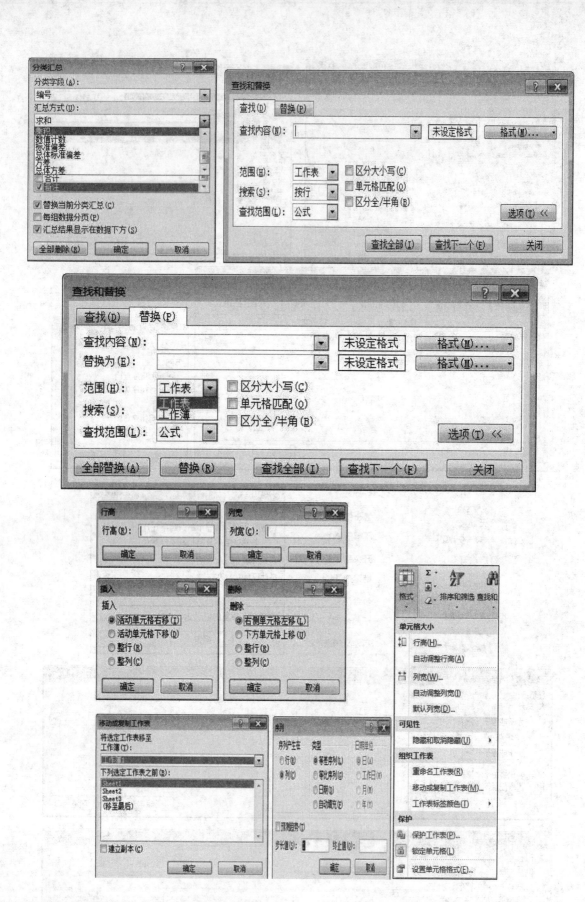

附录五 PowerPoint 中的对话框与任务窗格

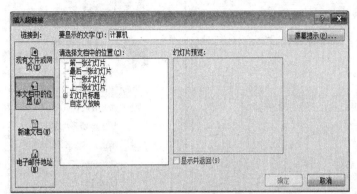

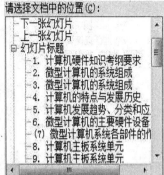

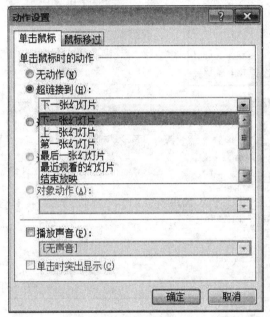

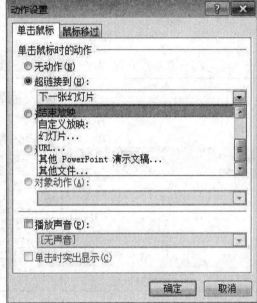

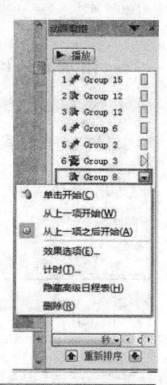

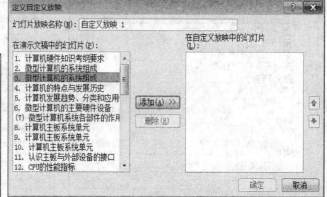

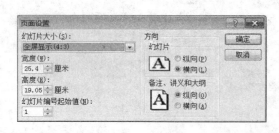

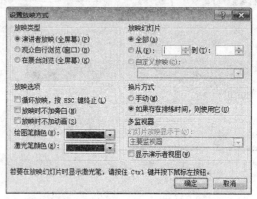

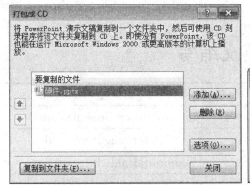

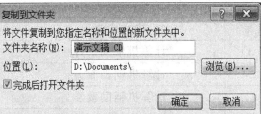

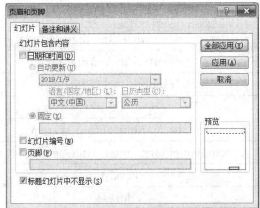

附录六 英文缩写

编号	缩写	中文含义	英文全称
1	CAD	计算机辅助设计	computer aided design
2	CAM	计算机辅助制造	computer aided instruction
3	CAI	计算机辅助教学	computer aided instruction
4	CAT	计算机辅助测试	computer aided test
5	ENIAC	埃尼阿克(电子数字积分计算机)	Electronic Numerical Integrator and Computer
6	AI	人工智能	artificial intelligence
7	CPU	中央处理器	central processing unit
8	RAM	随机存储器	random access memory
9	ROM	只读存储器	read-only memory
10	BIOS	基本输入输出系统	basic input output system
11	CMOS	互补金属氧化物半导体	complementary metal oxide semiconductor
12	USB	通用串行总线	universal serial bus
13	AB	地址总线	address bus
14	CB	控制总线	control bus
15	DB	数据总线	data bus
16	DVI	数字视频接口	digital visual interface
17	HDMI	高清多媒体接口	high definition multimedia interface
18	VGA	视频图形阵列	video graphics array
19	IDE	电子集成驱动器	integrated drive electronics
20	SATA	串行高级技术附加装置	serial advanced technology attachment
21	SCSI	小型计算机系统接口	small computer system interface
22	DVD	数字影像光盘	digital video disc
23	CD-ROM	只读光盘	compact disc-read only memory
24	CD-R	可写光盘	compact disc-recordable
25	CD-RW	可擦写光盘	compact disc-rewritable
26	BD	蓝光光盘	blue-ray disc
27	CRT	阴极射线管显示器	cathode ray tube
28	LCD	液晶显示器	liquid crystal display
29	PDP	等离子显示器	plasma display panel
30	dpi	每英寸点数	dots per inch
31	DLP	数字光处理	digital light procession
32	ASCII	美国信息交换标准代码	American Sandard Code for Information Interchange
33	OS	操作系统	operating system
34	DOS	磁盘操作系统	disk operating system
35	ADSL	非对称数字用户环路	asymmetric digital Subscriber Loop
36	Modem	调制解调器	modulator(调制器)与 demodulator(解调器)简称
37	PSTN	公用电话交换网	public switched telephone network

编号	缩写	中文含义	英文全称
38	ISP	因特网服务提供商	Internet service provider
39	ICP	因特网内容服务商	Internet content provider
40	TCP	传输控制协议	transmission control protocol
41	IP 协议	网间协议	Internet protocol
42	DNS	域名管理系统	domain name system
43	3G	第三代移动通信技术	3rd-generation
44	RFID	射频自动识别	radio frequency identification
45	GPS	全球定位系统	global positioning system
46	BLE	蓝牙低能耗	bluetooth low energy
47	WWW	万维网	world wide web
48	URL	统一资源定位符	uniform resource locator
49	HTTP	超文本传输协议	hyper text transfer protocol
50	FTP	文件传输协议	file transfer protocol
51	E-mail	电子邮件	electronic mail
52	POP3	邮局协议	post office protocol-version 3
53	SMTP	简单邮件传输协议	simple mail transfer protocol
54	IMAP	因特网消息访问协议	Internet message access protocol
55	LAN	局域网	local area network
56	MAN	城域网	metropolitan area network
57	WAN	广域网	wide area network
58	BBS	电子公告板(网络论坛)	bulletin board system
59	bps	位每秒	bits per second
60	VI	视觉识别系统	visual identity
61	MTV	音乐电视网	music television
62	HTML	超文本标记语言	hyper text markup language
63	RTF	富文本格式(多文本格式)	rich text format
64	BMP	位图	bitmap
65	JPEG	联合图像专家组	joint photographic experts group
66	GIF	图形交换格式	graphics interchange format
67	PDF	便携式文档格式	portable document format
68	PNG	可移植网络图形格式	portable network graphics
69	TIFF	标签图像文件格式	tag image file format
70	SVG	可缩放的矢量图形	scalable vector graphics
71	MIDI	乐器数字接口	musical instrument digital interface
72	WMA	微软音频格式	windows media audio
73	AVI	音频视频交错格式	audio video interleaved
74	MPEG	运动图像专家组	motion picture experts group
75	DAT	数字录音带	data audio tape
76	ASF	高级串流格式	advanced stream format

附录七 《计算机应用基础》教材操作提示

说明:【】内为注释内容,或为方便理解操作提示,结合上下文语境增加的补充内容。

第一章 计算机基础知识操作提示

P3:"信息的特点"考虑有无排他性、有无损耗、是否可以输送;"用户、信息设备、信息来源、信息网络"是构成信息系统的四大要素。【信息具有非排他性、无损耗、可传播特点,非排他性可以理解为共享性】

P6:微型计算机的组成部件在系统中发挥不同的功能,它们在计算机系统运行时各司其职,要注意分辨名称、功能作用、性能参数、厂家品牌等。

P29:把 5 张卡片依次给被测同学看,当他告诉你卡片上有自己生日所在的月数或日数时,你就记下"1",当他回答"无"时,你就记下"0"。然后求"按位权展开的多项式之和",即用将二进制数转换为十进制数的方法分别计算,得到出生月份和出生日数。

第二章 Windows 7 操作系统操作提示

P34:启动计算机之前,应检查计算机主机与电源、显示器、键盘、鼠标等设备是否正确连接,检查电源是否有电。

P34:Windows 7 沿用了 Windows Vista 的 Aero 界面。当鼠标指向"显示桌面"按钮时,可以临时查看或快速查看桌面;当指向任务栏上的某个已打开的窗口按钮时,显示其缩略图,指向缩略图,则可预览该窗口内容。

P34:Windows 7 为"开始"菜单和"任务栏"引入了"跳转列表(jump list)",以列出最近或经常打开的项目(如文件、文件夹、任务或网站)。右击"任务栏"上的程序按钮,可列出跳转列表,单击可打开这些项目。

P35:关闭计算机系统前应确认保存文件,同时还应关闭已启动的软件。如果临时不用计算机,可以在不关机情况下进入省电睡眠状态。若想恢复工作状态,按 Enter 键即可;如果长时间休眠,则需按电源开关恢复到工作状态。

P36:使用桌面快捷菜单中的"查看"命令,可以自动排列图标和改变图标大小。

P39:【在"任务栏和开始菜单属性"对话框】选择"开始菜单"选项卡可以对"开始"菜单进行属性设置;选择"任务栏"选项卡可以设置任务栏属性。

P43:在用户打开大量窗口的状态下,如果需要只使用其中一个窗口只需将鼠标放在该窗口的标题栏上,按住鼠标左键并轻晃鼠标,其他所有窗口自动最小化,重复该操作,所有窗口又会重新还原。

P44:对话框不能改变大小。将鼠标指针指向标题栏,拖动鼠标可移动对话框。

P48:【在"计算机"或"资源管理器"窗口】按 Ctrl＋A 快捷键可选中全部文件。若要撤销所有选中的文件或文件夹,可单击其他文件或窗口空白处。

P50:【在"计算机"或"资源管理器"窗口】单击菜单中"文件"→"新建"→"文件夹"命令,可以新建文件夹。

P52:除了复制文件或文件夹,还可以复制其所在路径。按住 Shift 键同时右击文件或者文件夹,在弹出的快捷菜单中选择"复制为路径"命令,然后在写字板、Word 或者即时通信软件中使用"粘贴"命令(使用 Ctrl+V 快捷键),即可看到该文件的完整路径。

P52:如果要一次性彻底删除文件或文件夹,可使用 Shift+Delete 快捷键。

P56:在任务栏"通知区域"中单击时间图标【在弹出的"日期和时间"面板中,单击"更改日期和时间设置"按钮】,可以打开"日期和时间"对话框。

P58:双击任意一个.txt 文件,默认都是使用"记事本"程序打开。

P58:【在"画图"程序中】单击"另存为"命令,可以将文件保存为多种图片格式,如".png"(默认保存格式)".jpeg"".bmp"".gif"".tiff"。

P61:在"附件"中包含的"系统工具"中也能打开"磁盘清理"程序,此外,还可以运行"磁盘碎片整理程序",它可以将硬盘上的碎片文件进行合并,有效整理磁盘空间,提高磁盘读写速度。

P62:通常在安装了系统和各类必需的应用软件后,在"干净"环境下备份系统文件是必要的。可通过【"控制面板"→"系统和安全"→"备份和还原"窗口左侧的】"创建系统映像"备份系统,以后系统出现问题时,迅速还原。

P65:右击"E:\电脑报"文件夹,在弹出的快捷菜单中选择"添加到'电脑报.zip'"命令,可直接在当前文件夹下以默认设置生成压缩文件。

P66:右击压缩文件,在弹出的快捷菜单中选择"解压到当前文件夹"命令,可在当前目录上直接解压。

P68:打开"控制面板"→"时钟、语言和区域"→"区域和语言",单击"更改键盘或其他输入法"【打开"区域和语言"对话框,单击"更改键盘"按钮,弹出"文本服务和输入语言"对话框】,可以进行输入法添加。

在默认情况下,使用 Ctrl+空格快捷键进行中英文切换,使用 Ctrl+Shift 快捷键进行不同输入法之间的切换。

第三章　因特网(Internet)应用操作提示

P95:【第 3 版内容,第 4 版已删除,保留供同学们参考】所谓"关键词"就是指能表达将要查找的信息主题的单词或短语。用户以一定逻辑组合方式输入各种关键词,搜索引擎根据这些关键词寻找用户所需资源的地址,再以一定的规则将包含这些关键词的网页链接提供给用户。使用关键词的操作方法如下:

(1)给关键词加双引号(半角形式),可实现精确的查询。

(2)组合的关键词用加号"+"连接,表明查询结果应同时具有各个关键词。

（3）组合的关键词用减号"－"连接，表明查询结果中不会存在减号后面的关键词内容。

（4）通配符(＊和?)，主要用于英文搜索引擎中。"＊"表示匹配的数量不受限制，"?"表示匹配的字符受限制。

P101：在 Outlook 2010 中撰写电子邮件，可以根据需要使用信纸模板，或者更改信纸格式，以及建立的邮件的文本格式，如纯文本、格式文本等，Outlook 2010 默认文本格式为"HTML"。用户可以直接把邮件撰写在空白区，也可以粘贴外部的文字、插入图片、表格等内容。

P107：选择网盘需要尽量使用知名度高的网站，同时要对重要数据文件进行备份，否则，一旦网站企业发生变故，数据文件将丢失，损失将无法找回。

P111：支付宝是淘宝网推出的网上支付工具，它可以在买家确认收到货之前，替买卖双方暂时保管货款。设置支付方式时，会要求提供支付宝账号，并选择银行、验证真实身份，请注意自己的信息安全和财产安全。

第四章　文字处理软件(Word)应用操作提示

P117：启动 Word 还有其他方法：方法一，双击桌面上 Word 的快捷方式；方法二，双击打开已有的 Word 文档，同时启动 Word 软件。

P119：在窗口中将鼠标指针移动到功能区按钮图标的上面，在指针的尾部显示的文字就是该图标的名称、功能详解和快捷键。例如将鼠标指针放到"加粗"按钮上时，显示了该按钮的名称"加粗"、功能详解"将所选文字加粗"、快捷键"Ctrl＋B"，如下图所示。

P119：(1)将鼠标指针移动到功能区中的任意一个按钮上，右击，在弹出的快捷菜单中选择"添加到快速访问工具栏"命令，该按钮即被添加到左上角的"快速访问工具栏"中。

(2)右击"快速访问工具栏"中的按钮，在弹出的快捷菜单中选择"从快速访问工具栏删除"命令，即可从"快速访问工具栏"中删除该按钮。

(3)单击水平标尺最右侧的"标尺"按钮，即可隐藏或显示标尺。

P119：创建新空白文档还有其他方法：方法一，单击"快速访问工具栏"中的"新建"按钮。方法二，单击"文件"→"新建"命令→选择"可用模板"→"空白文档"→"创建"按钮。

Word 2010 为用户预设了多种类型的文档模板，用户在使用的过程中，只需在指定的位置填写相关的文字即可。

P120：在 Word 的编辑区有一个闪烁的光标称为插入点，它指示当前插入的字符、图片等对象的位置。文字输入从插入点开始，每输入到一行的末尾时，Word 会自动将插入点转到下一行。若要另起一行(换行)或插入一行空行时，按一下 Enter 键即可。在适当的地方单击能够改变插入点的位置。另外，使用键盘中控制光标位置的按键也可以改变插入点的位置。

P121:保存文档还有其他方法:方法一,单击"快速访问工具栏"中的"保存"按钮。方法二,使用快捷键 Ctrl+S。

第一次保存文档或使用"另存为"命令时会弹出"另存为"对话框,在对话框中可以命名文件,修改保存路径。使用其他保存方法,会将文件以原来的名字和路径保存。

P122:单击"快速访问工具栏"中的"打开"按钮或者双击文档的图标也可以打开文档。

P131:(1)文本框或表格中的文字不能设置首字下沉。

(2)在 Word 中"撤销"或者"恢复"操作可以将对文档的操作步骤回到上一步或者进行到下一步,并且在一定范围内可以重复"撤销"或者"恢复"操作。"撤销"或者"恢复"的快捷键是 Ctrl+Z 和 Ctrl+Y。

P132:(1)设置相同的段落格式,也可以使用"格式刷"功能。

(2)在 Word 中,对于不需要的格式,可以选中相关文本,在"开始"功能区"字体"组中单击"清除格式"按钮,将设置的格式完全清除,恢复到默认状态。

P142:在分栏操作中要注意不要在分栏文本中选中末尾的段落标记。

P146:如果打印的相关参数已经设置好,也可以直接单击"快速访问工具栏"中的"快速打印"按钮直接打印。

单击"快速访问工具栏"右侧的下拉箭头,在弹出的"自定义快速访问工具栏"中选择"快速打印",即可将"快速打印"按钮添加至"快速访问工具栏"。

通常打印时并不能打印出文档设置的页面背景色或图像,如果要将背景色或背景图片打印出来,单击"文件"菜单→"选项"命令,打开"Word 选项"对话框,选择"显示",在"打印选项"中勾选"打印背景色和图像"复选框即可。

P150:使用"插入"→"表格"按钮,然后拖动鼠标,可以快速创建表格。此种方法适合创建规则的、行数和列数较少的表格,最多可以创建 8 行 10 列的表格。

P152:当表格创建和编辑完成后,便可以在表格中输入相关的数据了。插入点从一个单元格移到另一个单元格可以使用光标控制键↑、↓、←、→,也可以使用制表键 Tab。

P161:(1)【在"表格工具"下"设计"选项卡中(如下图所示)】使用"绘图边框"组中的"边框""底纹"按钮,可以很方便地对单元格或表格进行边框和底纹的设置。

(2)选取设置对象后,在右击弹出的快捷菜单中选择"边框与底纹"命令或单击"布局"功能区"表"组中的"属性"命令(如下图所示),【在弹出的"表格属性"对话框中单击"边框和底纹"按钮】能够弹出"边框和底纹"对话框。【在"设计"选项卡中单击"绘图边框"组右下角对

话框启动器,弹出"边框和底纹"对话框】

P164:【Word 2010 表格中的】常用函数有 SUM(求和函数)、AVERAGE(求平均数)、COUNT(计数函数,统计表格中含有数值的单元格个数)等。

在公式中常用的表明计算范围的域名称(不区分大小写)有:

(1)LEFT:当前单元格左侧同一行中所有包含数字的单元格。

(2)ABOVE:当前单元格上面同一列中所有包含数字的单元格。

(3)RIGHT:当前单元格右侧同一行中所有包含数字的单元格。

【(4)BELOW:当前单元格下面同一列中所有包含数字的单元格。】

P160:(1)调整"图片工具"→"大小"组中的"高度"和"宽度"数值,可以精确调整图片的大小(如下图所示)。

(2)单击图片,单击"图片工具"→"大小"组中的"裁剪"按钮可以对图片进行适当的裁剪,将多余内容裁剪掉。

(3)单击图片,将鼠标移到图片上方的绿色旋转手柄,待旋转箭头出现后按住鼠标左键可以顺时针或逆时针旋转图片。

P161:(1)在艺术字的【在"绘图工具"下"格式"选项卡的"形状样式"组(如下图所示)】"文本效果"中除了可以设置"阴影"效果外,还可以设置艺术字的"映像""发光""棱台"和"三维旋转"效果,在"文本效果"的"转换"效果中可以设置艺术字的弯曲效果。

(2)艺术字也可以像图片一样旋转、设置文字环绕方式,还可以使用"文字方向"按钮改变文字的方向。

P163:(1)在 Word 中,所有的自选图形(线条除外)都可以添加文字:右击图形,在弹出的快捷菜单中选择"添加文字"命令,在插入点处输入文字,并可以对添加的文字进行格式设置,添加的文字随图形一起旋转。

(2)单击"排列"组"对齐"按钮里的对齐方式,可将选择的多个图形对齐。

(3)自选图形的填充效果除了可以是颜色填充外,还可以是纹理填充或图片填充,通过

"形状效果"设置可以形成一些特殊的效果。

第五章　电子表格处理软件(Excel)应用操作提示

P173:Excel 启动后,还可以通过"文件"选项卡、使用"快速访问工具栏"、使用快捷键 Ctrl＋N 等方法创建新工作簿,其方法与 Word 类似。

P177:(1)输入数据的一般方法是:先选取单元格,再输入数据。一个单元格的数据输入完后,按 Tab 键、Enter 键、光标键或单击下一个单元格,都可以选取需要输入数据的下一个单元格。输入的数据的长度超过单元格的宽度并不会影响相邻单元格的数据。默认状态下,Excel 对于输入的数据具有记忆功能,即输入的数据开头的字符与该列已有数据的开头字符相同时,Excel 会自动填写其余的字符,使填写相同或相似的数据更方便。

(2)在"自动填充选项"下拉列表中确定填充内容【有四个选项:复制单元格、填充序列、仅填充格式、不带格式填充】。

(3)当单元格内数据输入错误时,可以按 Delete 键删除数据,或者直接在单元格内输入正确数据代替。

P177:(1)"快速访问工具栏"用于放置快速启动使用的命令,用户可以根据需要将自定义命令添加到其中。

(2)保存文件的格式。工作簿的默认扩展名是".xlsx"。如果在"文件名"框中只输入工作簿的主文件名,不输入扩展名,则 Excel 会自动给文件加上默认扩展名。"另存为"命令可以将文件保存为"网页"【htm/html】"带格式的文本文件"【.prn】"Excel 模板"【.xltx】等文件类型。

P178:在使用 Office 办公软件时,可以通过软件的帮助文档、Office 助手和 Office Online 等多种方式获得帮助信息,了解各个对象的功能与作用,以及对象的操作示例。

P184:插入或删除行之前,选取了几行就插入或删除几行。插入时,如果没有设定行数,则在选取的单元格位置上方插入一行;删除时,如果没有选择整行,则会弹出"删除"对话框(插入操作时弹出"插入"对话框),提示选择删除(或插入)的项目。插入或删除列操作与之类似。如下图所示。

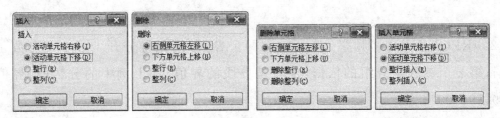

P185:【单击"开始"选项卡→"单元格"组】"格式"按钮,选择"自动调整行高"或"自动调整列宽"命令;或者双击行号的下边格线(或列标的右边格线),Excel 会根据单元格内的数据自动调整行高(或列宽)。

P186:在使用"复制"命令时,被选取的单元格四周会出现虚线框,完成后按一下 Esc 键或 Enter 键,可取消该虚线框。

P187:【可以使用拖曳的方法移动单元格】,还可以使用"剪切""粘贴"的方法移动单元格。

P187:(1)单击"插入工作表"标签(或按 Shift+F11 快捷键),则直接新增工作表。【注:单击"插入工作表"标签插入的新工作表在最右边,其他方法新工作插在原活动工作表的左边,并成为当前活动工作表】

(2)选取要删除的工作表标签,右击,在弹出的快捷菜单中单击"删除"命令。【若工作表中有数据,则系统弹出一个对话框,单击对话框中的"删除"按钮】

P189:【在原工作簿中选定要移动的工作表标签,右击,在弹出的快捷菜单中选择"移动或复制"命令,弹出"移动或复制工作表"对话框】,若选中"建立副本"复选框,则复制工作表;否则原工作表将被移动到目标工作簿中而不在原工作簿中保留。

P194:为使表格标题居中,设置"跨列居中"时通常接表格的最大宽度选择单元格区域。

在【"设置单元格格式"对话框】"数字"选项卡中设置数字显示格式时,通常先在"分类"列表框中选择显示类型,再在右边显示的选项中做进一步设置。

P199:"学生生活费用"工作表标签颜色设定后,如果该工作表是当前活动工作表,则在标签名下边显示设定的颜色线条,切换到工作簿的其他工作表可以更清楚地看到标签设置的颜色效果。

P205:在单元格或者"编辑栏"中直接输入公式,首先输入"=",公式中的加、减、乘、除以及小数点、百分号等都可以从键盘上直接输入。公式建立完成后,按 Enter 键或单击"编辑栏"的"输入"按钮获得计算结果。如果后面输入的计算公式相同,则拖曳"填充柄"实现公式的复制。随着位置的变化,公式所引用的单元格地址也发生相应变化,称为单元格地址相对引用。在公式中,引用的单元格地址用颜色字符表示,对应的单元格边框显示为相应颜色并四角有小方块。

P207:上面的操作中使用了 Excel 中的最大值、最小值和平均值 3 个函数,即 MAX()、MIN()和 AVERAGE()。在求平均值时,如果计算结果的小数位过多,可以在"设置单元格格式"对话框"数字"选项卡中设定小数位。

P208:在单元格输入函数计算出结果后,可通过拖曳"填充柄"方式计算其他产品的日销售额。

P212:FREQUENEY()频率分布函数有两个参数,用逗号分开。第 1 个参数是进行统计的数据;第 2 个参数是分组的依据,也就是分段的界值,如上例中的分数段,界值分别是59,69,79,89,100。

REQUENCY()函数返回的是一列数值,要用数组公式的形式输入。因此,在输入时,要选中输出结果的区域,在编辑栏输入完公式后按下"Ctrl+Shift+Enter"组合键,使之成为数组公式(公式会自动加上花括号,不需要手工输入花括号)。

使用 FREQUENCY()频率分布函数求各分数段的学生人数时,使用数组公式:选中"I8:I12"单元格区域,在编辑栏输入"=FREQUENCY(E3:E25,{59,69,79,89,100})"。

P218：Excel排序功能不允许选取分散的单元格区域进行排序。在"排序"对话框"排序依据"下拉列表框中不仅可以按"数值"排序，还可以按"单元格颜色""字体颜色"和"单元格图标"排序。如下图所示。

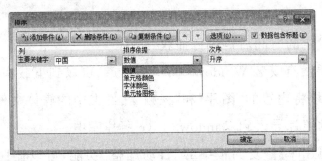

P220：完成筛选后，在"数据"功能区中单击"清除"按钮，工作表恢复筛选前的数据【字段右侧保留"筛选器"】；对已经筛选的工作表再一次单击"筛选"按钮，工作表取消筛选。【字段右侧的"筛选器"也消失】

P222："高级筛选"时，在条件区域输入筛选条件为" ＊ 周"，则可筛选名字中含有"周"字的所有学生记录。【筛选条件为"周 ＊ "，则筛选出所有周姓学生记录】

P223：分类汇总操作总是从最高级开始分类，往下分类数据显示结果更详细。"汇总方式"栏设置有基本的汇总计算，汇总项由工作表第一行字段确定。

P225：单击"分类汇总"对话框中的"全部删除"按钮，即可删除分类汇总结果。

P232：可以按照使用"设置单元格格式"对话框格式化工作表的方法，对生成的透视表进行格式化、并对美化的工作表生成数据报告。

P235：【透视表排序只对所选列或行有效。Excel 切片器可以快速实现数据筛选，用户可在切片器的数据上查询当前数据状态】选中切片器，按 Delete 键可以删除切片器。

P238：(1)Excel 的页面设置完成即可单击"打印"命令按钮执行打印。(2)在"页面设置"对话框的"工作表"标签勾选"行号列标"复选框，是为了在每一页上打印出行号列标以标识被打印的文件，行号和列标用于定位工作表中信息的位置。如果需要重复打印行标志，则需要在"左端标题列"文本框中输入行标志所在列的列标(如 ＄A：＄A)；如果需要重复打印列标志，则需要在"顶端标题行"文本框中输入列标志所在行的行号(如 ＄1：＄1)。

P245：Excel 默认打印当前工作表(包括嵌入图)，如果需要打印多份工作表，则可以添加打印份数。如果需要对工作簿中的所有工作表同时进行打印，或者打印选定的区域，则单击"文件"→"打印"→"设置"命令，设置打印要求或区域。【打印活动工作表、打印整个工作簿、打印选定区域】

第六章 多媒体软件应用操作提示

P251：(1)现在很多网页上提供 Word、纯文本等格式文档下载的链接，单击该链接后即可下载文件。(2)虽然网上资源丰富，但是，许多资源会有版权说明，因此，无论下载何种资源，用户必须按提供方对媒体素材使用的规定及要求进行使用，保护资源作者的利益。

P254：复制图片，图片会保存在剪贴板中，可以将其粘贴到文档中，如 Word 文档。

P256：【在 Snagit 中】如果选择"基础捕获方案"中的"全屏幕"选项，按下快捷键（PrintScreen）或单击"捕获"按钮，则可获取当前全屏幕的图像。

P257：在 Snagit 主界面单击"捕获"→"定时器设置"→"启用延迟/计划捕获"，设置延迟捕获的时间，就可以在对象操作设定的时间后再进行捕获。

P265：Windows 7 系统中如果没有安装 Windows Live 照片库，可以到下载中心去下载。安装 Windows Live 照片库后，系统将内置的"图片"和"视频"文件夹中的媒体文件添加到照片库中，也可以将其他文件夹中的照片导入到 Windows Live 照片库中。

P267：使用【Windows Live 照片库】修复面板中的"自动调整"功能，可以让照片库自动分析并对照片进行处理。如果对自动调整的效果不满意，可以单击"撤销"按钮，使照片恢复原状。

第七章 演示文稿软件(PowerPoint)应用操作提示

P300：(1)在"幻灯片/大纲浏览窗格"中右击，从弹出的快捷菜单中选择相关命令可以对幻灯片进行复制、移动(新建、删除和隐藏)操作。(2)选中幻灯片，按 Delete 键可以删除幻灯片。

P306：在 PowerPoint 中可以进一步修改艺术字的外观，操作方式与 Word 一致。

P307：在 PowerPoint 中可以进一步修饰图片，如旋转图片、用图片样式美化图片、增加阴影、映像、发光等特效，以及自定义软件提供的图片效果。

P307：【在设置了版式的幻灯片中单击"插入 SmartArt 图形"按钮可以】插入 SmartArt 图形，还可以通过"插入"功能区中的"SmartArt"工具按钮实现，方法与前面插入图片、艺术字一样。

P312：图表中系列、类别、数据、标题等区域的格式设置均可按如下方法操作：即选择某个对象后，右击，在弹出的快捷菜单中选择相关命令。

P315：创建超链接也可右击选中的对象，在弹出的快捷菜单中选择"超链接"命令，操作方法与 Word、Excel 中相同。【超链接可以链接到其他幻灯片，也可以链接到其他图片，视频、音频，甚至可以链接到 Internet，只需在"插入超链接"对话框左侧选择对应选项即可】

P317：在"切换"选项卡中，可以选择"全部应用"工具按钮将当前幻灯片的切换方式应用到所有幻灯片中。

P323:(1)仅需要某一页幻灯片播放设置音频,可以在"开始"下拉菜单中选择"自动"或"单击"。【为整个演示文稿插入背景音乐,则选择"跨幻灯片播放"】

(2)【选中小喇叭】,在"动画"功能区中单击"动画窗格",【在打开的"动画窗格"选中音频对象,再单击其右侧下拉按钮,选择"效果选项"命令,打开"播放音频"对话框】可以设置"播放音频"的效果、计时等参数。

(3)若勾选"放映时隐藏"复选框则播放演示文稿时将不会出现喇叭图标。

(4)插入视频文件的操作与插入音频文件的步骤类似。

(5)要确保播放演示文稿的计算机支持插入的音频和视频格式。在没有把握的时候要选取 Windows Media Player 支持的音频、视频格式(如 WMA、WMV)。

附录八 简答题集

1. 简述数据与信息的区别与联系。

答：(1)信息是数据所表达的含义，数据是信息的载体，是信息的具体表现形式。

(2)数据只有经过加工后才能成为信息。

2. 简述计算机在生产生活中的作用。

答：(1)科学计算(数值计算)；(2)数据处理(也称为信息处理)；(3)辅助设计与制造；(4)教育信息化；(5)电子商务与网络通信；(6)人工智能。

3. 简述计算机的发展历程。

答：(1)1946年在美国诞生了第一台计算机 ENIAC(埃尼阿克)。

(2)按计算机所使用的电子器件的不同，划分为四个阶段：

第一代(1946—1958年)：电子管，使用机器语言、汇编语言编写程序，主要应用于科学计算。

第二代(1959—1964年)：晶体管，开始出现操作系统，并出现了高级程序设计语言；应用领域扩大到数据处理方面。

第三代(1965—1970年)：中小规模集成电路，应用领域进一步扩大到生产控制方面。

第四代(1971年至今)：大规模和超大规模集成电路，出现数据库管理系统和网络操作系统。

(3)计算机发展趋势：向巨型化、微型化、网络化、智能化和多功能化方向发展。

4. 简述计算机的特点。

答：计算机是一种能够按照事先编制好的程序，接收数据、处理数据、存储数据并产生输出的现代化智能设备。其特点有(1)运算速度快；(2)计算精度高；(3)具有记忆和逻辑判断功能；(4)具有自动执行的功能。

5. 简述计算机硬件系统的组成部分。

答：计算机硬件系统由主机和外部设备组成。主机由中央处理器组成；外部设备包括输入设备、输出设备和外存储器。

6. 简述 USB 设备的优点。

答：(1)可以热插拔；(2)携带方便；(3)标准统一；(4)可以连接多个设备。

7. 什么是 CPU？

答：CPU 即中央处理器，是计算机的核心元件，一般由逻辑运算单元、控制单元和存储单元组成，安装在主板的 CPU 插槽中。它的主要参数有：主频、外频、倍频系数、字长和 cache。

8. 什么是内存？

答：内存又称为内存储器、主存储器，是计算机的主要部件之一。(1)内存的质量好坏与容量大小直接影响计算机的运行速度；(2)内存存储当前正在使用的程序和数据，能与 CPU 直接交换信息；(3)内存一般采用半导体存储单元，包括随即存取存储器(RAM)、只读存储器(ROM)和高速缓存(cache)。

9. 什么叫主板?

答:主板一般为矩形电路板,又称为主机板(mainboard)、系统板(systemboard)、母板(motherboard)。它安装在机箱内,是微机最基本、最直接的部件之一。(1)主板上一般安装有 BIOS 芯片和 CMOS 芯片、CPU 插槽和内存插槽;(2)主板上有连接 CPU 和计算机上各种器件的信号线,即总线;(3)主板上有各种总线扩展插槽,用来插入各种功能扩展卡,在操作系统的支持下扩展使用功能;(4)主板上有各种外部设备接口,使主机系统与外部设备、网络等进行有效连接,进行数据和信息交换。

10. 什么叫总线?计算机有哪几种总线?

答:总线是连接 CPU 和计算机上各种器件的一组信号线,总线用来在各部件之间传递数据和信息。主板上的总线按功能划分为数据总线、地址总线和控制总线。用来发送 CPU 命令信号到存储器或 I/O 的总线称为控制类总线。由 CPU 向存储器传送地址的总线称为地址总线。CPU、存储器和 I/O 之间的数据传送通道是数据总线。

11. 微型计算机接口有何作用?并列举常见的微型计算机接口。

答:微型计算机接口的作用是使微型计算机的主机系统与外部设备进行有效连接,以便进行数据和信息交换。微型计算机接口有显示器接口,音频接口,网络接口等。

12. 简述 BIOS 和 CMOS 的作用。

答:(1)BIOS(基本输入/输出系统)是微机主板上的一块可读写的 ROM 芯片,存储着系统的重要信息和设置系统参数的设置程序。(2)CMOS 是微机主板上的一块可读写的 RAM 芯片,用来保存系统在 BIOS 中设定的硬件配置和操作人员对某些参数的设定。当计算机断电时,由一块电池供电,保存存储器上的信息。

13. 在什么情况下电脑需要对 BIOS 和 CMOS 设置?

答:(1)新购微型计算机;(2)新增设备;(3)CMOS 数据意外丢失;(4)系统优化。

14. 从作用和特点两个方面简述内存储器与外存储器的区别。

答:(1)内存储器:存储当前正在使用的程序和数据,容量小,存储速度快,价格贵,能与 CPU 直接交换信息。

(2)外存储器:用来存放系统文件、应用程序、文档和数据资料,存储速度较慢,存储容量大,相对价格低,可以长时间保存信息,但不能与 CPU 直接交换信息。

15. 简述位、字节、字和字长等数据存储单位的区别与联系。

答:(1)位:二进制的一个数位,是计算机中的最小数据单位,称为"比特(bit)"。

(2)字节(Byte)是计算机中表示存储容量大小的最基本单位,相邻 8 位组成一个字节,即 1 字节=8 位。

(3)字:是计算机内部作为一个整体参与运算、处理和传送的一串二进制数,是计算机进行信息交换、处理、存储的基本单元。通常由一个或几个字节组成。

(4)字长是指 CPU 在单位时间内能一次处理的二进制数的位数。

16. 表示内存容量的存储单位有哪些？并写出各单位之间的转换关系。

答：(1)内存容量的单位有字节(B)、千字节(KB)、兆字节(MB)、吉字节(GB)、太字节(TB)。

(2)1 KB=1024 B，1 MB=1024 KB，1 GB=1024 MB，1 TB=1024 GB。

17. 简述输入设备和输出设备的功能。

答：微型计算机输入设备和输出设备是人和计算机系统进行信息交换的主要装置。

输入设备将外部信息转变为数据输入到计算机中进行加工、处理；输出设备把计算机处理的中间结果或最终结果用人所识别的形式表示出来。

18. 简述鼠标的 5 种常用操作方法及其功能。

答：(1)指向：将鼠标指针移到屏幕的某一位置。

(2)单击：按鼠标左键一次，可以选取某个操作对象。

(3)双击：连续按鼠标左键两次，可以打开某个文件或是执行某个程序。

(4)拖曳：选取某个对象后，按住鼠标左键不放并移动鼠标，至目的地后再放开鼠标按键，可以移动该对象。

(5)右击：按鼠标右键一次，一般显示快捷菜单，可以在快捷菜单上选取操作命令。

19. 简述显示器的作用。

答：显示器是用户与计算机之间对话的主要信息窗口，在屏幕上显示从键盘输入的命令或数据，程序运行时能自动将机内的数据转换成直观的字符、图形输出，以便用户能及时观察必要的信息和结果。

20. 简述显示器的性能指标有哪些。

答：(1)分辨率：指屏幕横纵能显示像素的数目，一般表示为水平显示的像素个数×水平扫描线数，分辨率越高，显示就越清晰。(2)屏幕尺寸：用屏幕区域对角线的长度表示，单位为英寸。(3)点间距：屏幕上两个颜色相同的荧光点之间的最短距离。(4)刷新频率：垂直刷新频率，屏幕图像每秒重绘多少次；水平刷新频率，从左到右绘制一条水平线的频率。

21. 简述液晶显示器的优缺点。

答：液晶显示器与 CRT 显示器相比具有很多优点：体积小、重量轻、辐射低、图像稳定、用电量小；液晶显示器可以做成真正纯平，可视面积大，但是液晶显示器相对比较昂贵。

22. 简述系统软件和应用软件的概念。

答：(1)系统软件主要用于计算机系统内部的管理、控制和维护计算机的各种资源的软件，如操作系统、设备驱动程序、数据库管理系统和通信处理程序等。

(2)应用软件指向计算机提供相应指令并实现某种用途的软件，它们是为解决各种实际问题而专门设计的程序。

23. 软件开发者拥有软件版权，哪些情况购买者可以复制软件的备份？

答：(1)允许购买者为了安装软件从光盘复制到计算机硬盘上。

(2)允许购买者为防止软件被删除或损坏而制作用于备份的副本。

(3)允许购买者出于教学目的而复制或分发软件的部分内容。

24. 简述商业软件、共享软件、免费软件、公共领域软件等不同类型的软件的分发规定。

答:商业软件:只能在许可协议规定的范围内使用。

共享软件:是以"购买前的试用"为目的而分发的有版权的软件,在试用期后要继续使用该软件,就必须支付注册费用。

免费软件:允许使用、复制或传播,但不允许对软件进行修改或出售。

公共领域软件:没有版权,可以自由地复制、分发甚至销售,唯一限制是不可以再去为它申请版权。

25. 什么是 ASCII 码?

答:ASCII 码即美国国家信息交换标准字符码,是国际通用的信息交换标准代码。ASCII 码是一种用 7 位二进制数表示 1 个字符的字符编码,共可以表示 128 种不同字符(每个字符可以用一个字节表示,字节的最高位为 0)。使用计算机时,从键盘键入的各种字符由计算机自动转换后,以 ASCII 码形式输入到计算机中。

26. 什么是国标码?

答:国标码是计算机处理汉字的编码标准,主要用途是作为汉字信息交换码使用,使不同系统之间的汉字信息进行相互交换。国标码是扩展的 ASCII 码。在 7 位 ASCII 码中可以表示 128 个字符,以 ASCII 码中 94 个字符为基础,由任意两个 ASCII 码组成一个汉字编码(即一个汉字由两个字节组成)。

27. 什么是机内码与字形码?

答:机内码是提供计算机系统内部进行汉字存储、加工处理、传输所使用的代码,又称汉字内码。它是国标码的另一种表示形式,机内码为避免国标码与 ASCII 码的双重定义,在编码设计中,置最高位恒为 1,以此来区别是 ASCII 码字符还是汉字符。

字形码是汉字的输出码,输出汉字时都采用图形方式,无论汉字的笔画多少,每个汉字都可以写在同样大小的方块中。

28. 什么是操作系统?

答:操作系统(operation system)是计算机中最主要,最基本的系统软件,直接控制和管理计算机硬件、软件资源,合理地组织计算机工作流程,方便用户充分而有效地利用这些资源的程序集合,其他软件都在操作系统的管理和支持下运行。操作系统为用户使用各种资源提供了一个方便、有效的平台,其主要功能有资源管理、程序控制和人机交互。

29. 简述 Windows 7 的 Aero 界面。

答:Windows 7 的 Aero 界面采用一种透明的玻璃式设计的视觉外观,具有立体感和透视感,帮助用户在不同窗口快速切换,方便显示窗口内容。当鼠标指向"显示桌面"按钮时,可以临时查看或快速查看桌面;当指向任务栏某个已打开的窗口按钮时,显示其缩略图,指向缩略图,则该窗口内容可预览。

30. 简述 Windows 7 的资源管理器及其功能。

答:资源管理器是 Windows 系统提供的资源管理工具,它呈树形文件系统结构,用户可以直观查看本地的所有的资源。它的搜索框、库、地址栏、视图模式切换、预览窗格等功能,可以有效地提高文件操作效率。

31. 简述文件、文件夹、库和文件路径的概念。

答:(1)文件是被命名的一组相关信息的集合。程序、数据或文字资料等都以文件形式存放在计算机的存储器中,以文件名来区分文件。文件名由主文件名和扩展名组成,中间用圆点隔开,主文件名用来标识文件的名称,扩展名表示文件的类型,不同类型的文件,图标也不同。

(2)文件夹可以被看成存放文件的容器,用户可以把文件分类存放在不同的文件夹中,并且在文件夹中还可以再建立子文件夹,子文件夹中同样可以再存放文件或建立子文件夹。

(3)库可以方便地组织和访问文件,而不管文件的实际存储位置。库可以收集不同位置的文件,并将其显示为一个集合,而无须从其存储位置移动这些文件。库表面上看与文件夹相似,打开库时也会看到文件或文件夹,但是库中并没有存放文件或文件夹,只是包含不同文件夹的位置,以使在一个地方——库中看到这些文件和文件夹,而不需要搜索多个位置。

(4)文件路径指文件的存放位置,即通过盘符、文件夹名和文件名表示文件所在位置的方法。

32. 简述文件的命名规则。

答:(1)文件名和文件夹名不超过 255 个字符(一个汉字相当于两个字符);(2)文件名或文件夹名不能包含以下字符:斜线(/)、反斜线(\)、竖线(|)、冒号(:)、问号(?)、双引号("")、星号(＊)、小于号(<)、大于号(>);(3)文件名和文件夹名不区分大小写的英文字母;(4)文件夹通常没有扩展名;(5)在同一文件夹中,不能有同名的文件或文件夹(文件名和扩展名全部相同),不同文件夹中,文件或文件夹名可以相同;(6)如果文件名中存在多个分隔符".",则最后一个分隔符后的表示扩展名;(7)查找和显示文件名时可以使用通配符＊和?,＊表示所有字符,? 表示一个字符。

33. 什么是控制面板?控制面板的"类别"查看方式下有哪些类别?

答:(1)控制面板是用来进行系统设置和设备管理的工具集合,利用它可以对计算机的软件、硬件以及 Windows 7 自身进行设置。控制面板有三种查看方式:类别、大图标、小图标。

(2)控制面板的"类别"查看方式下有八大类别:系统和安全;网络和 Internet;硬件和声音;程序;用户账户和家庭安全;外观和个性化;时钟、语言和区域;轻松访问。

34. 在 Windows 7 中有哪几种账户,它们的特点分别是什么?

答:Windows 7 有三种账户:管理员账户、标准用户账户和来宾账户,三种账户类型的特点:(1)管理员账户是启动计算机后,系统自动建立的用户账户,具有完全访问权限,可以对计算机所有设置进行更改,属最高级别的控制。(2)标准用户账户可以使用大多数软件,可以更改不影响其他用户或计算机安全的系统设置。(3)来宾账户主要针对临时使用计算机的用户,不能对系统进行修改,只能进行最基本的操作。

35. 简述磁盘清理与磁盘碎片整理程序的作用。

答:(1)磁盘清理可以帮助清理系统中不必要的文件,释放硬盘空间。

(2)磁盘碎片整理程序可以将硬盘上的碎片文件进行合并,有效整理磁盘空间,提高磁盘读写速度。

36. 简述计算机病毒的概念与特点。

答:(1)概念:计算机病毒是独立编制的或在计算机程序中插入的破坏计算机功能或者毁坏数据、影响计算机使用,并能自我复制的一组计算机指令或者程序代码。(2)特点:破坏性、传染性、潜伏性、隐蔽性、不可预见性。

37. 怎样才能有效避免计算机病毒的危害?

答:(1)安装杀毒软件,开启实时监控功能,并定期更新杀毒软件;(2)不下载和运行来历不明的程序,对来历不明的电子邮件也不要随意打开;(3)及时安装系统漏洞补丁程序;(4)上网时不浏览不安全的陌生网站;(5)定期做好重要数据的备份工作。

38. 什么是因特网? 因特网主要服务有哪些?

答:(1)因特网是一组全球信息资源的总汇,是符合 TCP/IP 协议的多个计算机网络组成的一个覆盖全球的网络,又称为国际互联网。

(2)因特网主要服务有:信息浏览 WWW、电子邮件服务 E-mail、文件传输服务 FTP、远程登录 Telnet、新闻论坛 Usenet、新闻组 News Group、电子布告栏 BBS 和 Gopher 搜索等。

39. 什么是 IP 地址?

答:IP 地址是网络资源的标识符,通常用 32 位二进制数表示,分为四段,每段 8 位,每段对应的十进制数的范围为 0～255,段与段之间用句点隔开。IP 地址分为动态 IP 地址和静态 IP 地址,动态 IP 地址是 ISP 分配给用户的临时地址,这种地址不是固定的,有可能每次上网拨号都会改变。

40. 什么是域名?

答:域名是对应于 IP 地址,用于在因特网上标识机器的有意义的字符串。其结构为:计算机名.机构名.二级域名.顶级域名。在域名空间中有注册的域名,DNS 服务器都可以转化为 IP 地址,同理 IP 地址也可以转化为域名,用户可以等价使用域名和 IP 地址。

41. 简述 Internet 的起源 ARPAnet 网的特点。

答:ARPAnet 网有五大特点:支持资源共享、采用分布式控制技术、采用分组交换技术、使用通信控制处理机、采用分层的网络通信协议。

42. 简述 5G 与移动互联网。

答:(1)5G 手机具有上网功能,它能够用来作为具有无线上网功能的计算机及其他智能设备(如平板电脑、有网络功能的电视等)的路由器。(2)5G 技术与计算机网络融合建立了移动互联网。(3)移动互联网以宽带 IP 为技术核心,用户可以通过移动设备随时随地访问因特网。

43. 简述物联网技术。

答:移动互联网(无线数据通信技术和计算机网络)利用射频自动识别(RFID)技术构建了物联网,物联网能够实现物品(商品)的自动识别和信息的互联与共享,在物联网中,RFID标签中存储着规范且具有互用性的信息,服务商把它们采集到中央信息系统,通过开放性的计算机网络实现信息交换和共享,实现对物品的"透明"管理。物联网可分为感知层、网络层和应用层三层。

44. 简述浏览器及其作用。

答:浏览器是网页浏览软件,安装在客户端,主要作用是接受用户的请求,到相应的网站获取网页并显示出来。启动浏览器时显示的网页叫主页,可以根据需要进行修改。浏览器的历史记录中会自动保存访问过的网页地址,保存的时间可以通过设置浏览器完成。在浏览器的收藏夹中收藏的是网页的网址。

45. 简述万维网的概念。

答:万维网 WWW 是 world wide web(环球信息网)缩写,也可以简称为 Web,中文名字为"万维网"。WWW 是当前 Internet 上最受欢迎、最为流行、最新信息检索服务系统,也是Internet 提供的主要服务之一。它把 Internet 上现有的资源都联系起来,使用户能在Internet 上访问已经建立了 WWW 服务器的所有站点提供的超文本媒体资源。

46. 什么是网址?

答:网址也称为 URL(uniform resource locator,统一资源定位符),通常由三部分组成:所使用的传输协议、主机域名、访问资源的路径和名称。域名不是网址。

47. 网页文件的保存类型有哪些?

答:(1)网页。是按网页原始格式保存显示网页时所需的所有文件,包括文字、图片、视频、框架等。保存后即使计算机没有接入网络也可以看到当时联网时的效果。

如保存网址为"http://www.sina.com.cn/"的网页为"新浪首页"保存下来的文件包含两项,一个是"新浪首页"的 html 文件,另一个同名的图片文件夹。

(2)Web 档案。保存单一文件的方式,这种格式把当前网页上的所有的内容都保存在一个用.mht 作为扩展名的文件中,而不会出现第一种方式那样的文件夹,这个文件由于保留了网页的所有内容,所以相对来讲更方便保存。

(3)Web 页。仅生成一个.html 文件而不会创建同名的文件夹,所以它将不保存网页中的图片等信息,如果你只是希望保存网页中的文字内容或者当前网页仅有的文字,可以保存为这种格式,不过它所占的空间相对于第一种要更小。

(4)文本文件。将网页中的文本信息保存为.txt 文本文件。如只要保存网页中的部分文本,则可以只选择这些文本,将其复制粘贴到文本文档中保存。

48. 简述搜索引擎的概念。

答:搜索引擎是一个为用户提供信息"检索"服务的网站,它使用程序把因特网上的所有信息归类,以帮助人们在茫茫网海中搜寻到所需要的信息。搜索引擎是网络信息向导,已成为因特网电子商务的核心服务。

49. 搜索引擎使用关键词的操作方法有哪些?

答:(1)给关键词加双引号(半角形式),可实现精确的查询。

(2)组合的关键词用加号"+"连接,表明查询结果应同时具有各个关键词。

(3)组合的关键词用减号"-"连接,表明查询结果中不会存在减号后面的关键词内容。

(4)通配符(＊和?),主要用于英文搜索引擎中。"＊"表示匹配的数量不受限制;"?"表示匹配的字符受限制。

50. 简述 TCP/IP 协议。

答:TCP/IP 协议是一种网络通信协议,又称为传输控制协议/网间协议,它规范了网络上的所有通信设备,尤其是一个主机与另一个主机之间的数据往来格式以及传送方式。

51. 简述超文本传输协议(HTTP 协议)。

答:HTTP 是 hyper text transfer protocol 的缩写。浏览网页时在浏览器地址栏中输入的 URL 前面都是以"http://"开始的,http 定义了信息如何被格式化、如何被传输,以及在各种命令下服务器和浏览器所采取的响应。

52. 简述电子邮件及其特点。

答:电子邮件是一种通过因特网进行信息交换的通信方式,这些信息可以是文字、图像、声音等形式,用户可以用非常低廉的价格、非常迅速的方式与世界上任何一个角落的网络用户联系。电子邮件还可以进行一对多的邮件传递,极大改变了人们的交流方式。

53. 电子邮件的收发方式有哪些?

答:电子邮件的收发方式有两种:(1)通过浏览器访问邮件服务器所在的网站进行收发,特点是在线时间长,可在任何一台已上网的计算机上阅读电子邮件。

(2)使用客户端邮件工具进行收发,特点是在线时间短,只能在设置了自己账户的计算机上阅读。

54. 什么是博客(Blog)?

答:博客是以网络作为载体,简易迅速地发布个人心得,及时有效轻松地与他人进行交流,集丰富多彩的个性化展示于一体的综合性平台。博客有以下几种类型:基本博客;小组博客;协作式的博客;商业、企业、广告型的博客;知识库博客。

55. 抄送和密件抄送有什么不同?

答:(1)将邮件"抄送"给某收件人,则邮件的其他收件人可以看到该收件人的姓名。(2)将邮件"密送"给某收件人,则邮件的其他收件人无法看到该收件人的姓名。

56. 启动 Word 2010 有哪些方法?

答:(1)单击菜单"开始"→"所有程序"→"Microsoft Office"→"Microsoft Word 2010"命令。

(2)双击桌面上的 Word 2010 快捷方式。

(3)双击 Word 文档,启动 Word 2010 并打开该文档。

(4)在"运行"对话框中输入"Winword.exe",单击"确定"按钮。

57. 如何在 Word 2010 的"快速访问工具栏"添加或删除按钮?

答:(1)将鼠标指针移到功能区中的命令按钮上,右击,在弹出的快捷菜单选择"添加到快速访问工具栏"命令,该按钮即被添加到"快速访问工具栏"中。

(2)右击"快速访问工具栏"中的按钮,在弹出的快捷菜单选择"从快速访问工具栏删除"命令,即可从"快速访问工具栏"中删除该按钮。

58. 在 Word 2010 如何输入一些键盘符号之外的特殊符号？

答：(1)将光标定位于要插入特殊符号的位置；(2)单击"插入"功能区→"符号"组中的"其他符号"命令，弹出"符号"对话框；(3)选取要插入的特殊符号，单击"插入"按钮。

59. 在 Word 2010 中保存文档有哪些方法？

答：(1)单击"文件"选项卡→"保存"命令；(2)按 Ctrl＋S 组合键；(3)单击"快速访问"工具栏上的"保存"按钮；(4)单击"文件"选项卡→"另存为"命令。

60. 在 Word 2010 中如何选取单词、行、段落、句子、矩形区域？

答：(1)单词：双击单词。

(2)行：在行左侧选定区单击。

(3)段落：①在段落左侧选定区双击；②在段落中任意位置三击鼠标。

(4)句子：按 Ctrl 键，单击该句任意位置。

(5)矩形区域：按 Alt 键，同时按住左键拖曳鼠标。

61. 退出 Word 2010 有哪些方法？

答：(1)单击窗口右上角"关闭"按钮；(2)单击"文件"→"退出"命令；(3)按 Alt＋F4 组合键；(4)双击窗口控制菜单按钮。

62. 在 Word 2010 中新建文档时，单击"快速访问"工具栏上的"新建"按钮与单击"文件"选项卡→"新建"命令有什么区别？

答：(1)单击"快速访问"工具栏上的"新建"按钮，可快速新建一个空白 Word 文档。

(2)单击"文件"选项卡→"新建"命令，不仅新建一个空白 Word 文档；还可在"可用模板"中选择文档模板，创建基于该模板的文档。

63. Word 2010 中"文件"选项卡上的"关闭"与"退出"命令有什么区别？

(1)"关闭"命令：只关闭当前文档，不退出 Word 2010。

(2)"退出"命令：关闭所有文档并退出 Word 2010。

64. Word 2010 中"插入"与"改写"两种编辑状态有什么区别？

答：(1)在"插入"状态下，键入的文字将插入到插入点处。

(2)在"改写"状态下，键入的文字将覆盖现有内容。

65. Word 2010 中移动与复制的区别？

答：(1)移动：将对象从一处移到另一处，原来位置不再保留该对象。

(2)复制：将对象转移到"剪贴板"中，原来位置仍然保留该对象。

66. Word 2010 中设置字符格式的常用方法有哪些？

答：(1)选择需要更改格式的文本，将鼠标放在选择区，Word 会自动弹出浮动工具栏，可以在浮动工具栏中快速设置常见的字体格式。

(2)利用"开始"选项卡"字体"组中的相关按钮来更改。

(3)利用"格式刷"按钮。

(4)利用"字体"对话框。

67. Word 2010 中怎样利用"格式刷"完成字符格式设置？

答：(1)选取完成格式设置的字符；(2)在"开始"选项卡"剪贴板"组中，单击"格式刷"按钮；(3)在需要复制格式的字符上拖曳鼠标。

68. 什么是段落？段落格式包括哪些内容？

答：在 Word 文档中，凡是以段落标记结束的一段内容都称为一个段落，按 Enter 键产生的新段落有与上一段落相同的格式。段落标记标识一个段落的结束，同时存储了该段落的格式信息，删除段落标记，则下一段落跟本段落合并采用本段落的格式。

段落格式包括对齐方式、行距、缩进方式、段落前后的间距等。

69. 如何为文本设置项目符号·？

答：(1)选定要设置项目符号的段落；(2)在"开始"选项卡"段落"中，单击"项目符号"按钮右侧箭头；(3)在"项目符号库"中单击要应用的项目符号样式。

70. 如何为段落设置边框？

答：(1)选定要设置边框的文本；(2)在"页面布局"选项卡"页面背景"组中，单击"页面边框"按钮，弹出"边框和底纹"对话框；(3)选择"边框"选项卡，在"设置"栏选择边框样式，设置边框的样式、颜色和宽度，在"应用于"列表中选择要应用边框的对象"段落"，单击"确定"按钮。

71. 如何为文本设置底纹？

答：(1)选定要设置的底纹的文本；(2)在"页面布局"选项卡"页面背景"组中，单击"页面边框"按钮，弹出"边框和底纹"对话框；(3)选择"底纹"选项卡，单击"填充"下拉按钮，选择要应用的底纹颜色色块，在"应用于"列表中选择要应用底纹的对象"文字"，单击"确定"按钮。

72. 如何隐藏 Word 2010 文档中的段落标记？

答：(1)打开 Word 2010，单击"文件"选项卡→"选项"命令，弹出"Word 选项"对话框，选择"显示"选项，在"始终在屏幕上显示这些格式标记"区域取消"段落标记"复选框，并单击"确定"按钮。

(2)返回 Word 2010 窗口，在"开始"选项卡"段落"组中，单击"显示/隐藏编辑标记"按钮，从而隐藏段落标记。

73. 如何将 Word 文档设置为稿纸格式？

答：在"页面布局"选项卡"稿纸"组中，单击"稿纸设置"按钮，弹出"稿纸设置"对话框，选择网格格式，设置行数、列数、网格颜色，设置纸张大小、纸张方向等，单击"确定"按钮即可。

74. 如何在 Word 文档添加自定义水印效果？

答：在"页面布局"选项卡"页面背景"组中，单击"水印"按钮，选择"自定义水印"命令，弹出"水印"对话框，设置好"图片水印"或"文字水印"后，单击"确定"按钮。

75. 如何设置页面颜色？

答：在"页面布局"选项卡"页面背景"组中，单击"页面颜色"按钮，选择一种颜色可作为文档的背景色。或单击"填充效果"命令，可弹出"填充效果"对话框，可以选择"渐变"颜色、纹理、图案、图片等样式填充到页面背景中去。

76. 如何添加页面边框？

答：在"页面布局"选项卡"页面背景"组中，单击"页面边框"按钮，弹出"边框和底纹"对话框，在"页面边框"选项卡中，选择边框样式，设置边框线条样式、粗细、颜色等便可为文档设置漂亮的边框。

77. 在 Word 中，如何将"D:\存档\A.docx"文件全文追加到"E:\2017\B.docx"文件末尾？

答：(1)打开"E:\2017\B.docx"文件，按 Ctrl＋End 组合键将插入点定位于文档末尾。

(2)单击"插入"选项卡→"文本"组→"对象"按钮，选择"文件中的文字"命令，打开"插入文件"对话框，在对话框中，选择"D:\存档\A.docx"文件，单击"插入"按钮。

78. Word 2010 中如何创建表格？

答：(1)将光标定位于要插入表格的位置；(2)在"插入"选项卡"表格"组中，单击"表格"按钮，单击"插入表格"命令，弹出"插入表格"对话框，输入列数、行数；(3)单击"确定"按钮。

79. Word 2010 中如何拆分单元格？

答：拆分单元格是指将表格中的一个或多个单元格拆分成几个单元格。

(1)选取要求拆分的单元格；(2)在"表格工具"下"布局"选项卡"合并"组中，单击"拆分单元格"按钮，弹出"拆分单元格"对话框，设置拆分的列数和行数；(3)单击"确定"按钮。

80. Word 表格中单元格的文字对齐方式有哪几种？

答：在 Word 中，对于表格中单元格的文字对齐方式共有 9 种：靠上两端对齐、靠上居中对齐、靠上右对齐、中部两端对齐、中部居中对齐(水平居中)、中部右对齐、靠下两端对齐、靠下居中对齐、靠下右对齐。

81. Word 2010 中如何进行表格的计算？

答：(1)将光标移到存放结果的单元格中；(2)在"表格工具"下"布局"选项卡"数据"组中，单击"公式"按钮，弹出"公式"对话框，输入相应的计算公式；(3)单击"确定"按钮。

82. Word 2010 中如何进行表格的排序？

答：(1)将光标定位于表格内；(2)在"表格工具"下"布局"选项卡"数据"组中，单击"排序"按钮，弹出"排序"对话框，根据表格结构在"列表"栏选择"有标题行"或"无标题行"，然后分别设置"主要关键字""次要关键字"和"第三关键字"，选择排序类型和次序；(3)单击"确定"按钮。

83. 如何在 A1:A17 输入等比数列 1,2,4,…？

答：(1)在 A1 单元格中输入起始值"1"，然后选择"A1:A17"单元格区域；(2)单击"开始"功能区→"编辑"组→"填充"按钮，选择"系列"命令，弹出"序列"对话框；(3)选择类型为"等比数列"，将"步长值"设置为"2"，单击"确定"按钮。

84. 如何基于现有工作簿创建新工作簿？

答：(1)单击"文件"选项卡→"新建"命令。

(2)在"模板"下单击"根据现有内容新建"，在弹出的"根据现有工作簿新建"对话框中，浏览至包含要打开的工作簿的文件路径位置。

(3)单击该工作簿,然后单击"新建"按钮。

85. 将 Excel"记录单"放置在"快速访问工具栏"。

答:(1)单击"文件"选项卡→"选项"命令,弹出"Excel 选项"对话框;(2)单击"快速访问工具栏",在"从下列位置选择命令"下拉列表中选择"不在功能区中的命令",然后在列表框中选择"记录单"命令,单击"添加"按钮;(3)单击"确定"按钮。

86. 将 Sheet1 数据(区域为 A1:G11)复制到 Sheet2 中,并将 Sheet1 更名为"成绩单"。

答:(1)在 Sheet1 中选择 A1:G11 间的全部内容,再单击"编辑"菜单→"复制"命令。

(2)单击 Sheet2 工作表标签,单击 A1 单元格,单击"编辑"菜单→"粘贴"命令。

(3)用鼠标双击工作表标签 Sheet1,并在上面输入"成绩单",然后按 Enter 键即可。

87. 将 Sheet2 中第 1 行行高设置成 25,并将数据区域字体颜色设置为"黄色",底纹颜色为"红色",对齐方式为"垂直居中"。

答:(1)在 Sheet2 中单击选中第 1 行,在"开始"选项卡"单元格"组中,单击"格式"按钮,选择"行高"命令,在弹出的"行高"对话框中输入行高值"25",单击"确定"按钮。

(2)选择数据区域,在"开始"选项卡上的"字体"组中,单击"填充颜色"旁边的箭头,然后在"标准色"下面,单击所要的"黄色";在"开始"选项卡上的"对齐方式"组中,单击"垂直居中"按钮。

88. 将工作表数据区域 A2:O22 的外边框设为蓝色粗线,内部设为红色细线。

答:(1)选取要设置表格线的单元格区域 A2:O22。

(2)右击,在弹出的快捷菜单中选择"设置单元格格式"命令,弹出"设置单元格格式"对话框,选择"边框"选项卡。

(3)在"线条"栏内"样式"列表框中选择一种粗线,单击"颜色"下拉按钮,单击"蓝色"色块,再单击"预置"栏内的"外边框"。

(4)在"线条"栏内"样式"列表框中选择一种细线,单击"颜色"下拉按钮,单击"红色"色块,再单击"预置"栏内的"内部"。

(5)单击"确定"按钮。

89. 将工作表的标题行底纹设置为 25％灰色图案。

答:(1)选取工作表的标题行;(2)在"开始"选项卡"单元格"组中,单击"格式"按钮,选择"设置单元格格式"命令,在弹出的"设置单元格格式"对话框,选择"填充"选项卡,单击"图案样式"下拉按钮,选择"25％灰色"色块;(3)单击"确定"按钮。

90. 在"销售清单"工作表中插入背景,并将工作表标签设置为黄色。

答:(1)选中"销售清单"工作表;在"页面布局"选项卡"页面设置"组中,单击"背景"按钮,弹出"工作表背景"对话框,选择要用作工作表背景的图片,然后单击"插入"按钮;(2)右击"销售清单"工作表标签,在弹出的快捷菜单中将鼠标指向"工作表标签颜色",在弹出颜色选项中选择所需要的"黄色"。

91. 为"销售报表.xlsx"文件中工作表套用"表格样式深色 6"格式。

答:(1)打开文件选择要套用格式的工作表,在"开始"选项卡"样式"组中,单击"套用表格式"按钮,在列表中选择"表格样式深色 6"格式;(2)弹出"套用表格式"对话框,输入套用表格格式的单元格区域的绝对路径,单击"确定"按钮。

92. 简述如何在"学生成绩表.xlsx"中将总分高于 450 的数据用红色文本突出显示。

答:打开文件,选择要设置条件格式的数据,在"开始"选项卡"样式"组中,单击"条件格式"旁边的箭头,然后单击"突出显示单元格规则"→"大于",弹出"大于"对话框,将高于 450 的数据设置为"红色文本",单击"确定"按钮。

93. 简述 Excel 的算术运算符以及它们的运算优先顺序。

答:(1)Excel 算术运算符有六种:＋(加法)、－(减法)、＊(乘法)、/(除法)、^(乘方)、％(百分号)。

(2)算术运算符的优先级依次为:百分号、乘方、乘法和除法、加法和减法。同级运算按从左到右的顺序进行。如果有括号,则先进行括号内运算,后进行括号外运算。

94. 简述 Excel 的比较运算符。

答:(1)比较运算符:＝(等于)、＞(大于)、＜(小于)、＞＝(大于等于)、＜＝(小于等于)、＜＞(不等于)。

(2)比较运算符的结果有两种:TRUE(真)和 FALSE(假)。

95. 在"成绩单"工作表的 G 列右边增加 1 列"平均成绩",求出相应平均值,保留一位小数。

答:(1)在"成绩单"工作表中的 H1 单元格中输入"平均成绩",在 H2 单元格中输入"＝AVERAGE(C2:G2)",并按 Enter 键。

(2)将光标移到 H2 单元格右下角的"填充柄",然后按住鼠标左键拖到 H11。

(3)单击选中"平均成绩"列,在"开始"选项卡中单击"数字"组右下角对话框启动器,打开"单元格格式"对话框,在"数字"选项卡下"分类"栏中选择"数值",在"小数位数"中选择"1",单击"确定"。

96. 对"成绩单"工作表中的数据按"平均成绩"关键字降序排列。

答:选择"成绩单"工作表"平均成绩"列任一单元格,在"数据"选项卡"排序和筛选"组中,单击"降序"按钮。

97. 自动筛选数据后有哪些方法可恢复全部数据?

答:(1)在"数据"选项卡上的"排序和筛选"组中,单击"清除"按钮,清除工作表中的所有筛选并重新显示所有行。

(2)在"数据"选项卡上的"排序和筛选"组中,单击"筛选"按钮。

98. 如何利用工作簿中现有数据创建数据透视表?

答:(1)单击数据清单中任一个单元格。

(2)在"插入"选项卡上的"表"组中,单击"数据透视表"按钮,在"创建数据透视表"对话框中,确保已选中"选择一个表或区域",然后在"表/区域"框中验证单元格区域。

(3)选择放置数据透视表的位置"新建工作表"或"现有工作表",单击"确定"按钮。

(4)Excel 将空的数据透视表添加至指定位置并显示数据透视表字段列表,然后添加字段、创建布局以及自定义数据透视表。

99. 如何为工作表添加预定义页眉或页脚？

答：(1)单击要添加预定义页眉或页脚的工作表。

(2)在"插入"选项卡上的"文本"组中，单击"页眉和页脚"。

(3)单击工作表页面顶部或底部的左侧、中间或右侧的页眉或页脚文本框，显示"页眉和页脚工具"→"设计"选项卡。

(4)在"设计"选项卡上的"页眉和页脚"组中，单击"页眉"或"页脚"，然后单击所需的"预定义页眉或页脚"。

100. 简述媒体、多媒体与多媒体技术。

答：(1)媒体在计算机信息领域中泛指一切信息载体，如文字、图像、图形、动画、音频、视频等。

(2)多媒体是融合两种或两种以上媒体的一种人机交互式信息交流和传播载体。

(3)多媒体技术是利用计算机技术同时对两种或两种以上的媒体进行采集、操作、编辑、存储等综合处理的技术。多媒体技术特征：①交互性；②集成性；③多样性；④实时性。

101. 简述常见的多媒体输入与输出设备。

答：(1)多媒体输入设备：数码摄像机、数码相机、摄像头、录音笔、扫描仪、手写板。

(2)多媒体输出设备：打印机、投影仪。

102. 简述多媒体技术的常见应用范围。

答：(1)娱乐、教育、医疗：看电子书、看电影/电视、听音乐、玩游戏、多媒体教学、仿真工艺过程、远程教育、远程诊断、远程手术操作等。

(2)平面设计：数码照片处理、电子相册制作、包装设计、商标设计、招贴海报设计、广告设计、装饰装潢设计、网页设计、VI 设计、插画设计、字体设计等。

(3)动画设计：二维动画设计、三维动画设计等。

(4)影视制作：影视广告、专题片设计、宣传片制作、MTV 制作、影视特技制作、卡通混编特技制作等。

(5)人工智能模拟：生物形态模拟、生物智能模拟、人类行为智能模拟等。

103. 简述常见的文本文件的格式与特点及关联的默认软件。

答：(1)TXT：纯文本格式，仅有字体、字形、字号格式设置，记事本建立的文档格式，用于编写程序源代码，供其他文字处理软件使用。

(2)DOC/DOCX：Word 文档默认采用的格式，Word 2007 以后版本为 DOCX。

(3)HTM/HTML：超文本文件，用超链接的方法，将各种不同空间的文字信息组织在一起的网状文本。用 HTML 标记进行格式编排的文档称为 HTML 文档，HTML 文档必须具有正确的格式才能被浏览器正确识别和解释。日常浏览的网页属于超文本。

(4)RTF：写字板建立的文档格式。

104. 分别列举常见的图像文件、声音文件、视频文件的格式。

答：(1)图像文件：.bmp、.jpg/jpeg、.gif、.pdf、.png、.tif、.psd(.pdf 该格式文件还可以包含超文本链接、声音和动态影像等电子信息，支持特长文件，集成度和安全可靠性都较高)。

（2）声音文件：.wav、.mp3、.mid/midi、.wma、.ra、.rm。

（3）视频文件分为本地影像视频和流媒体视频，本地影像视频有 avi、mpg/mpeg、dat（保存在 VCD、DVD 光盘上），流媒体视频有.rm/rmvb、.asf、.wmv、.mov、.flv、.mp4、.3GP 等。

105. 简述常见的获取文本的方法。

答：（1）从网上下载。（2）直接在编辑软件中输入文本、复制其他文本。（3）利用 OCR 软件将扫描的图像文件转换成文本（OCR：光学字符识别）。（4）将 PDF 文件转换成 Word 文档等。

106. 获取图像素材的方法有哪些？

答：（1）从网上下载图像。（2）从资料光盘、扫描仪、数码相机获取图像。（3）从视频中截取图像。（4）使用抓图软件获取图像。

107. 简述音频素材的获取方法。

答：（1）从已有的音频素材库（如光盘、音乐站点）中获取。（2）从 CD、VCD 中获取声音，通常使用暴风影音等视频播放软件获取。（3）利用计算机、录音笔或者手机等设备录制。

108. 获取视频素材有哪些方法？

答：（1）使用数码摄像机进行拍摄，再将相应的视频文件复制到计算机中。

（2）从含有视频文件的素材库中，将视频文件进行复制或使用软件截取一个片段。

（3）从网上下载视频文件。

（4）使用录屏软件录屏。

（5）使用视频采集设备把普通录像带中视频转换成计算机中的视频文件。

109. 简述 Snagit 软件的特点。

答：Snagit 是一个优秀的屏幕、文本和视频捕获、编辑与转换的程序软件，具有以下特点：

（1）捕捉的种类多。不仅可以捕捉静止的图像，而且可以获得动态的图像（视频）和声音，另外还可以在选中的范围内只获取文本。

（2）捕捉范围灵活。可以选择整个屏幕，某个静止或活动窗口，也可以自己选择捕捉内容。

（3）输出的类型多。可以以文件的形式输出，也可以把捕捉的内容直接发电子邮件，另外可以编辑成相册。

（4）具备简单的图像处理功能。利用它的过滤功能可以将图形的颜色进行简单处理，也可以对图像进行放大或缩小。

110. 简述饱和度、色相和亮度等十大图像处理术语的含义。

答：（1）四度：①亮度：图像画面的明暗程度。②对比度：白色与黑色亮度的比值，对比度越高画面层次感越鲜明。③清晰度：图像边缘的对比度。清晰度越高，图像边缘越清晰。④饱和度：即颜色的纯度，用于表示颜色的深浅程度。纯度越高，图像表现越鲜明，纯度越低，图像表现越黯淡。

（2）三色：①色相：即色调，用于表示颜色的差别。②色阶：图像色彩的丰满度和精细度，用于表示图像的明暗关系。③色偏：图像的色调发生变化称为色偏，数码相机拍摄的照片通常存在色偏现象、需要进行修正。

(3)二化:①羽化:柔化图像边缘使之融合到背景中。②锐化:补偿图像的轮廓,增强图像的边缘及灰度跳变的部分,使图像变得清晰。

(4)一光:曝光:数码相机的传感器接触光线的时间。曝光过度会损失图像细节,曝光不足图像会出现噪点。

111. PowerPoint 有哪些基本视图?它们各有什么作用?

答:PowerPoint 的基本视图有:普通视图、幻灯片浏览视图、幻灯片放映视图、备注页视图和母版视图。

(1)普通视图:普通视图是主要的编辑视图,可用于撰写和设计演示文稿。在"幻灯片"窗格中显示当前幻灯片,可以添加文本,插入图片、表格、SmartArt 图形、图表、图形对象、文本框、电影、声音、超链接和动画。

(2)幻灯片浏览视图:以缩略图形式显示幻灯片,可以轻松地对演示文稿的顺序进行排列和组织。可用于添加、删除、移动和复制幻灯片,也可以设置幻灯片的切换效果。

(3)幻灯片放映视图:用于向观众放映演示文稿,占据整个计算机屏幕,可以看到动画、切换和超链接在实际演示中的具体效果。

(4)备注页视图:以整页格式查看和使用备注。

(5)母版视图:是存储演示文稿信息的主要幻灯片,使用母版视图可以对与演示文稿关联的每张幻灯片的样式进行全局更改。

112. 在演示文稿中插入一张新幻灯片的方法有哪些?

答:在普通视图的"幻灯片"选项卡中选中一张幻灯片后,插入一张新幻灯片的方法有:(1)单击"开始"选项卡→"幻灯片"组→"新建幻灯片"按钮。(2)按 Ctrl＋M 快捷键。(3)右击,选择"新建幻灯片"命令。(4)按 Enter 键。

113. 在演示文稿中复制幻灯片的方法有哪些?

答:在演示文稿中复制幻灯片的方法有:(1)右击要复制的幻灯片,然后单击"复制",右击要添加幻灯片副本的位置,然后单击"粘贴"。

(2)单击"开始"选项卡→"幻灯片"组→"新建幻灯片"旁边箭头,选择"复制所选幻灯片"命令。

(3)按下 Ctrl 键,将选中幻灯片拖曳至目标处。

(4)右击要复制的幻灯片,选择"复制幻灯片"命令。

(5)选中要复制的幻灯片,按 Ctrl＋D 快捷键。

114. 放映幻灯片有哪些方法?

答:放映幻灯片的方法有:(1)单击视图切换栏中"幻灯片放映"按钮,从当前幻灯片开始放映。

(2)在"幻灯片放映"选项卡"开始放映幻灯片"组中单击"从头开始"按钮,从第一张幻灯片开始放映。

(3)在"幻灯片放映"选项卡"开始放映幻灯片"组中单击"从当前幻灯片开始"按钮,从当前幻灯片开始放映。

（4）按 F5 从第一张幻灯片开始放映；按快捷键 Shift＋F5，从当前幻灯片开始放映。

115. 结束幻灯片放映有哪些方法？

答：（1）放映时右击幻灯片，在弹出的快捷菜单中选择"结束放映"命令。

（2）按 Esc 退出键。

116. 如何将"备战高考.pptx"中的第三张幻灯片移到第五张幻灯片后面？

答：用 PowerPoint 打开"备战高考.pptx"，在普通视图中选中第 3 张幻灯片缩略图，按下鼠标左键拖动到第 5 张幻灯片的后面，释放鼠标左键。

117. 什么是幻灯片的版式？如何更改幻灯片的版式？

答：（1）幻灯片版式是指幻灯片内容在幻灯片上的排列方式，包含要在幻灯片上显示的全部内容的格式设置、位置和占位符，通过使用幻灯片版式可以更为合理、简洁地完成对文字、图片的布局。

（2）选择幻灯片，在"开始"选项卡"幻灯片"组中，单击"版式"下拉按钮，在弹出的版式库中单击相应版式的缩略图即可。

118. 什么是幻灯片的母版？

答：母版是为标题、文本等主要占位符设置格式的特殊幻灯片，母版有三种：幻灯片母版、讲义母版、备注母版。幻灯片母版用于设置幻灯片的样式，包括已设定格式的占位符，修改母版的内容之后，可以将更改过的样式应用在所有（应用此母版的）幻灯片上，可通过幻灯片母版在所有幻灯片中插入相同的对象，使制作的演示文稿风格一致，美观大方，增强演示效果。

119. 什么是幻灯片的主题？

答：幻灯片主题是系统内置的适用于整个演示文稿的固定格式，用户通过选择主题，以统一演示文稿的颜色、字体和图形外观。主题包含主题颜色、主题字体和主题效果，主题颜色是文件中使用的颜色的集合；主题字体是应用于文件中的主要字体和次要字体的集合；主题效果是应用于文件中元素的视觉属性的集合。

120. 在 PoworPoint 2010 中，简述"设置背景格式"对话框中"关闭"按钮和"全部应用"按钮的区别。

答：在"设置背景格式"对话框中，可根据需要设置幻灯片背景，单击"关闭"按钮，将设置的背景应用到当前选定的幻灯片，单击"全部应用"按钮，将设置的背景应用到该演示文稿中的所有幻灯片。

121. 在 PoworPoint 2010 中，如何修改幻灯片的主题颜色、主题字体、主题效果？

答：在"幻灯片/大纲浏览窗格"中选定要改变主题颜色、字体、效果的幻灯片，在"设计"选项卡"主题"组中，单击"颜色"按钮，在弹出的下拉列表中选择主题颜色或新建主题颜色；单击"字体"按钮，在弹出的下拉列表中选择字体或新建字体；单击"效果"按钮，在弹出的下拉列表中选择效果。

解题思路与方法实践

第一章　计算机基础知识课时作业

一、是非选择题(本大题共 15 小题,每小题 1 分,共 15 分。对每小题做出选择,对的选 A,错的选 B)

1. A　【解析】　计算机辅助设计英文的全称为 computer aided design 简称是 CAD。

2. A　【解析】　计算机发展的各个阶段是以采用的电子器件的不同而区分的,分为 4 个阶段。

3. B　【解析】　ROM 中的信息只能读不能写,断电后其中的信息不会丢失。RAM 中的信息既能读又能写,但断电后其中的信息会丢失。

4. B　【解析】　鼠标的基本操作有五种:指向、单击、右击、拖曳和双击。

5. A　【解析】　固态硬盘是外存储器。是用固态电子存储芯片阵列而制成的硬盘,抗震性好,读取速度快,工作温度范围大,但成本较高。

6. A　【解析】　应用软件是指向计算机提供相应指令并实现某种用途的软件,是为解决各种实际问题而专门设计的程序。

7. A　【解析】　计算机系统包括硬件系统和软件系统两大部分,计算机硬件与软件相互依存缺一不可。操作系统是计算机软件系统中最主要、最基本的系统软件。

8. B　【解析】　任何存储器都有记忆能力,但是 RAM (随机存储器)中的信息断电是会丢失的。

9. A　【解析】　BIOS 是固化在微机主板上的一块可读写 ROM 芯片程序,其中存储着系统的重要信息和设置系统参数的设置程序(BIOS Setup 程序)。

10. A　【解析】　MB 是硬盘容量的单位。

11. A　【解析】　MIPS:用每秒钟执行完成的指令数量作为衡量计算机性能的一个指标,该指标以每秒钟完成的百万指令数作为单位。

12. B　【解析】　操作系统是计算机软件系统中最主要、最基本的系统软件。

13. B　【解析】　键盘上的组合键 Shift＋Pause 表示暂停程序。

14. A　【解析】　日常使用的程序,一般都安装在硬盘等外存上,但是使用它们时必须调入内存中运行。所以"内存是连接 CPU 和其他设备的通道,起到缓冲和数据交换的作用。"

15. B　【解析】　耳机属于输出设备、麦克风属于输入设备。

二、单项选择题(本大题共 20 小题,每小题 2 分,共 40 分)

16. C　【解析】　1946 年,在美国诞生了世界上第一台电子数字计算机埃尼阿克(ENIAC)。

17. A　【解析】　只读型光盘包括:CD-ROM、DVD、一次写入型的 CD-R、DVD-R。

18. C　【解析】　在微型计算机系统中,I/O 接口位于总线和 I/O 设备之间。

19. B　【解析】　计算机系统包括硬件系统和软件系统两大部分,计算机硬件与软件相互依存缺一不可。操作系统是计算机软件系统中最主要、最基本的系统软件。

20. A　【解析】　微型计算机的核心部件是中央处理器(CPU)。

21. A　【解析】　计算机中,用 8 个二进制数组成一个字节。

22. B　【解析】　1 位十六进制数看作 1 位二进制数。$(2)_{16}=(0010)_2$,$(F)_{16}=(1111)_2$。

23. C　【解析】　计算机系统包括硬件系统和软件系统两大部分,计算机硬件与软件相互依存缺一不可。没有软件的计算机称为"裸机"。

24. B　【解析】　所有进制数(R)的字符都是:0 到 $R-1$,所以八进制数的字符都是小于数字 7;否则不规范。

25. D　【解析】　内存储器的存取速度比外存储器的存储速度快。

26. A　【解析】　计算机系统包括硬件系统和软件系统两大部分,计算机硬件与软件相互依存缺一不可。操作系统是计算机软件系统中最主要、最基本的系统软件。

27. B　【解析】　在微型计算机中使用的鼠标器是直接连接在串行或 USB 接口上的。

28. C　【解析】　ROM 中的信息只能读不能写,断电后其中的信息不会丢失。RAM 中的信息既能读又能写,断电后其中的信息会丢失。A 项是输入设备,B、D 项是能读能写的。

29. D　【解析】　中央处理器是负责指挥与控制整台电子计算机系统。

30. C　【解析】　内存储器的存取速度比外存储器的存储速度快,但容量比外存储器小。

31. B　【解析】　Num Lock 是数字锁定键,主要用于数字小键盘的数字输入;Caps Lock 是大小写字母锁定键;Shift 是上档键;Backspace 是退格键。

32. D　【解析】　把所有进制数统一转化为十进制数进行比较:$(10)_8=(8)_{10}$,$(10)_{16}=(16)_{10}$,$(10)_2=(2)_{10}$;所以二进制数 10 是最小的。

33. C　【解析】　输出设备是计算机向用户传递计算

处理结果的设备。

34. A 【解析】 硬盘的读写速度比软盘快得多,容量与软盘相比也大的多。

35. A 【解析】 键盘是计算机常见的输入设备,目前普遍使用的是电容式101键键盘。

三、不定项选择题(本大题共10小题,每小题3分,共30分)

36. BCD 【解析】 硬盘接口类型包含IDE、IDE、SATA和光纤通道4种。

37. CD 【解析】 计算机的存储系统一般是指外存储器(简称外存)和内存储器(简称内存)。

38. BD 【解析】 显示器、打印机是输出设备;键盘和鼠标是输入设备。

39. BCD 【解析】 计算机的硬件系统包括主机、外部设备;而主机包括中央处理器(运算器和控制器)以及主存储器。

40. ABCD 【解析】 科学家们正在使计算机朝着巨型化、微型化、网络化、智能化和多功能化方向发展。

41. ACD 【解析】 CPU是中央处理的简称,通常也叫微处理器,是微机的核心部件但是不可以代替存储器。

42. AC 【解析】 计算机的特点有:运算速度快、计算精度高,具有自动执行功能,具有记忆和逻辑判断功能。

43. ABD 【解析】 计算机软件系统包括系统软件、支持软件和应用软件。ABD项是操作系统属于系统软件,C项为应用软件。

44. ABCD 【解析】 计算机的应用就是对信息的收集、处理、存储、传递。

45. ABCD 【解析】 计算机的应用领域有:科学计算、数据处理、电子商务、教育信息化、计算机辅助设计与制造、人工智能、网络通信、过程控制。

四、填空题(本大题共15空,每空2分,共30分)

46. 鼠标 【解析】 一台微型计算机必须具备的输入设备是键盘和鼠标。

47. 控制类 【解析】 微型计算机主板上的总线,按功能分为三类:数据总线、地址总线和控制类总线。

48. 软件 【解析】 通常人们所说的计算机系统是由硬件和软件两部分组成。

49. 输出设备 【解析】 微型机硬件系统是由主机、输入设备、输出设备、外存储器等组成。

50. 外存储器 【解析】 CPU不能直接访问的存储器是外存储器。

51. 位 【解析】 计算机中存储数据的最小单位是位(b),最基本单位是字节(B)。

52. 数据 【解析】 数据是信息的载体,如文字、声音、图像等。

53. 蓝色激光 【解析】 光盘存储器是利用红色激光、蓝色激光等光学方式进行读写信息的存储设备。

54. 13 【解析】 $DH = 13 \times 16^0 = 13D$。

55. CRT 【解析】 显示器可分为PDP、LCD和CRT。

56. 音箱 【解析】 音箱是通过声音输出计算机处理结果的计算机部件。

57. 外频 【解析】 中央处理器的主要性能指标有主频、字长、缓存、倍频系数、外频等。

58. 55 【解析】 3位二进制数看作1位八进制数;因为101B=5O,所以101101B=55O。

59. 机器语言 【解析】 计算机能直接识别的设计语言是机器语言。

60. 前 【解析】 退格键(Backspace)的作用是将光标前的一个字符删除。

五、简答题(本大题共5小题,共35分)

61. (4分)答:科学计算、数据处理、电子商务、教育信息化、计算机辅助设计与制造、人工智能、网络通信、过程控制。

62. (4分)答:运算速度快、计算精度高,具有自动执行功能、具有记忆和逻辑判断功能。

63. (9分)答:

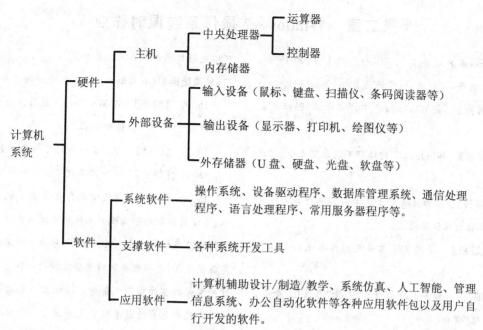

计算机系统
- 硬件
  - 主机
    - 中央处理器
      - 运算器
      - 控制器
    - 内存储器
  - 外部设备
    - 输入设备（鼠标、键盘、扫描仪、条码阅读器等）
    - 输出设备（显示器、打印机、绘图仪等）
    - 外存储器（U盘、硬盘、光盘、软盘等）
- 软件
  - 系统软件——操作系统、设备驱动程序、数据库管理系统、通信处理程序、语言处理程序、常用服务器程序等。
  - 支撑软件——各种系统开发工具
  - 应用软件——计算机辅助设计/制造/教学、系统仿真、人工智能、管理信息系统、办公自动化软件等各种应用软件包以及用户自行开发的软件。

64.（9分）答：整数部分

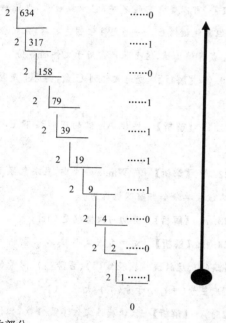

2	634	……0
2	317	……1
2	158	……0
2	79	……1
2	39	……1
2	19	……1
2	9	……1
2	4	……0
2	2	……0
2	1	……1
	0	

小数部分：

$0.634 \times 2 = 1.268$　整数为……1

$0.268 \times 2 = 0.536$　整数为……0

$0.536 \times 2 = 1.072$　整数为……1

$0.072 \times 2 = 0.144$　整数为……0

$0.144 \times 2 = 0.288$　整数为……0

所以，$634.634D = 1001111010.10100B$

65.（9分）答：鼠标的5种常用操作方法及其功能：

操作名称	操作方法及其功能
指向	将鼠标指针移动到屏幕的某一位置
单击	按鼠标左键一次,可以选取某个文件或执行某个程序
双击	连续按鼠标左键两次(连击),可以打开某个文件或执行某个程序
拖曳	选取某个对象后,按住鼠标左键不放,并移动鼠标,至目的地后再放开鼠标按键,可以移动该对象
右击	按鼠标右键一次,一般弹出快捷菜单,可以在快捷菜单上选取操作命令

第二章 Windows 7 操作系统课时作业

一、是非选择题(本大题共 15 小题,每小题 1 分,共 15 分。对每小题做出选择,对的选 A,错的选 B)

1. B 【解析】 在 Windows 7 中,"回收站"图标不能删除。

2. B 【解析】 Windows 7 对话框不能改变大小,但能移动位置。

3. B 【解析】 通知区域用于显示的信息种类与计算机的硬件和安装的软件都有关。

4. A 【解析】 应用软件都需要操作系统的管理与支持。

5. B 【解析】 右击桌面空白处,选择"个性化"命令,将打开"个性化"窗口。

6. B 【解析】 双击某窗口的标题栏空白处,该窗口在最大化与还原之间切换。

7. B 【解析】 按住 Alt+菜单后括号中的相应字母,也可以打开该菜单。

8. A 【解析】 在 Windows 操作系统中,记事本是一个小应用程序,可用于进行文字信息的记录和存储。

9. B 【解析】 在 Windows 7 中,用户能对系统自身进行设置。

10. B 【解析】 双击 Windows 7 任务栏中时间图标,不能打开"日期和时间属性"对话框。

11. A 【解析】 选择某个文件后,按住 Ctrl 键,再单击该文件可以取消选择,按住 Ctrl 键,再单击又被选中。

12. A 【解析】 360 压缩支持解压主流的 RAR、ZIP、7Z、ISO 等多达 42 种压缩文件。可以实现分卷压缩:压缩一个文件时,在"准备压缩"界面,点击"分卷"标签,然后输入合适的大小即可。

13. A 【解析】 磁盘碎片整理程序(Disk defragmenter)是一种用于分析本地卷以及查找和修复碎片的系统实用程序。磁盘碎片整理程序的命令是 defrag 命令,可以通过命令行对磁盘执行碎片整理。

14. B 【解析】 Windows 7 菜单项后面有"...",单击菜单项将打开对话框。

15. A 【解析】 画图是一个简单的图像绘画程序,是微软 Windows 7 操作系统的预装软件之一。"画图"程序是一个位图编辑器,可以对各种位图格式的图画进行编辑,用户可以自己绘制图画,也可以对扫描的图片进行编辑修改,在编辑完成后,可以以 BMP、JPG、GIF 等格式存档,用户还可以发送到桌面或其他文档中。

二、单项选择题(本大题共 20 小题,每小题 2 分,共 40 分)

16. A 【解析】 在 Windows 7 操作系统中,显示桌面的快捷键是 Win+D,D 即 desk。

17. B 【解析】 排列桌面图标不能在任务栏中完成。

18. C 【解析】 回收站是硬盘中的一块区域。

19. C 【解析】 常见的文件属性有系统属性、隐藏属性、只读属性和存档属性。文件的系统属性是指系统文件,它将被隐藏起来。在一般情况下,系统文件不能被查看,也不能被删除,是操作系统对重要文件的一种保护属性,防止这些文件被意外损坏。在查看磁盘文件的名称时,系统一般不会显示具有隐藏属性的文件名。一般情况下,具有隐藏属性的文件不能被删除、复制和更名。对于具有只读属性的文件,可以查看它的名字,它能被应用,也能被复制和删除,但不能被修改。一个文件被创建之后,系统会自动将其设置成存档属性,这个属性常用于文件的备份。

20. C 【解析】 发送文件到 U 盘,实质上是复制文件到 U 盘。

21. B 【解析】 按住 Alt 键的同时按下 E,打开"编辑"菜单。

22. A 【解析】 在 Windows 7 中,呈灰色显示的菜单项意味该菜单命令当前不能选用。

23. A 【解析】 剪切的快捷键是 Ctrl+X。

24. B 【解析】 文件名或文件夹名不能包含以下字符:斜线(/)、反斜线(\)、竖线(|)、冒号(:)、问号(?)、双引号("")、星号(*)、小于号(<)、大于号(>)。

25. A 【解析】 只读属性文件不能修改,但修改后可另存为其他文件。

26. D 【解析】 文件的"属性"对话框中看不到文件的内容,有些文件的内容可通过预览窗格查看。

27. A 【解析】 双击"资源管理器"窗口的标题栏窗口在最大化与还原之间切换。

28. B 【解析】 为保护主机,则后开先关。

29. C 【解析】 按住 Shift 键右击该文件(夹),在快捷菜单中选择"复制为路径"命令。

30. C 【解析】 重命名的快捷键为 F2。

31. B 【解析】 INI 文件是 initialization file 的缩写,即初始化文件,是 Windows 的系统配置文件所采用的存储格式。

32. C 【解析】 磁盘碎片整理程序重新安排文件在磁盘中的存储位置。

33. C 【解析】 ghost软件是一款克隆备份软件。

34. B 【解析】 切换"半角/全角"模式的快捷键是Shift＋Space。

35. B 【解析】 "粘贴"指把剪贴板的内容备份复制到指定位置。

三、不定项选择题(本大题共10小题,每小题3分,共30分)

36. BC 【解析】 改变文件或文件夹的属性在"文件"菜单,更改文件或文件夹的视图方式在"查看"菜单。

37. ABCD 【解析】 Windows 7桌面上创建的图标,用户可以进行排列图标、移动图标、更改图标、删除图标等操作。

38. ABC 【解析】 双击标题栏,窗口在最大化和还原之间切换。

39. ABD 【解析】 Photoshop是应用软件。

40. ABCD 【解析】 关闭Windows窗口的操作方法有:单击"关闭"按钮、Alt＋F4、右击标题栏选择"关闭"命令、双击"控制菜单按钮"等。

41. BC 【解析】 .txt是文本文件,.exe是可执行文件。

42. ABC 【解析】 Windows 7中的账户类型有来宾账户、标准账户和管理员账户三种。

43. ABC 【解析】 Windows 7资源管理器中默认的库对象有视频、文档、图片和音乐。

44. ABCD 【解析】 磁盘清理能够清理的文件包括:Internet临时文件、已下载的程序文件、删除临时文件、清空回收站等。

45. ABD 【解析】 删除桌面上应用程序快捷图标,不会删除所对应的应用程序文件。

四、填空题(本大题共15空,每空2分,共30分)

46. 跳转列表或jump list 【解析】 跳转列表(jump list),可以保存文档记录,打开的文档都在这里记录。

47. "附到『开始』菜单" 【解析】 在"开始"菜单中右击"腾讯QQ",在弹出快捷菜单中单击"附到『开始』菜单"命令,可在"开始"菜单中添加"腾讯QQ程序"。

48. 单选按钮 【解析】 单选按钮:在某些项目中有若干个选项,其标志是前面有一个圆环,当我们选中某个选项时,出现一个小实心圆点表示该项被选中。在一组单选按钮选项中,只能选中其中一项,这和复选框是不同的。

49. "包含到库中" 【解析】 右击"D:\迅雷下载"文件夹,在弹出的快捷菜单中选择"包含到库中"→"音乐",即可将该文件夹添加到"音乐"库中。

50. 搜索筛选器 【解析】 要查找某个特定文件夹或库中的文件,为缩小搜索范围,可以在搜索时添加搜索筛选器。

51. F:\计算机教学\教案\管理文件.pptx 【解析】 我们平时使用计算机时要找到需要的文件就必须知道文件的位置,而表示文件的位置的方式就是路径。

52. "资源管理器" 【解析】 资源管理器左边的文件夹窗口以树形目录的形式显示文件夹,右边的文件夹内容窗口是左边窗口中所打开的文件夹中的内容。

53. Photoshop 【解析】 通常情况下剪贴板中的内容为最后一次复制或剪切的内容。

54. 用户账户和家庭安全 【解析】 Windows 7的控制面板分类视图中有八大类别,其中用户账户和家庭安全用于更改用户账户设置和密码,并设置家长控制等。

55. 扩展名 【解析】 在Windows 7系统中文件的类型可以根据文件的扩展名来识别。

56. 回收站 【解析】 Windows 7桌面上唯一不能删除的图标是回收站。

57. 操作系统 【解析】 计算机中的其他软件都在操作系统的管理和支持下运行。

58. Win＋Tab 【解析】 在Windows 7中,使用Win＋Tab组合键可以实现3D窗口切换。

59. 下载 【解析】 在Windows 7资源管理收藏夹中有桌面、下载和最近访问的位置三项内容。

60. NTFS 【解析】 NTFS(new technology file system)是Windows NT内核的系列操作系统支持的、一个特别为网络和磁盘配额、文件加密等管理安全特性设计的磁盘格式,具备3个功能:错误预警功能、磁盘自我修复功能和日志功能,不显示文件或文件夹的"存档"属性。

五、简答题(本大题共2小题,每小题4分,共8分)

61. 答:(1)文件是被命名的一组相关信息的集合,程序、数据都是以文件的形式存放在计算机的存储器中,操作系统操作文件时,以文件名来区分文件,文件名由主文件名和扩展名两部分组成,这两部分由一个句点隔开,主文件名用来标识文件的名称,而扩展名则通常标识着文件的类型。(2)文件夹是存放文件的容器,用户可以把文件分类存放在不同的文件夹中,并且在文件夹中还可以再建立子文件夹,子文件夹中同样可以再存放文件或再建立子文件夹。(3)

文件路径就是文件的存放位置。

62. 答:(1)安装杀毒软件,开启实时监控功能,并定期更新杀毒软件。(2)不下载和运行来历不明的程序,对于来历不明的电子邮件也不要随意打开。(3)及时安装系统漏洞补丁程序。(4)上网时不浏览不安全的陌生网站。(5)定期做好重要数据的备份工作。

六、模拟操作题(本大题共 3 小题,每小题 9 分,共 27 分)

63. 答:(1)创建文件夹:双击计算机,打开窗口,双击 D 盘打开"D 盘"窗口,在工具栏上单击"新建文件夹"按钮,输入文件夹名"经典古诗文"后,按 Enter 键确认。

(2)创建文本文档:双击打开"经典古诗文"文件夹,单击"文件"菜单→"新建"→"文本文档"命令,输入文件名"滕王阁序"后,按 Enter 键确认。

(3)设置文件属性:右击"滕王阁序"文本文档,在打开的快捷菜单中选择"属性"命令,弹出"滕王阁序属性"对话框,在"常规"选项卡中,选中"隐藏"复选框,单击"确定"按钮。

64. (1)双击计算机,打开"计算机"窗口,在左侧"导航窗格"依次选择"D:\练习\word"文件夹;(2)单击"工具"菜单"文件夹选项"命令,打开"文件夹选项"对话框;(3)选择"查看"选项卡,在"高级设置"列表框中,去掉"隐藏已知文件类型的扩展名"复选框前的勾"√";(4)单击"确定"按钮;(5)在右侧文件列表窗格右击文件,在弹出的快捷菜单中选择"重命名"命令,在文件名方框中将扩展名.txt 修改为.docx,按 Enter 键确认。

65. 答:(1)创建账户:①打开"控制面板"窗口,单击"用户账户和家庭安全"→"添加或删除用户账户",打开"管理账户"窗口。②单击"创建一个新账户",打开"创建新账户"窗口,输入账户名"user",选择账户类型为"标准用户",单击"创建账户"按钮。

(2)设置账户密码:①在"管理账户"窗口单击"user"账户,进入"更改账户"窗口。②单击"创建密码",进入"创建密码"窗口,输入并确认密码后,单击"创建密码"按钮。

第三章 因特网(Internet)应用课时作业

一、是非选择题(本大题共 15 小题,每小题 1 分,共 15 分。对每小题做出选择,对的选 A,错的选 B)

1. A 【解析】 根据 Internet 指导思想可知,当初是为战争需要设计的。

2. A 【解析】 Internet 起源于 ARPAnet,其中协议也采用了最初 ARPAnet 中制定的协议,即 TCP/IP 协议。

3. B 【解析】 使用话音分离器可以同时进行上网和打电话。

4. A 【解析】 接入互联网的计算机都必须有一个唯一的 IP 地址。

5. B 【解析】 域名不是网址,必须在相应域名前加上一个有意义的字符串才能是域名地址。

6. B 【解析】 网络域名也可以用中文名称来命名。

7. B 【解析】 主页是启动浏览器后打开的第一个网页。

8. A 【解析】 可通过安全级别设置提高浏览器的安全性,从而提高系统的安全性。

9. B 【解析】 电子邮件是发至邮件服务器中的,所以接收用户计算机是否开机都可以完成邮件发送。

10. B 【解析】 目前,电子邮件的内容可以是文本、声音、动画、视频等多媒体内容。

11. B 【解析】 没有主题的邮件,也可以发送。

12. A 【解析】 目前,QQ 不仅能进行文字聊天,还能进行语音和视频聊天。

13. B 【解析】 互联网中的网盘大多是比较可靠的,特别是一些知名网站提供的网盘空间,所以可将数据上传到网盘中,但也需做好备份。

14. A 【解析】 用户可以将自己的照片上传到微博中。

15. B 【解析】 网上求职非常方便,但不可以随便在任何网站上看到有招聘信息就前往应聘,应该找一些知名网站才比较可靠,并且要注意上当受骗。

二、单项选择题(本大题共 20 小题,每小题 2 分,共 40 分)

16. A 【解析】 Internet 的中文名称为国际互联网。

17. A 【解析】 Internet 中必须遵守的协议是 TCP/IP 协议。

18. C 【解析】 WWW 的英文全称是 World Wide Web。

19. C 【解析】 HTML 语言也叫超文本标识语言。

20. B 【解析】 IPv4 地址是由 32 位二进制数字位构成,平均分成 4 段。

21. C 【解析】 IPv4 地址是由 32 位二进制数字位构成,平均分成 4 段,每段 8 位,转换为十进制后为 0~255,段与段之间用圆点连接。

22. A 【解析】 URL 地址的中文含义是统一资源定位符。

23. C 【解析】 域名地址和 IP 地址可以通过 DNS 实现相互转换。

24. D 【解析】 政府机构的域名是.gov。

25. D 【解析】 Java 是一种程序设计语言,不属于浏览器。

26. D 【解析】 电子邮件可以群发,故 D 是正确的。

27. A 【解析】 邮件带有"🔗"标记的表示该邮件带有附件。

28. C 【解析】 如果要将该邮件转发给另一个人,可以使用"转发"功能。

29. C 【解析】 F5 是浏览器中刷新网页的快捷键。

30. D 【解析】 搜索引擎是一种给用户提供信息检索服务的网站。

31. A 【解析】 衡量网络数据传输速率的单位是每秒传送多个二进制位,其单位是 bps。

32. B 【解析】 "微博"对应的英文单词是 micro blog。

33. B 【解析】 邮箱地址格式为"用户名@主机域名"。

34. D 【解析】 "黑客"是指在网上私闯他人计算机系统者。

35. A 【解析】 通过网络从自己的计算机向服务器传送文件的过程称为上传,反之称为下载。

三、不定项选择题(本大题共 10 小题,每小题 3 分,共 30 分)

36. ABCD 【解析】 计算机网络的功能有数据传输、资源共享、支持分布式处理、提高计算机的可靠性和可用性。

37. ABCD 【解析】 Internet 的主要服务有文件传输、信息查询、电子邮件、远程登录等。

38. ABCD 【解析】 Internet 的常见接入方式有电话拨号接入、ADSL 接入和小区宽带、光纤接入、无线接入等。

39. ABCD 【解析】 计算机网络的硬件组成主要有服务器、工作站、通信介质、连接设备等。

40. ABCD 【解析】 Internet 的特点有支持资源共享、采用分布式控制技术、采用分组交换技术、使用通信控制处理机等。

41. ABD 【解析】 IP 地址是网络资源的标识符,且都是唯一的,但不一定是固定的,可以通过 DNS 转化为域名地址。

42. ABCD 【解析】 域名不是网址、域名 COM 代表商业机构、域名必须在其前面加上一个具有一定标识意义的字符串才构成一个网址、域名也可以用中文汉字表示。

43. ABD 【解析】 物联网包括感知层、网络层、应用层等 3 层。

44. ABC 【解析】 网页是一个网站的基本信息单位、一般网页由文字、图片、声音、动画等多媒体内容组成、网页也是一个存放在互联网某一计算机中的文件。

45. ABC 【解析】 URL 地址一般包括所使用的传输协议、主机域名、访问资源的路径和名称等三个部分。

四、填空题(本大题共 15 空,每空 2 分,共 30 分)

46. 服务器 【解析】 在计算机网络中,服务器是用于提供资源和管理资源的计算机。

47. 非对称数字用户环路 【解析】 "ADSL"的中文名称是非对称数字用户环路。

48. IP 地址 【解析】 在互联网中,接入网络中的计算机的唯一数字标识称为 IP 地址。

49. 第四代移动通信技术 【解析】 4G 指的是第四代移动通信技术,当前已出现的 5G 是第五代移动通信技术。

50. 射频自动识别(RFID) 【解析】 移动互联网利用射频自动识别(英文缩写为 RFID)技术构建了物联网。

51. 收藏网页 【解析】 用户通过收藏网页可以实现后续访问同一网站时不必每次都输入网址,只需直接选择网页名称即可。

52. 超文本传输协议 【解析】 超文本传输协议的英文缩写是"HTTP"。

53. 搜索引擎 【解析】 在互联网中,搜索引擎实际上是一个为用户提供信息检索服务的网站。

54. 即时通信软件 【解析】 即时通信软件是一种能够跟踪网络用户在线状态并允许用户双向实时沟通的交流软件。

55. 通信协议 【解析】 在计算机网络中,通信双方必须共同遵守的约定或规则称为通信协议,简称为协议。

56. 微博 【解析】 微博即"micro blog",是个人面向网络的即时广播,以群聚的方式使用。

57. 局域网 【解析】 计算机网络按覆盖范围大小分类可分为局域网、城域网和广域网。

58. 双绞线 【解析】 计算机网络通信介质可分为有线介质和无线介质,其中有线介质主要有双绞线、同轴电缆和光纤等。

59. 用户名 【解析】 电子邮箱地址的构成一般为用户名@主机域名。

60. 粉丝(fans) 【解析】 关注别人的博客或微博的人称为别人的粉丝。

五、简答题(本大题共 2 小题,每小题 4 分,共 8 分)

61. 答:因为 IPv4 地址是由 32 位二进制数平均分成 4 段构成,每段 8 位,中间用句点分隔。每段二进制数取值范围为 00000000～11111111,对应的十进制数取值范围为 0～255。

62. 答:计算机网络系统分为网络硬件系统和网络软件系统。其中网络硬件包括服务器、工作站、传输介质、连接设备等;网络软件包括网络操作系统、网络应用软件、网络通信协议等。

六、模拟操作题(本大题共 3 小题,每小题 9 分,共 27 分)

63. 答:正确配置 IP 地址的步骤:(1)在控制面板中,单击"网络和 Internet"中的"网络和共享中心",打开"网络和共享中心"窗口。(2)单击"本地连接",打开"本地连接"状态对话框,再单击"属性"按钮,打开"本地连接"属性对话框。(3)单击"Internet 协议版本 4(TCP/IPv4)",再单击"属性"按钮,打开"Internet 协议版本 4(TCP/IPv4)属性"对话框。(4)输入正确的 IP 地址、DNS 服务器地址等。(5)单击"确定"。

64. 答:(1)启动浏览器,打开百度搜索引擎,在文本框中输入"清华大学",单击"百度一下"。(2)单击"清华大学"官网,打开清华大学网页。(3)单击"工具"菜单中的"Internet 选项"命令,打开 Internet 选项对话框。(4)在"主页"框中单击"使用当前页"按钮。(5)单击"确定"。

65. 答:(1)在浏览器中打开"网易"邮箱登录界面,使用 jxjsjks@163.com 邮箱地址登录。(2)单击"写信",输入"收件人"地址为"654321@qq.com"。(3)单击"添加附件",选择 D:盘 pic 文件夹中的 car.jpg 图片文件,单击"上传"。(4)单击"发送"按钮即可。

第四章　文字处理软件(Word)应用课时作业

一、是非选择题(本大题共 15 小题,每小题 1 分,共 15 分。对每小题做出选择,对的选 A,错的选 B)

1. B 【解析】 Word 的可执行文件是 Winword.exe。

2. B 【解析】 右击功能区中的按钮可以将按钮添加到快速访问工具栏。

3. B 【解析】 右击功能区或单击功能区最小化按钮可以将功能区最小化。

4. A 【解析】 略。

5. A 【解析】 右击状态栏,在快捷菜单中可以选择显示或关闭的信息。

6. B 【解析】 显示比例仅仅调整 Word 文档窗口的显示大小并不会影响实际的打印效果。

7. B 【解析】 Ctrl+N 新建空白文档,"新建"命令可以选择类型。

8. B 【解析】 自动保存是为了防止突然掉电的情况,自动保存和手动保存的位置不一样。

9. A 【解析】 略。

10. B 【解析】 在水平标尺上单击会产生制表位。

11. A 【解析】 按 Home 键将光标移至行首,End 键将光标移至行尾。

12. B 【解析】 格式刷可以复制字符格式和段落格式。

13. A 【解析】 给字符添加阴影、映像或发光之类的效果可以通过设置字符的"文字效果"。

14. B 【解析】 用字号表示字符大小时,初号比一号大。

15. A 【解析】 在"首字下沉"对话框中设置下沉或悬挂。

二、单项选择题(本大题共 20 小题,每小题 2 分,共 40 分)

16. D 【解析】 水平标尺上的数字表示在默认字符格式下每行的字符数。

17. C 【解析】 该题考察 Word 常用组合键的使用。

18. C 【解析】 该题考察功能区命令知识。

19. D 【解析】 Word 中 Ctrl+Home 将光标移至文档开头,Ctrl+End 将光标移至文档末尾。

20. B 【解析】 Word 文档中进行替换和查找时可以设置区分大小写、使用通配符等。

21. A 【解析】 文字下面有红色波浪下划线表示可能是拼写错误,蓝色下划线表示可能是语法错误。

22. D 【解析】 略。

23. C 【解析】 撤销快捷键是 Ctrl+Z,恢复快捷键是 Ctrl+Y。

24. D 【解析】 大纲视图下可以方便地设置或更改大纲级别。

25. C 【解析】 页面颜色是在"页面背景"组。

26. C 【解析】 Word中分栏数和纸张大小有关系。

27. A 【解析】 略。

28. C 【解析】 略。

29. B 【解析】 "快速打印"是按默认设置直接打印文件。

30. A 【解析】 略。

31. B 【解析】 略。

32. B 【解析】 略。

33. D 【解析】 排序时可以设置有标题行或无标题行。

34. C 【解析】 "艺术字"是在"文本"组。

35. C 【解析】 没有左右型环绕方式。

三、不定项选择题(本大题共10小题,每小题3分,共30分)

36. BCD 【解析】 略。

37. BCD 【解析】 "新建"按钮默认是隐藏的。

38. ABC 【解析】 .mp3是音频格式。

39. BCD 【解析】 在段落选定区单击是选取一行。

40. AC 【解析】 粘贴是将剪贴板内容发到目标位置,删除不会将对象放入剪贴板。

41. AB 【解析】 字符的缩放有加宽、紧缩和标准。

42. BCD 【解析】 中文版式有纵横混排、双行合一、合并字符和字符缩放等。

43. BD 【解析】 不同的计算机可能安装不同字体;撤销快捷键是Ctrl+Z。

44. ABD 【解析】 分栏是在"页面布局"对话框或"页面布局"功能区。

45. ABCD 【解析】 略。

四、填空题(本大题共15空,每空2分,共30分)

46. Ctrl+A 【解析】 全选可以使用快捷键Ctrl+A或三击选地区。

47. 24 【解析】 Office剪贴板可以保留24个对象,Windows剪贴板只能保留1个对象。

48. 页面视图 【解析】 Word中默认的视图是页面视图。

49. Ctrl 【解析】 略。

50. 段落标记 【解析】 段落标记可以显示或隐藏。

51. 1 【解析】 Word中的行距有单倍行距,2倍行距,多倍行距,固定值等,默认的是单倍行距。

52. 左对齐 【解析】 段落的对齐方式有左对齐、右对齐、两端对齐、分散对齐和居中。

53. 固定值 【解析】 略。

54. 比较 【解析】 Word可以对文档进行比较和合并。

55. 纵横混排 【解析】 Word中文版式有合并字符、双行合一和纵横混排等。

56. 文档网格 【解析】 略。

57. Word选项 【解析】 "文件→选项→显示"打开"Word选项"对话框,勾选"打印隐藏文字"复选框,就可以打印隐藏的文字了。

58. 双击 【解析】 直接双击页眉或页脚可以进入页眉页脚编辑,单击"插入"功能区"页眉页脚"组的"页眉"或"页脚"按钮也可以进入。

59. 起始页码 【解析】 略。

60. 图片 【解析】 略。

五、简答题(本大题共2小题,每小题4分,共8分)

61. 答:启动Word后功能区或选项卡有:文件、开始、插入、页面布局、引用、邮件、审阅、视图。

62. 答:第一次保存文档或使用"另存为"命令时会弹出"另存为"对话框,在对话框中可以命名文件,修改保存路径。使用其他保存方法会将文件以原来的名字和路径保存。

六、模拟操作题(本大题共3小题,每小题9分,共27分)

63. 答:(1)选取标题,在"快捷字体工具栏"中将字体设置为宋体,字号设置为二号,单击"居中"按钮;选取正文,单击"开始"功能区"段落"组右下角按钮,打开"段落"对话框,在对话框中设置首行缩进2字符。

(2)按Ctrl+H快捷键打开"替换"选项卡,在"查找"文本框中输入"感情",在"替换为"文本框中输入"情感",单击"全部替换"按钮,单击"关闭"按钮。

(3)单击"插入"功能区"页眉页脚"组"页码"→"页边距"→"轨道(右侧)"。

64. 答:(1)单击"页面布局"功能区"页面设置"组右下角按钮打开"页面设置"对话框,在"页边距"选项卡中将上边距和下页边距设置为2.8 cm,左边距和右边距设置为2.6 cm,单击"确定"按钮。

(2)选取正文,单击"开始"功能区"段落"组右下角按钮,打开"段落"对话框,在对话框中设置段后0.5行,行间距选择1.5倍,单击"确定"按钮。

(3)单击"插入"功能区"页眉页脚"组"页眉"→"奥斯汀",输入内容"基础知识",双击正文区。

65. 答:打开"D:\习题\茶韵飘香.docx"文档。

(1)选取标题"茶韵飘香",单击"插入"功能区"文本"组"艺术字"按钮,选择第三行第二列艺术字,单击"绘图工具"→"格式"功能区"艺术字样式"组"文本填充"按钮,选择填充颜色为蓝色,单击"文本轮廓"按钮,选择颜色为红色。

(2)在第一段单击,单击"插入"功能区"文本"组"首字

下沉"→"首字下沉选项",打开"首字下沉"对话框,在对话框中选择"下沉",设置下沉行数为3行,距正文0.5 cm,单击"确定"按钮。

(3)单击"页面布局"功能区"页面背景"组中的"页面边框"按钮,打开"边框和底纹"对话框,在"页面边框"选项卡中选择"方框",选择一种艺术型边框,单击"确定"按钮。

第五章　电子表格处理软件(Excel)应用课时作业

一、是非选择题(本大题共15小题,每小题1分,共15分。对每小题做出选择,对的选A,错的选B)

1. B 【解析】 不连续单元格区域不可一次性复制到连续单元格区域。

2. B 【解析】 显示0.6。

3. A 【解析】 序列"甲、乙、丙"可以直接利用自动填充快速输入。

4. B 【解析】 对工作表的操作不可撤销。

5. A 【解析】 使用鼠标拖动的方法进行移动或复制,是把鼠标放在单元格边框线上。

6. B 【解析】 输入函数时直接输入函数名以"="开头。

7. B 【解析】 单元格内字符串超过该单元格显示宽度时,该字符串可能占用其右侧单元格空间而全部显示出来。

8. B 【解析】 −52。

9. A 【解析】 在Excel 2010输入分数时,应该先输入0和一个空格,然后再输入构成分数的字符。

10. A 【解析】 在Excel 2010中,可以引用其他工作簿中单元格的数据。

11. A 【解析】 单元格中输入公式"=5 * −8",显示的结果为−40。

12. A 【解析】 K6中公式为"=F6 * $D$4",在第三行处插入一行后单元格K7中的公式为"=F7 * $D$5"。

13. A 【解析】 可以选择不相邻的单元格区域来生成图表。

14. B 【解析】 图表的中单个对象是可以编辑的。

15. B 【解析】 合并单元格操作会丢失数据。

二、单项选择题(本大题共20小题,每小题2分,共40分)

16. A 【解析】 双击工作表标签对工作表进行重命名。

17. B 【解析】 "页面设置"对话框中设置页边距。

18. B 【解析】 鼠标拖动填充柄可以快速填充单元格。

19. C 【解析】 "复制""粘贴"在"开始"功能区。

20. D 【解析】 删除单元格,选定单元格中的内容、格式、批注连同单元格本身一并删除。

21. B 【解析】 快速输入当前日期使用的快捷键是Ctrl+；。

22. D 【解析】 直接输入"=1/5"显示为0.2。

23. A 【解析】 "文件"选项卡中的"打印"命令,预览工作表打印效果选择。

24. D 【解析】 "删除分页符"命令在"页面布局"选项卡。

25. B 【解析】 C1单元格中的公式为"=A1+B2"将其复制到E5单元格,则E5元格中的公式是=C5+D6。

26. A 【解析】 将123作为文本数据输入到单元格A1内只要输入'123。

27. A 【解析】 区域标识用左上角单元格的地址:右下角单元格的地址。

28. D 【解析】 插入单元格,选择"开始"选项卡"单元格"组"插入"列表中的"插入单元格"命令。

29. C 【解析】 单元格中的数字0.38被格式化为38%形式后单元格和编辑栏都显示38%。

30. D 【解析】 单击工作表中的全选按钮可以选取所有单元格。

31. A 【解析】 在"记录单"中增加记录单击"新建"命令。

32. B 【解析】 在Excel 2010中,已知A1单元格中有公式"=B1+C1",将B1复制到D1,将C1移动至E1,则A1中的公式调整为=B1+E1。

33. A 【解析】 将Sheet5工作表复制到Sheet8之前复制的表标签名为Sheet5(2)。

34. C 【解析】 图表和工作表保存在一个文件中。

35. A 【解析】 打开"选择性粘贴"对话框,可以选择

复制的对象。

三、不定项选择题(本大题共 10 小题,每小题 3 分,共 30 分)

36. AB 【解析】 单击单元格后按住鼠标左键拖曳,单击行号(列标),可以选取连续单元格。

37. ABC 【解析】 使用自动填充操作进行快速 1,2,3,…;星期一、星期二、星期三……;1 月、2 月、3 月……。

38. ABD 【解析】 单元格地址正确的表示形式是列标在前,行号在后。

39. ABCD 【解析】 进行单元格的"选择性粘贴"时,可以选择的选项有公式、数值、格式、批注等。

40. ABCD 【解析】 "设置单元格格式"对话框中"数字"标签有文本,货币,日期和分数等。

41. CD 【解析】 "查找"时,可以选择的"范围"有"工作表"和"工作簿"。

42. ABD 【解析】 "文本控制"栏包括的选项有"自动换行""缩小字体填充"和"合并单元格"。

43. ABCD 【解析】 单元格的"垂直对齐"方式一般有靠上、居中、靠下、分散对齐等。

44. ABCD 【解析】 序列包括等差序列、等比序列、日期序列、自动填充序列。

45. ABC 【解析】 分类汇总的数据表每一列的第一行必须有列标签(标题),该区域不可有任何的空白行或空白列,其次在分类汇总前必须对分类字段的列进行排序。

四、填空题(本大题共 15 空,每空 2 分,共 30 分)

46. PRODUCT 【解析】 PRODUCT 函数功能是计算参数的乘积。

47. 右 【解析】 数值型数据靠右对齐。

48. .xlsx 【解析】 工作簿文件的默认扩展名是.xlsx。

49. =A4+$C$3 【解析】 将单元格 C5 中的公式"=A3+$C$3"复制到 C6 中,C6 中公式为=A4+$C$3。

50. 混合 【解析】 公式"=$C3+E$3"中单元格地址的引用方式是混合引用。

51. 视图 【解析】 在"视图"功能区可以冻结窗口。

52. C2 【解析】 位于第二行第三列单元格的相对地址是 C2。

53. B2:E5 【解析】 左上角是 B2,右下角是 E5 之间的所有单元格可以表示为 B2:E5。

54. Ctrl 【解析】 按 Ctrl 键选不连续的工作表,按 Shift 键选连续工作表。

55. 1900 【解析】 选一个单元格拖动填充柄是进行复制,不是进行系列填充。

56. Delete 【解析】 在 Excel 2010 中选择图表后,按下 Delete 键可以删除图表。

57. =AVERAGE(B2:D8 C4:F6)

【解析】 空格是交叉运算符。

58. Shift+F11 【解析】 插入工作表的快捷键是 Shift+F11。

59. 3.13E+04 【解析】 将 31 267 以科学记数法的形式显示结果是 3.13E+04。

60. 全部删除 【解析】 在"分类汇总"对话框中单击"全部删除"按钮,可以删除分类汇总。

五、简答题(本大题共 2 小题,每小题 4 分,共 8 分)

61. 答:(1)相对引用:由列标和行号组成,表示单元格的相对位置,例如:"B1"表示第 1 行第 2 列交叉处的单元格。在复制或移动包含相对引用的公式时,Excel 2010 将自动调整公式中的引用,以便引用相对于当前公式位置的其他单元格数据。

(2)绝对引用:绝对引用则是在列标和行号前都加"$"符号,表示总是引用指定位置的单元格,例如:"$A$5"总是表示第 5 行第 1 列交叉处的单元格。在复制或移动包含绝对引用的公式时,Excel 2010 不会调整公式中的引用。

62. 答:Excel 2010 显示"图表工具"选项卡,包括设计、布局和格式三个功能区。三个功能区实现的功能如下表所示:

功能区名称	实现功能
设计	对图表的数据源、图表布局、图表样式及图表位置进行修改
布局	对图表各类标签、坐标轴、网格线、绘图区进行修改;还可以根据图表添加趋势线、误差线等对图表进行分析
格式	对图表形状样式、艺术字样式、排列及大小等进行设置

六、模拟操作题(本大题共 3 小题,每小题 9 分,共 27 分)

63. 答:(1)计算总分:在 G3 单元格中输入公式:"=C3+D3+E3+F3",按 Enter 键,拖动 G3 单元格填充柄至数据清单的最后一行。

(2)分类汇总:选定数据清单中"班级"列下的任一单元,单击"开始"功能区"编辑"命令组中的"排序和筛选"下的"升序"按钮,对班级进行排序。单击"数据"功能区"分级显示"命令组"分类汇总"按钮,打开"分类汇总"对话框,在

"分类字段"选择"班级",选择"汇总方式"为"平均值"。选定汇总项"语文""数学""英语""计算机"。单击"确定"按钮。

（3）排位：在 H3 单元格中输入公式："=RANK(G3,$G$3:$G$33)"，按 Enter 键,拖动 h3 单元格填充柄至数据清单的最后一行。

64. 答：（1）排序：选择数据清单中的任一单元格,选择"数据"功能区"排序和筛选"命令组"排序"按钮,打开"排序"对话框,"主关键字"选择"语文","次序"选择"降序",单击"添加条件"按钮,在"次要关键字"选择"数学","次序"选择"降序",单击"确定"按钮。

（2）筛选：选择数据清单中的任一单元格,选择"数据"功能区"排序和筛选"命令组"筛选"按钮,在各字段名右下角显示筛选器,单击"性别"字段筛选器,在取消"全选",选定"女"选项,单击"语文"字段的筛选器,选择"数字筛选"列表下的"自定义筛选"命令,打开"自定义自动筛选方式"对话框,设置筛选条件为"大于591",单击"确定"按钮。

65. 答：（1）设置标题：选择 A1:F1 单元格区域,选择"开始"功能区"对齐方式"命令组中的"合并后居中"按钮,在"字体"命令组中选择字体为"宋体",字号为 10 号,单击"加粗"按钮。

（2）用公式进行计算：在 F3 单元格中输入公式"=D3＋E3",按 Enter 键,拖动 F3 单元格填充柄至 F8。选定 F3:F8 单元格区域,单击两次"开始"功能区"数字"命令组中"增加小数位数"按钮。

第六章　多媒体软件应用课时作业

一、是非选择题(本大题共 15 小题,每小题 1 分,共 15 分。对每小题做出选择,对的选 A,错的选 B)

1. A 【解析】 信息在计算机中归根结底都用二进制数字表示。

2. B 【解析】 投影仪是常用的多媒体输出设备。

3. B 【解析】 HTML 文档出现错误格式,浏览器不能正确识别和解释。

4. B 【解析】 专题片设计属于多媒体影视制作应用领域。

5. A 【解析】 知识产权保护,一般是指人类智力劳动产生的智力劳动成果所有权。它是依照各国法律赋予符合条件的著作者、发明者或成果拥有者在一定期限内享有的独占权利。

6. B 【解析】 在 Windows Live 照片库中,双击图片可打开照片浏览窗口以查看该图片。

7. B 【解析】 WAV 是音频文件格式。

8. B 【解析】 去掉"锁定纵横比"就可以改变原始图片的纵横比。

9. B 【解析】 沿着脸部轮廓两侧小心的向内拉伸,即可快速瘦脸。

10. A 【解析】 ACDSee 不仅可以处理图像,而且还能处理常用的视频文件。

11. B 【解析】 在 Audition 的波形编辑器模式下才可以录制声音。

12. B 【解析】 录制原声时,音量与音质没有必然的关系。

13. B 【解析】 系统自带 Windows Media Player 可以播放音频、视频,也可浏览照片。

14. A 【解析】 用 Windows Live 影音制作软件可将照片和视频等素材合成为电影片段,并可以编辑、添加声音文件。

15. B 【解析】 视频转换大师(WinMPG Video Convert)既能转换视频格式,也能转换音频格式。

二、单项选择题(本大题共 20 小题,每小题 2 分,共 40 分)

16. A 【解析】 "随心所欲地操作,进行各种物理实验"体现了多媒体技术的交互性。

17. C 【解析】 写字板不能创建 HTM/HTML 类型文件。

18. C 【解析】 BMP 格式图像没有压缩,适合保存原始图像素材。

19. B 【解析】 在"画图"工具能打开图像文件,.xlsx 是 Excel 文件。

20. A 【解析】 QQ 视频聊天应安装配置摄像头才能实现。

21. A 【解析】 麦克风是声音的输入设备,要进行录音,计算机必须安装麦克风。

22. D 【解析】 OCR 可快速地从图像中识别出字符,抓住"图像"二字即可选出答案。

23. D 【解析】 BMP 是英文 bitmap(位图)的简写,它是 Windows 操作系统中的标准图像文件格式,几乎不进行压缩,文件占用磁盘空间过大。

24. B 【解析】 GIF 格式图像采用无损压缩,文件容量小。

25. A 【解析】 Winamp 是音频播放软件。

26. D 【解析】 MIDI、MP3、WMA 是音频文件,BMP 是图像文件,RM 既有音频又有视频。

27. D 【解析】 使用 Windows Live 照片库不能给照片添加背景音乐。

28. D 【解析】 录制一段解说词,再给解说词配上音乐,应选择音频编辑软件。

29. B 【解析】 Windows Media Center 可在计算机上收看并录制电视节目。

30. B 【解析】 使用音频转码,将 WAV 转换成 MP3 或 WMA。

31. D 【解析】 GIF 既可以是静态图像,又可以是动画文件。

32. D 【解析】 美图秀秀具有漫画文字功能。

33．B 【解析】 锐化指补偿图像的轮廓，增强图像的边缘及灰度跳变的部分，使图像变得清晰。

34．A 【解析】 使用ACDSee浏览图像时，可以设置以幻灯片方式来连续播放图像。

35．A 【解析】 AVI格式可以将视频和音频交织在一起进行同步播放，而且文件体积非常大。

三、不定项选择题（本大题共10小题，每小题3分，共30分）

36．AD 【解析】 在电脑上进行语音视频聊天，必须要配备摄像头和麦克风。

37．ACD 【解析】 截取图片能通过电子邮件发送。

38．ABC 【解析】 Snagit软件具备简单的图像处理功能。

39．ABD 【解析】 WMV是微软开发的流媒体视频格式。

40．ACD 【解析】 色调在"颜色平衡"面板中进行调整。

41．ABCD 【解析】 美图秀秀既可以添加静态饰品，又可以添加动态饰品；既可以添加漫画文字，又可以添加动画闪字；既可以添加简单边框，又可以添加动画边框；既可以添加静态场景，又可以添加动画场景。

42．ABC 【解析】 DVD光盘与VCD光盘大小一致。

43．ABC 【解析】 Photoshop是图像处理软件。

44．CD 【解析】 BMP几乎不压缩，JPEG/JPG采用有损压缩，PNG和GIF采用无损压缩。

45．ACD 【解析】 ACDSee是图像处理软件，还能处理常用的视频文件。

四、填空题（本大题共15空，每空2分，共30分）

46．色阶 【解析】 色阶即图像色彩的丰满度和精度，用于表示图像的明暗关系。

47．"自动调整" 【解析】 使用Windows Live照片库修复面板中的"自动调整"功能，可以让照片库自动分析并对照片进行处理。如果对自动调整的效果不满意，可以单击"撤销"按钮，使照片恢复原状。

48．图片拼接 【解析】 美图秀秀提供了自由拼图、模版拼图、海报拼图和图片拼接等经典拼图模式，一次拼接多种图片。

49．WMA 【解析】 WMA(Windows Media Audio)，它是微软公司推出的一种新的音频格式。WMA在压缩比和音质方面都超过了MP3，更是远胜于RA(Real Audio)，即使在较低的采样频率下也能产生较好的音质。

50．MP4 【解析】 利用Snagit录屏的视频文件保存格式是MP4。

51．任意格式 【解析】 使用"截图工具"中的任意格式截图，截图方式与专业图形软件的抠图功能类似。

52．"定时器设置" 【解析】 在Snagit主界面单击"捕获"→"定时器设置"→"启用延迟/计划捕获"，设置延迟捕获的时间，就可以在对象操作设定的时间后再进行捕获。

53．数字音频存储 【解析】 数字音频是一种利用数字化手段对声音进行录制、存放、编辑、压缩或播放的技术，它是随着数字信号处理技术、计算机技术、多媒体技术的发展而形成的一种全新的声音处理手段。

54．视频点播 【解析】 视频点播是20世纪90年代在国外发展起来的，英文称为"video on demand"，所以也称为"VOD"。顾名思义，就是根据观众的要求播放节目的视频点播系统，把用户所点击或选择的视频内容，传输给所请求的用户。视频点播业务是近年来新兴的传媒方式，是计算机技术、网络通信技术、多媒体技术、电视技术和数字压缩技术等多领域融合的产物。

55．录音机 【解析】 录制声音最简单的方法是使用Windows系统中自带的录音机软件进行录制。

56．Windows Live下载中心 【解析】 Windows 7系统中如果没有安装Windows Live照片库，可以到Windows Live下载中心去下载。

57．"Online" 【解析】 ACDSee 15主界面除了主菜单外，还包括"管理""查看""编辑"和"Online"选项卡。

58．录屏 【解析】 从计算机屏幕上抓取动态操作过程叫录屏。

59．MOV 【解析】 MOV即QuickTime封装格式(也叫影片格式)，它是Apple公司开发的一种音频、视频文件封装，用于存储常用数字媒体类型。

60．转码 【解析】 略。

五、简答题（本大题共2小题，每小题4分，共8分）

61．答：(1)使用数码摄像机进行拍摄，再将相应的视频文件复制到计算机中。

(2)从含有视频文件的素材库中，将视频文件进行复制或使用软件截取一个片段。

(3)从网上下载视频文件。

(4)使用录屏软件录屏。

(5)使用视频采集设备把普通录像带中的视频转换成计算机中的视频文件。

62．答：(1)图像文件：.bmp、.jpg/jpeg、.gif、.png、.tif/tiff、.psd。

(2)声音文件：.wav、.mp3、.mid/midi、.wma、.ra。

(3)视频文件分为网络影像格式和本地影像格式，网络影像格式有.rm/rmvb、.asf、.flv、.mp4、.wmv、.mov；本地影像格式有.avi、.mpg/mpeg、.dat。

六、模拟操作题（本大题共3小题，每小题9分，共27分）

63．答：(1)单击"开始"→"所有程序"→"附件"→"录音机"，打开"录音机"窗口。(2)单击"开始录制"，对着麦克风讲话就可以录音；录制完毕后，单击"停止录制"，打开"另存为"对话框。(3)在"文件名"框中键入为录制的声音保存的文件名，然后单击"保存"，将录制的声音另存为音频文件.wma。

64．答：(1)裁剪图像：①在ACDSee打开要处理的照片，单击窗口中"编辑"选项卡，在左侧窗格出现"编辑模式菜单"面板。②单击"几何形状"列表中的"裁剪"，打开"裁剪"面板。③选中"横向"和"限制裁剪比例"复选框，并在

"限制裁剪比例"下拉列表框中选中"5×7"用鼠标拖动调整裁剪框及控制点,可调整裁剪框位置和大小。④单击"完成"按钮,保存并返回"编辑模式菜单"。

(2)①在"编辑模式菜单"面板中,单击"添加"列表中的"特殊效果",打开"效果"面板。②单击"选择类别"下拉按钮,选择"所有效果"。③双击其中的"百叶窗"效果,在"百叶窗"选项卡中调整百叶窗的叶片宽度、叶片阻光度、角度、叶片颜色。④单击"完成"按钮,保存并返回"编辑模式菜单"。

65. 答:(1)编辑背景音乐:①启动 Audition CS6,单击"文件"菜单→"打开"命令,弹出"打开文件"对话框,选择要编辑的音乐文件"D:\再别康桥配乐.mp3",单击"打开"按钮,在波形方式(单轨编辑)下打开该文件。②按下鼠标拖动,选取前面要删除的片段,按 Del 键,用同样的方法删除后面要删除的片段,保留中间部分。③选择开头一小段合适的声音波形,单击"收藏夹"菜单→"淡入"命令,被选中的声音波形出现淡入效果;用同样的方法,在声音结尾处制作"淡出"效果,将修改后的音乐文件另存为"背景音乐.mp3"。

(2)录制诗歌朗诵:①准备好录音设备,在波形方式下单击播放面板中的"录音"按钮,这时可以边朗诵边录制声音。②录制完成后,选择一段长度为 1 s 左右的噪声波形,执行"效果"→"降噪/恢复"→"捕捉噪声样本"命令,获取噪声样本。③选择要做降噪处理的全部波形,再次执行"效果"→"降噪/恢复"→"降噪(处理)"命令,对全部声音文件进行降噪处理,保存诗歌朗诵录音。

(3)制作诗歌朗诵配音:①单击 Audition 界面上的"多轨合成"按钮,打开"新建多轨项目"对话框,输入混音项目名称,单击"确定"按钮,创建项目。②右击第 1 个轨道波形区域,插入已经录制的诗歌朗诵文件,在第 2 个轨道上插入"背景音乐.mp3"文件,分别调整两个声音文件到合适位置,出现配音朗诵的效果。③选中"背景音乐"多余的声音波形,按 Del 键删除,删除后的音乐应略长于诗歌朗诵,最后将结尾部分的背景音乐波形做淡出处理。④在播放的同时,通过旋钮调整第 2 轨道上"背景音乐"的音量到合适大小。⑤单击"文件"→"导出"→"多轨缩混"→"整个项目"命令,弹出"多轨缩混"对话框,将诗歌朗诵配音保存为.mp3格式声音文件。

第七章 演示文稿软件(PowerPoint)应用课时作业

一、是非选择题(本大题共 15 小题,每小题 1 分,共 15 分。对每小题做出选择,对的选 A,错的选 B)

1. A 【解析】 在 PowerPoint 空白幻灯片中输入文本必须使用文本框。

2. A 【解析】 播放演示文稿时,右击鼠标,选择指针选项中的笔,可以在幻灯片上涂画。

3. B 【解析】 幻灯片浏览视图下可以看到动画效果,但不可以给幻灯片中的对象设置动画效果。

4. A 【解析】 同一个对象可以设置多种动画效果。动画效果共有四种类型:进入、强调、退出、动作路径。

5. B 【解析】 幻灯片的复制、移动和删除操作一般是在幻灯片浏览视图下进行。

6. B 【解析】 插入声音后,删除喇叭图标,插入的声音跟着一起删除。

7. B 【解析】 "格式刷"只能设置字体和段落格式,不能设置动画效果,要设置相同的动画效果,可使用"动画刷"。

8. A 【解析】 对母版所做的改动,都会应用到所有使用此母版的幻灯片。

9. A 【解析】 幻灯片中不可以直接输入文本,必须使用文本框或在占位符中才能输入文本。

10. B 【解析】 幻灯片中可以插入图片、图形、剪贴画、图表、文本框、音频、视频等对象。

11. B 【解析】 幻灯片浏览视图中不可以对对象进行编辑操作。

12. B 【解析】 超链接可以超链接到幻灯片,其他演示文稿,网页等不可以超链接到幻灯片中的对象。

13. A 【解析】 打包后可以在未安装 PowerPoint 的计算机上能放映演示文稿。

14. A 【解析】 右击对应的主题,在弹出的快捷菜单中选择"应用于选定幻灯片"即可单独给当前幻灯片设置不同主题。

15. A 【解析】 由 PowerPoint 创建的文件称为演示文稿。

二、单项选择题(本大题共 20 小题,每小题 2 分,共 40 分)

16. C 【解析】 按 Esc 键可结束放映幻灯片。

17. C 【解析】 演示文稿扩展名.pptx,模板扩展名.potx,放映类型.ppsx。

18. D 【解析】 使用排练计时可以使幻灯片按规定时间自动播放。

19. B 【解析】 放映类型.ppsx,模板.potx,演示文稿.pptx。

20. D 【解析】 首次启动 PowerPoint 2010 自动新建的空白演示文稿名为"演示文稿1"。

21. B 【解析】 普通视图是 PowerPoint 2010 默认的视图方式。

22. B 【解析】 从第一张幻灯片开始放映快捷键为 F5;从当前幻灯片开始放映快捷键为 Shift+F5。

23. A 【解析】 选择不连续的幻灯片按 Ctrl 键,选择连续的幻灯片按 Shift 键。

24. C 【解析】 背景在"设计"功能区。

25. B 【解析】 新建幻灯片快捷键为 Ctrl+M,新建演示文稿快捷键为 Ctrl+N。

26. D 【解析】 超链接可以链接其他幻灯片、其他演示文稿、其他文件,但不可以是幻灯片中的某一对象。

27. C 【解析】 "幻灯片放映"功能区可放映幻灯片。

28. A 【解析】 在幻灯片中插入声音后,幻灯片中会出现一个喇叭图标,删除喇叭图标就可删除插入的声音。

29. D 【解析】 使用动作按钮和超链接,可以实现幻灯片之间、幻灯片与其他文件之间灵活的切换和跳转。

30. B 【解析】 使用母版可以制作统一格式、统一标志的幻灯片。

31. B 【解析】 将演示文稿打包后可在未安装 PowerPoint 软件的电脑中播放演示文稿。

32. A 【解析】 "切换"功能区可设置幻灯片切换效果。

33. D 【解析】 "设计"功能区可设置幻灯片页面设置。

34. B 【解析】 单击"关闭"按钮只设置当前幻灯片背景,单击"全部应用"按钮可设置所有幻灯片背景。

35. D 【解析】 在"审阅"功能区中单击"设置幻灯片放映",在"设置放映方式"对话框中可设置循环放映。

三、不定项选择题(本大题共 10 小题,每小题 3 分,共 30 分)

36. ABD 【解析】 幻灯片浏览视图中可复制、移动、删除幻灯片,但不可对幻灯片中的对象进行操作。

37. ABCD 【解析】 幻灯片版式有 11 种,标题幻灯片、两栏内容、节标题、空白等都是幻灯片版式。

38. ACD 【解析】 母版主要包括幻灯片母版、讲义母版和备注母版三种。

39. ABCD 【解析】 动画效果共有四种类型:进入、强调、退出、动作路径。

40. ABCD 【解析】 "切换"功能区可设置幻灯片切换效果、声音、持续时间及幻灯片换片方式。

41. ABC 【解析】 "页面设置"对话框可设置幻灯片大小、宽度、高度、幻灯片编号起始值、幻灯片方向。

42. ABD 【解析】 PowerPoint 提供三种不同的播放方式:演讲者放映(全屏幕)、观众自行浏览(窗口)、在展台浏览(全屏幕)。

43. ABCD 【解析】 "幻灯片放映"功能区中单击"从头开始"或"从当前幻灯片开始"可放映幻灯片,按快捷键 F5 或 Shift+F5 也可放映幻灯片。

44. ABCD 【解析】 PowerPoint 可保存.jpg、.wmv、.pptx、.ppsx 等格式类型。

45. AC 【解析】 视频播放方式有两种"自动"和"单击时"。

四、填空题(本大题共 15 空,每空 2 分,共 30 分)

46. PowerPnt. exe 【解析】 在搜索框中输入 PowerPnt. exe,可启动 PowerPoint。

47. 占位符 【解析】 幻灯片中带有虚线或影线的区域称为占位符。

48. 标题幻灯片 【解析】 PowerPoint 默认版式为标题幻灯片。

49. 版式 【解析】 版式指幻灯片内容在幻灯片上的排列方式。

50. 母版 【解析】 使用母版可将同一张图片添加到所有幻灯片中的同一位置。

51. 全部应用 【解析】 单击"全部应用"按钮,可将所有幻灯片设置相同的切换效果。

52. 设计 【解析】 "设计"功能区可设置幻灯片页面设置。

53. Ctrl+N 【解析】 新建幻灯片快捷键为 Ctrl+M,新建演示文稿快捷键为 Ctrl+N。

54. 幻灯片浏览 【解析】 幻灯片浏览视图下可方便查看所有幻灯片。

55. 隐藏背景图形 【解析】 "隐藏背景图形"表示不显示所选主题中包含的背景图形。

56. 打包 【解析】 打包后可以在未安装 PowerPoint 的计算机上能放映演示文稿。

57. Ctrl 【解析】 选择不连续的幻灯片按 Ctrl 键,选择连续的幻灯片按 Shift 键。

58. 幻灯片 【解析】 每个演示文稿由若干张幻灯片组成,一个幻灯片可包含若干个对象。

59. 结束放映 【解析】 按 Esc 键可结束幻灯片放映。

60. Shift+F5 【解析】 从第一张幻灯片开始放映快捷键为 F5;从当前幻灯片开始放映快捷键为 Shift+F5。

五、简答题(本大题共 2 小题,每小题 4 分,共 8 分)

61. 答:启动 PowerPoint 2010 的常用方法。

(1)单击"开始"按钮,在弹出的"开始"菜单中指向"所有程序",选择"Microsoft Office"子菜单中的"Microsoft PowerPoint 2010"命令。

(2)双击桌面上 PowerPoint 的快捷方式图标。

(3)单击"开始"按钮,在搜索框中输入"PowerPnt. exe",按 Enter 键。

(4)在"计算机"窗口中双击一个 PowerPoint 演示文稿,可以启动 PowerPoint 2010 并显示该演示文稿内容。

62. 答:演示文稿制作完成后,为避免在拷贝时遗漏插入的声音文件、视频文件或原来机器上安装的特殊字体,我们可以使用 PowerPoint 2010 提供的"打包成 CD",将演示文稿和相关配置文件打包成自动播放 CD 或复制到移动存储设备中,以便在没有安装 PowerPoint 2010 的计算机上播放。

六、模拟操作题(本大题共 3 小题,每小题 9 分,共 27 分)

63. 答:(1)在"视图"功能区"母版视图"组单击"幻灯片母版"按钮,选择第一张幻灯片,单击"插入"功能区"文本"组"文本框"按钮,在幻灯片右下角单击鼠标,在文本框中输入"北京冬奥会 2022 年",单击"关闭母版视图"按钮。

(2)选择第二张幻灯片,在"切换"功能区"切换到此幻灯片"组中选择"涡流"命令,在"计时"组勾选"设置自动换片时间"复选框,设置换片时间为 4 s.

(3)单击"插入"功能区"媒体"组"音频"按钮,弹出"插入音频"对话框,选择 E:\冰雪之约.mp3 文件,单击"插入"按钮,在"音频工具-播放"功能区"音频选项"组"开始"下拉列表中选择"跨幻灯片播放",勾选"循环播放,直到停止"复选框。

64. 答:(1)选择第一张幻灯片,单击"设计"功能"主题"组,右击"凤舞九天",在弹出的快捷菜单中选择"应用于选定幻灯片",在"开始"功能区"幻灯片"组"版式"下拉列表中选择"内容与标题"。

(2)选择第二张幻灯片,单击"插入"功能区"图像"组"图片"按钮,在弹出的"插入图片"对话框中选择"D:\高考加油.jpg",单击"插入"按钮。

(3)选择刚插入的图片,单击"动画"功能区"动画"组"擦除"动画,在"计时"组"开始"下拉列表中选择"与上一动画同时"。

65. 答:(1)点击"开始",在"幻灯片"中,点击"新建",在"模板"中选择"标题幻灯片",点击"确定"。

在第一张幻灯片中,点击"插入",在"文本"中输入"2023,高考加油!",点击"保存"。

(2)点击"幻灯片放映",在"放映选项"中选择"循环放映,按 Esc 键终止",点击"确定"。

(3)点击"文件",在"文件菜单"中选择"打包",在"打包演示文稿"对话框中,选择"D 盘根目录",点击"确定",完成打包。